HÁBITOS DE EQUIPE

Charlie Gilkey

HÁBITOS DE EQUIPE

O Poder de Pequenas Ações que nos Levam a
Resultados Extraordinários

Tradução
Maíra Meyer

Editora
Cultrix
SÃO PAULO

Título do original: *Team Habits*.

Publicado mediante acordo com Hachette Go, um selo de Perseus Books LLC, uma subsidiaria da Hachette Book Group, Inc., Nova York, NY, USA.

1ª edição 2024.

Editor: Adilson Silva Ramachandra
Gerente editorial: Roseli de S. Ferraz
Gerente de produção editorial: Indiara Faria Kayo
Preparação de originais: Alessandra Miranda de Sá
Editoração Eletrônica: Join Bureau
Revisão: Ana Lúcia Gonçalves

Dados Internacionais de Catalogação na Publicação (CIP)
(Câmara Brasileira do Livro, SP, Brasil)

Gilkey, Charlie
Hábitos de equipe: o poder de pequenas ações que nos levam a resultados extraordinários / Charlie Gilkey ; tradução Maíra Meyer. – 1. ed. – São Paulo: Editora Cultrix, 2024.

Título original: Team habits
ISBN 978-65-5736-349-2

1. Comunicação na administração 2. Equipe de trabalho 3. Liderança I. Título.

24-224206 CDD-658.4022

Índices para catálogo sistemático:

1. Equipe de trabalho: Administração 658.4022
Cibele Maria Dias – Bibliotecária – CRB-8/9427

Direitos de tradução para o Brasil adquiridos com exclusividade
pela EDITORA PENSAMENTO-CULTRIX LTDA., que se reserva a
propriedade literária desta tradução.
Rua Dr. Mário Vicente, 368 – 04270-000 – São Paulo, SP – Fone: (11) 2066-9000
http://www.editoracultrix.com.br
E-mail: atendimento@editoracultrix.com.br
Foi feito o depósito legal.

SUMÁRIO

Para Angela Wheeler, a companheira de
equipe mais incrível e inabalável que já tive.

UM

MAIS DO QUE NUNCA, PRECISAMOS DE MELHORES HÁBITOS DE EQUIPE

Se você não mudar de direção, pode acabar chegando ao mesmo lugar de onde partiu.

– Lao-Tzu

– Estou no meu limite, Charlie! Este projeto acabou voltando para mim, apesar de dois meses atrás eu ter dito à equipe que estava preocupado com que isso acontecesse, e eles também ficaram. Agora não consigo retomar meu trabalho de verdade, que é o de estratégia, porque estou fazendo o deles!

– Aff, é uma droga ver o trem chegando e ainda assim ser atingido por ele.

– Não é? Não consigo descobrir por que isso continua acontecendo. Por que eles não podem... fazer, e pronto?

– Todos são inteligentes, experientes e estão comprometidos com a meta, certo?

– Sim. É isso que dificulta tanto a situação!

– Beleza; então, o que temos aqui é uma impressora quebrada.

– Hã? O que uma impressora quebrada tem a ver com isso?

□ □ □

– Estou tão esgotado, Charlie! Passo o dia todo respondendo a perguntas, aprovando coisas que não precisam de aprovação e lembrando as pessoas do que conversamos. A única maneira de manter meu emprego é pular da cama três horas mais cedo para fazer o trabalho antes de a equipe entrar *on-line*.

– Dureza. Isso é recente ou já vem acontecendo há algum tempo?

– Estou aqui faz dois anos, e já estava assim quando entrei. Não importa quantas conversas eu tenha, eles aparecem no dia seguinte com mais perguntas.

– Entendi. O que temos aqui é um caso de impressora quebrada.

– Ahn... acho que você não entendeu. Trabalhamos de casa, e isso não tem nada a ver com impressoras.

□ □ □

– Não consigo dar o melhor de mim, Charlie! Assim que começo a trabalhar, passo a maior parte do dia em reuniões, e, quando não estou em uma, preciso me atualizar nos tópicos do Slack para garantir que não perdi nada.

– Sim, é difícil dar o melhor ou se aprofundar no trabalho quando a agenda parece um queijo suíço. Estou curioso: é assim só com você ou há outras pessoas com a mesma dificuldade?

– É assim com todo mundo! A impressão é que, em todas as reuniões ou tópicos do Slack, falamos sobre quantas reuniões fazemos ou como estamos ficando atrasados no Slack.

– Humm. Então parece que estamos lidando com uma impressora quebrada.

– Que *boomer* você é, meu caro. Ninguém imprime mais nada.

□ □ □

Todos os dias tenho conversas como essas acima, com clientes, leitores e alunos. Sim, me enchem o saco sobre eu ser *boomer*, embora eu esteja no limbo entre a geração X e os *millennials*; e, sim, acho isso bem divertido.

E acabo mandando a da "impressora quebrada", como sempre falo. Toda equipe tem uma – inclusive a sua. Provavelmente foi por isso que você escolheu este livro. Mas o que é uma impressora quebrada?

Toda organização em que trabalhei ou atuei como consultor tinha, literalmente, uma impressora quebrada, que todo mundo conhece, mas ninguém conserta. Você conhece a dita-cuja.

É a impressora que deixa uma faixa na página, que até funciona para um cronograma de reunião de equipe, mas não quando é preciso causar boa impressão no Chefão ou em um cliente.

Ou, então, é aquela que come papel de modo aleatório ou precisa de um tipo especial de papel que parece nunca haver no estoque.

Ou a que fica no andar de baixo, no escritório da gerente, mas ela está sempre em reunião e, quando sai, a equipe precisa descobrir qual impressão pertence a quem.

Ou a que tem uma senha da qual as pessoas nunca conseguem se lembrar ou que precisa sempre ser reprogramada.

Ou ainda a que fica na mesa de outra pessoa, dentro do armário, ou na cadeira extra sem uso no canto da sala de conferências.

Sempre há uma impressora quebrada. Pode parecer que uma impressora quebrada não seja um grande problema, até você olhar os pontos negativos. É por causa dela que:

- Os colegas de equipe ficam apressados e exaustos na frente do Chefão ou do cliente, porque tiveram de se virar para dar conta de reimprimir tudo depois que a impressora deixou aquela 😬 de faixa.
- O orçamento para papel no escritório sempre acaba por causa do tipo especial de papel.

- O departamento de TI (vulgo Liz) tem que parar o que está fazendo para consertar a impressora sete vezes por semana, o que custa tempo – deles e dos demais;
- Pessoas se distraem durante as reuniões por ficarem olhando cronogramas e documentos em dispositivos móveis, em vez de cronogramas e cópias impressos. O tema da discussão precisa competir com notificações, *e-mails* e tamanhos inadequados de telas.
- Sempre tem alguém empurrando mais uma cadeira para dentro da sala de conferências, adicionando mais cinco minutos de trabalho antes da reunião ou criando uma abertura bizarra para ela, tipo "Esperem o Taylor se acomodar".

Individualmente, os pontos negativos da impressora quebrada podem parecer insignificantes. Mas, quando multiplicados pela frequência com que ocorrem, geram um desperdício enorme, ineficiência e desmoralização.

The Progress Principle (*O Princípio do Progresso*), de Teresa Amabile e Steven Kramer,[1] demonstrou que a frequência de pequenos reveses e frustrações tem papel marcante no moral e na motivação da equipe. Resmungos, aborrecimentos e os momentos "segure as pontas antes que eu perca a cabeça" que acontecem por conta da impressora quebrada se tornam parte da tarefa emocional de seu expediente.

Mas o negócio é o seguinte: **para a maioria das equipes, custaria menos de 500 reais substituir a impressora**. Pode ser apenas uma questão de reparar na impressora em um canto e se livrar dela. Milhares de reais em horas desperdiçadas pela equipe e pelos momentos #DMV (Dane-se Minha Vida) dependem de uma decisão de 500 reais ou de uma atitude de quinze minutos.

A impressora quebrada não é grande coisa; o que ela causa e por que não resolvem o problema, contudo, são coisas *imensas*. Podemos marcar uma reunião que custa para a organização duas vezes mais do que custaria substituí-la sem nem pensar a respeito, mas a impressora quebrada é um problema intratável?

Interessante.

A impressora quebrada é um sintoma da dinâmica de equipe de causa-raiz que abordaremos daqui a pouco, mas, se seu trabalho não está sofrendo por conta de uma impressora quebrada, não se preocupe – *na verdade*, não se trata de impressoras.

ÀS VEZES, NEM É A IMPRESSORA

Falei de impressoras *reais* porque o exemplo de impressoras quebradas é quase onipresente, tangível e fácil de entender para os que já trabalham em empresas há algum tempo, o que torna a impressora quebrada um resumo perfeito para todas as irregularidades pequenas e reparáveis na maneira como trabalhamos com as outras pessoas.

Porém, muitas impressoras quebradas não são impressoras reais. Por exemplo, uma de minhas clientes de treinamento para executivos descobriu há pouco tempo que uma das terapeutas de saúde mental de sua organização não conseguiu atender os pacientes nos três meses anteriores porque estava sem um cabo de computador de 40 reais.

Sem sequer considerar os milhares de reais que a organização de minha cliente havia gasto no salário da terapeuta, esta última não estava atendendo os pacientes durante a pandemia de Covid-19 – justamente quando muitos deles apresentavam problemas de saúde mental. O gerente da terapeuta tinha conhecimento, durante esses três meses, de que ela precisava de um cabo, assim como o departamento de TI. Mas foi só durante uma reunião, marcada por conta de relatórios financeiros imprecisos, que isso veio à tona.

Pois é, um cabo de 40 reais. Pode ter certeza de que minha cliente garantiu um cabo à terapeuta no mesmo dia em que conversamos a respeito.

Uma impressora quebrada nem precisa ser um problema físico. Pense naquela moda c/c (com cópia) do inferno. Horas incontáveis dos dias de várias pessoas são gastas lendo *e-mails* c/c tentando descobrir como – ou se – eles são relevantes. O mesmo padrão passou para ferramentas de bate-papo em grupo com o Slack, com um excesso de menção a grupos e canais que estão bombando. A maioria sabe que isso é um problema, mas ninguém faz nada para dar um jeito.

Ou talvez sua impressora quebrada seja a forma "escolha a própria aventura" com que colegas de equipe dão tarefas uns aos outros: alguns usam *e-mails*; outros, mensagens de texto; outros, o Slack; outros marcam reuniões; e raríssimos são os que dão tarefas de verdade às pessoas por meio do aplicativo de gestão de tarefas. As pessoas precisam procurar tarefas futuras em sete lugares diferentes e ter esperança de acessar todas.

Ou talvez sejam pedidos de permissão para documentos colaborativos várias vezes por dia. E a chatice maior não é nem clicar no botão para solicitar permissão. É ficar preso esperando trinta minutos, algumas horas ou mesmo o dia seguinte, até o proprietário do documento dar as caras. Nem é bom começarmos a falar a respeito de quantas vezes ficamos plantados diante de falhas de permissão quando alguém sai de férias.

Assim como a impressora física quebrada não tem que continuar quebrada, essas maneiras de trabalho em equipe – que eu chamo de *fluxograma* – têm conserto.

O QUE SÃO FLUXOGRAMAS?

Nossos fluxogramas são determinados por um misto de hábitos de equipe, políticas organizacionais, tecnologia, conformidade regulatória e estrutura organizacional. Cada um desses itens cria um sistema, e, como em qualquer sistema, mudanças ou efeitos em um deles podem mudar ou criar efeitos nos demais. Esses fluxogramas podem dar sustento ao nosso trabalho se forem saudáveis; se insalubres, podem agir como obstáculos – e não lidar com fluxogramas insalubres é uma escolha.

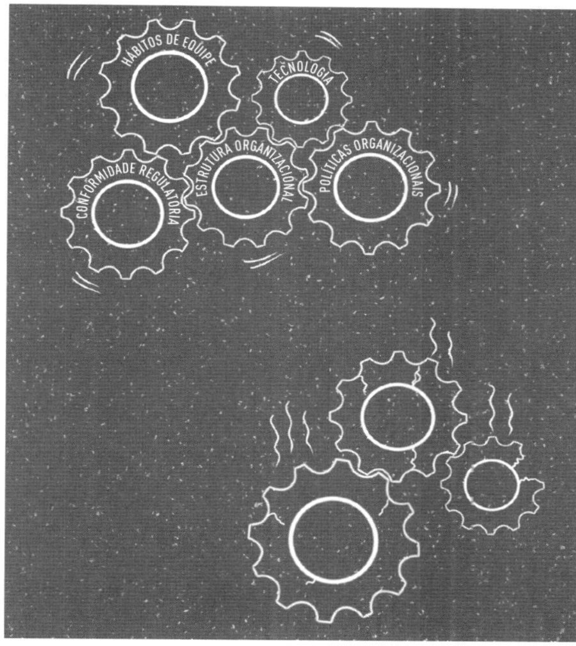

Neste livro, vou me concentrar no subconjunto de fluxogramas em torno de hábitos de equipe, porque eles são o subconjunto universal de esquemas de trabalho de que todos participamos e que podemos mudar. Assim como temos hábitos pessoais que podem ser bons ou ruins, toda equipe tem hábitos que sustentam o trabalho ou agem como obstáculos. E, assim como ocorre em relação aos hábitos pessoais, é possível identificar os ruins e mudá-los para algo mais positivo.

Quero deixar bem claro: **não importa seu cargo na empresa, você tem poder para mudar os hábitos de sua equipe**. E melhorar hábitos de equipe pode ser uma alavanca para fazer mudanças em outros fluxogramas, mais desafiadores.

Todos nós podemos mudar hábitos de equipe, *mas* isso não significa que todos temos o mesmo poder para isso ou que a relevância de outros fluxogramas não atuará contra nós. Muitos trabalham em hierarquias rígidas ou ambientes de trabalho repletos de dinâmicas de grupo espinhosas. Muitos têm histórias de vida que implicarão a luta contra preconceitos dentro da organização ou da cultura principal. Muitos fazem parte de setores com normas extremamente arraigadas e limitações estruturais.

Isso posto, podemos passar o tempo fazendo caretas e reclamando de coisas que não podemos mudar ou em relação às quais não estamos bem posicionados, e ao mesmo tempo deixando de lado o que *podemos* mudar bem diante de nosso nariz. Bater de frente contra macrofluxogramas, como as normas do seu setor, não é lá tão eficaz para resolver a maneira como as normas influenciam os hábitos de sua equipe. Já que você terá hábitos de equipe independentemente do que estiver acontecendo no setor, é melhor ceder às normas desse setor e arregaçar as mangas para mudar os hábitos de sua equipe *hoje*, *onde você estiver*.

Em um mundo em que a maioria dos livros a respeito de liderança, trabalho em equipe e gestão de mudanças concentram-se em ideias extravagantes, o futuro do trabalho e estratégias grandiosas, proponho algo simples e comum: se quiser que sua equipe trabalhe melhor, concentre-se nos hábitos dela.

POR QUE COMEÇAR COM A EQUIPE?

Sem dúvida você notou que comecei este livro falando não sobre pessoas, mas sobre impressoras quebradas e hábitos de equipe. Pode parecer um contrassenso começar um livro que é a respeito de equipes melhores sem falar de pessoas, mas não foi por acaso. Inúmeros livros têm como foco mudar as pessoas para melhorar equipes – seja aprimorando a gestão, empoderando colaboradores individuais ou aperfeiçoando líderes –, mas o resultado habitual é que a equipe e a organização permanecem em essência as mesmas.

No entanto, equipes são constituídas de pessoas; então, é útil compreender que a maioria das pessoas

- são intrinsecamente voltadas a metas. Isso não significa que sejamos necessariamente ambiciosos, mas nossa constituição básica é tal que buscamos evitar perdas e garantir ganhos;
- gostam de ser apreciadas e ter boas relações com os outros. Repito, essa é a constituição humana básica; de modo inerente, somos uma espécie cooperativa;
- gostam de conseguir fazer as coisas. Embora isso possa parecer o mesmo que ser voltado para metas, não é, não. Tem mais a ver com o estado emocional em relação à finalização de tarefas *versus* o estado mental no que diz respeito a ser voltado para metas.

Ninguém acorda de manhã e fala: "Quer saber? Vou ferrar com minha equipe hoje e não fazer nada". Ninguém, exceto sociopatas, ou alguém sob imensa pressão, simples assim.

Isso nos deixa com um mistério. Se as pessoas são inerentemente voltadas para metas, pensam em relacionamentos e se motivam ao finalizar tarefas, trabalhar em equipe deveria ser algo mais suave e mais fácil do que a maioria relata. Além disso, se abordarmos problemas de equipe como se fossem problemas de pessoas, teremos de partir da premissa de que pelo menos um dos membros da equipe não tem a tal da constituição humana básica.

O fato de as equipes trabalharem bem ou mal não tem relação com as pessoas que formam as equipes. Tem relação, sim, com a maneira como elas trabalham em conjunto. Equipes são a unidade fundamental de criação de valores de empresas e organizações. Pessoas sozinhas não criam valor – é a interação pessoal que cria, não importando se esse valor são resultados, inovação, rendimentos, bens, serviços ou experiências. A criação de valor de uma equipe é o que diferencia a experiência da Disneylândia de um artista de rua solitário em uma esquina usando uma fantasia do Mickey.

Mas, para mim, o motivo mais importante de nos concentrarmos na equipe é este aqui:

EQUIPES SÃO O LUGAR ONDE NOS ENCAIXAMOS

Todos nós já ouvimos aquela historinha de que as pessoas não deixam empresas ruins, e sim gerentes ruins. Há um fundo de verdade nesse pensamento, porém o acho meio falho, porque enfatiza o gerente, e não os hábitos de equipe que permitem a gerentes ruins a permanência no poder.

O ponto de acerto é que as pessoas vão embora ou ficam por conta do pessoal com quem interagem no dia a dia. Não importa o tamanho da organização, a maioria de nós passa 80% do expediente com a mesma média de quatro a oito pessoas. São elas a nossa equipe verdadeira, independentemente do que o quadro da organização diga.

E é nessa equipe que nos encaixamos... ou não. A maioria de nós teve a experiência de ficar em um trabalho ruim por causa da equipe; se não fosse por ela, já teríamos virado a mesa e ido embora há muito tempo. Também já vivenciamos a sensação de ver um bom trabalho arruinado por um ambiente tóxico ou frustrante gerado por uma equipe que funciona mal.

Isso é poder de equipe.

Com uma equipe forte, temos um nível inacreditável de identificação, influência e atitudes positivas. Se as reuniões são um saco, podemos mudá-las. Se quisermos começar a falar de maneira diferente sobre metas, podemos fazer isso. Se quisermos realizar o trabalho de alguém que se ausentou, podemos nos reunir e descobrir como.

Assim, se melhorarmos a vida profissional de nossa equipe, melhoraremos 80% de nossa vida profissional. Quando a vida da equipe melhora, a sensação de que nos encaixamos aumenta, o que nos deixa ainda mais empolgados para continuar nessa equipe e melhorar a situação.

Isso também é poder de equipe.

Ao longo deste livro, quando ler algo que o faça cerrar o punho diante de todas as coisas que não pode mudar no ambiente de trabalho, lembre-se de que o assunto é melhorar o encaixe e o desempenho da equipe, e não o da organização inteira.

No entanto, ocorre que se concentrar na equipe costuma ser a melhor maneira de mudar a organização.

COMO 3% MUDAM UMA CULTURA

Achamos que as mudanças vêm do topo, mas a realidade é que dois terços de todos os projetos de mudança organizacional de cima para baixo fracassam.[2]

Projetos de mudança de cima para baixo são empreendimentos complicados, em parte porque fazer grupos de pessoas mudarem de comportamento não tem tanta relação com inspirá-los por meio de ideias visionárias, e sim com transformar essas ideias em hábitos diários dos quais todos participam.

Mas acontece que uma porcentagem relativamente pequena de uma cultura ou organização – no máximo, 3% – pode mudar o restante da cultura ou da organização a que pertence. Nassim Nicholas Taleb é convincente ao escrever a esse respeito em seu livro *Skin in the Game* (*Arriscando a Própria Pele*),[3] no qual sugere que, dentro de um sistema complexo, é preciso apenas "três ou quatro por cento da população total para que toda essa população se submeta às suas preferências".

Mesmo que não estejamos em uma cultura verdadeiramente meritocrática, nossa cultura valoriza o que funciona. Quando uma equipe começa a ofuscar outras, todas as pessoas, de todas as escalas da organização, ficam sabendo. Os colegas de equipe reparam; estudos sugerem que funcionários aprendem mais com outros funcionários do que com gerentes ou superiores.[4] E, quanto melhor o desempenho dessa equipe, maior a probabilidade de os gerentes e líderes da organização começarem a tentar descobrir o que está dando certo.

Claro, eles vão começar se concentrando nas *pessoas* da equipe e atribuindo o sucesso a elas. Mas, como já discutimos, não se trata das pessoas por si sós, e sim dos hábitos delas.

A cultura organizacional pode ser definida como um conjunto preestabelecido de valores, metas, atitudes e práticas que compõem uma organização. Hábitos de equipe são o componente prático da cultura; valores, metas e atitudes, por sua vez, são importantes quando se trata disto: *o que fazemos como um coletivo é o que somos como um coletivo.*

Mudar hábitos pode ser uma alavanca incrível para mudar a cultura organizacional. Persistir nos hábitos existentes reforça a cultura atual. Se você não gosta da cultura de sua organização, precisa mudar os hábitos dela.

Continuar insistindo nos mesmos hábitos só reforça a cultura. A melhor maneira para mudar sua organização é mudar a equipe. E a melhor forma de manter a equipe unida é mostrar que não se trata tanto dos membros dela, mas dos seus hábitos – e *esses*, sim, podem ser replicados em toda a organização bem depressa e com o mínimo de ressentimento e rompimentos pessoais.

O poder está em suas mãos.

Aprimore os hábitos de sua equipe. Marque pontos no placar da empresa. Convide pessoas de fora da equipe para participar de um projeto e ver como as coisas se desenrolam. Convide-se para participar dos projetos delas, a fim de ajudá-las a se aprimorar.

É *assim* que você pode mudar sua organização, se estiver disposto a fazer isso. Mas não é rápido, nem fácil, nem numa tacada só.

USE AS LIÇÕES QUE APRENDI NA MARRA

Antes de entrarmos nos pormenores dos hábitos de equipe e de como mudá-los, talvez você esteja se perguntando quem exatamente eu sou e o que sei sobre equipes eficazes.

Passei as últimas três décadas e meia envolvido na arte da liderança; comecei quando criança no programa de liderança dos escoteiros e cresci em uma família das Forças Armadas. Na adolescência, liderava e ensinava, e, desde então, não parei mais, apesar de esforços contrários.

Minhas experiências de liderança mais formativas e intensas se originaram de meus serviços no exército dos Estados Unidos e na Guarda Nacional do Exército nos anos 2000. Fui designado como apoio à Operação Liberdade do Iraque, sendo líder de transporte do pelotão, e, enquanto nesta missão, fui transferido para quartéis superiores como oficial de planejamento do batalhão, capitão de batalha e principal investigador durante revisões pós-ação para escoltas que passaram por emboscadas ou eventos significativos, como acidentes.

Nas duas primeiras funções, passei muito tempo garantindo que as escoltas estivessem preparadas e agissem sem problemas. Na última função, detalhei o que havia dado errado, a fim de formular e repassar táticas, técnicas e procedimentos (TTPs), que depois eram divulgados pelo teatro de operações. Uma das emboscadas que investiguei foi a mais complexa da Operação Liberdade do Iraque.[5]

Uma vez transferido, fui oficial executivo (segundo-encarregado) de minha unidade, que se tornou a mais rápida a terminar a transferência e retomar as operações no país. Nesse período, também assumi uma missão especial para treinar unidades conjuntas e internacionais sobre como conduzir operações táticas de escolta, usando minha experiência em guerras e conhecimento de TTPs. Depois dessa missão, recebi ordens da companhia de uma unidade de redistribuição e, subsequentemente, bati o recorde de redistribuições que eu ajudara a atingir na unidade anterior.

Tão significativos quanto as realizações da minha unidade foram os momentos pelos quais ela passava naquela época. O comandante da unidade para a qual fui designado foi substituído no teatro de operações, e a unidade cujo comando assumi no país também substituiu seu comandante. Assim, em meio a operações e transições aceleradíssimas, também me vi em plena reconstrução de liderança de equipes e culturas de companhias.

Foram seis anos intensos aprendendo a consertar o avião no meio do voo.

Apesar de tudo, continuei percebendo um padrão: **os líderes e unidades mais bem-sucedidos eram os que se concentravam no que muita gente consideraria detalhes sem importância.**

Ainda que eu tivesse sorte pelos ótimos sargentos e soldados juniores em minhas unidades, algumas das coisas mais importantes que eu fazia eram as mais simples: garantir que as tropas fossem pagas pontualmente, que suas solicitações administrativas fossem atendidas, que eu não me intrometesse nos assuntos do meu sargento (e que meus soldados também não fizessem isso) e cumprisse minha tarefa de interagir com nosso batalhão e patentes mais altas, para que minhas tropas permanecessem concentradas na própria missão, com o mínimo de interferência possível das patentes superiores. Também aprendi o custo do acúmulo de informações por parte de líderes e de microgerenciar tudo.

Próximo ao fim de minha carreira militar, comecei a escrever em *blogs* e ensinar sobre produtividade, planejamento, liderança e empreendedorismo na Productive Flourishing (PF). O que começou como uma forma de explorar desafios pessoais enquanto estudava para terminar meu doutorado em Filosofia, ao mesmo tempo que administrava a carreira no Exército, acabou se transformando em um negócio de mentoria e educação. Minha formação em Ética, Filosofia Sociopolítica e Direitos Humanos me fez mergulhar em situações que criam condições para prosperidade pessoal e social, e, ao que parece, conferiu à minha abordagem do assunto um toque mais enriquecedor para muita gente.

Ao longo do processo, as pessoas começaram a me pedir orientações em seus desafios de liderança. Sou executivo e mentor de negócios desde 2009, e tenho trabalhado cada vez mais com mentoria para executivos, consultoria de execução de estratégias e consultoria de ambientes de trabalho para *scale-ups* e organizações desde 2014.

Também sou ativamente engajado em comunidades sem fins lucrativos e filantrópicas, com atuação em comitês executivos de organizações na resolução de desafios de causas arraigadas, como desigualdades educacionais. O serviço de diretoria e filantrópico em organizações sem fins lucrativos me mantém fluente em liderança colaborativa, sendo um ótimo complemento para contextos de liderança diretiva do serviço militar e empreendedorismo.

Hoje, minha equipe na Productive Flourishing abrange de dez a trinta pessoas, dependendo de como você as conta e dos projetos em que estamos trabalhando; portanto, continuo na mescla de liderar e gerenciar uma equipe em constante evolução. Mesmo que seja um contrassenso, liderar a equipe da PF é muito mais desafiador do que todas as minhas experiências anteriores de liderança, inclusive a de operações táticas de escolta. Nos últimos catorze anos, tive muito tempo para praticar, experimentar, falhar e interagir com minha própria equipe.

Quero deixar bem claro que não estou tentando levar à recriação da variedade hierárquica-militar das organizações que foram cruciais para mim. Ironicamente, foram os defeitos desse tipo de organização que me levaram a explorar como transformá-las.

Você deveria ter visto o horror e a reação de meus sargentos quando falei sobre *feedback* ascendente e/ou de 360 graus para *todos nós*, a fim de que pudéssemos ser líderes melhores – décadas antes de *Radical Candor* (*Empatia Assertiva*),[6] de Kim Scott. Na época, eu era tenente e sabia escolher minhas batalhas, porém as indagações que extraí dessa experiência levaram à forma como fazemos "análise de desempenho" na Productive Flourishing (que inclui colocar os proprietários para tomar decisões difíceis/dar apoio) e como penso no *feedback* de 360 graus para meus clientes executivos.

Compartilhei essa história não para me gabar, mas para lhe dar uma ideia das bases das perspectivas sobre as quais falarei neste livro. Os diferentes contextos e grandes quantidades de casos que presenciei ao longo de décadas continuam a mostrar os mesmos padrões: **o prazer do trabalho em equipe está nas pequenas interações cotidianas, que levam a vitórias e à sensação de pertencimento**. Claro, as encrencas também se fazem presentes, em forma de impressoras quebradas e quebra de pequenas promessas que vivenciamos todos os dias.

ACEITE OS PRESENTES INDESEJADOS DO VUCA E DA COVID-19

A verdade é que todos nós passamos por um curso intensivo sobre gestão de mudança ao longo dos últimos anos. Esse é um dos presentes de nosso atual ambiente Vuca e da Covid-19.

Vuca é um acrônimo oriundo da educação e teoria militar nos anos 1990. Enquanto estrategistas militares o estruturaram no contexto de cenários militares, eles descreveram o estado do mundo que surgia com rapidez.

Os quatro elementos do Vuca são volatilidade, incerteza,* complexidade e ambiguidade.

Eles se infiltraram na liderança civil e em conversas estratégicas nos anos 2000 à medida que a internet e o ritmo rápido da mudança causada pela tecnologia tornaram o mundo ainda mais Vuca. A visão e o poder duradouro do paradigma Vuca são os de que liderar e trabalhar em um ambiente Vuca é fundamentalmente diferente do que liderar e trabalhar em um ambiente "estável". Os clássicos princípios de liderança, gestão e trabalho que lemos e aprendemos ou não funcionam ou precisam ser abordados de modo drasticamente diferente.

Compreender o paradigma Vuca também nos ajuda a acolher o dinamismo de hábitos de equipe.

- O que funciona neste trimestre pode não sobreviver no próximo (volatilidade).
- Nossa empresa ou modelos organizacionais tendem a mudar, mas não sabemos como nem quando (incerteza).
- Pequenas mudanças em um aspecto da equipe ou organização criarão mudanças em outro lugar (complexidade).
- O que achamos que era um sinal pode ser ruído, e vice-versa (ambiguidade).

---

* *Uncertainty* em inglês. (N. da T.)

Assim, temos de viver na tensão de fazer o melhor que podemos a fim de gerar consistência, clareza, simplicidade e coerência – o oposto do Vuca –, o tempo todo cientes de que Vuca é a seriedade do mundo profissional em que vivemos. E, para quem é do tipo visionário, o ambiente Vuca oferece muitas oportunidades para experimentar, mudar e abordar fluxogramas que não funcionavam antes da fase Vuca e que agora continuam a não funcionar.

Como se o mundo Vuca não bastasse, a Covid-19 mudou de maneira irrevogável o mundo do trabalho.

Ela destruiu quase todos os nossos hábitos cotidianos. O trabalho remoto passou de um teste feito por algumas empresas para a maneira padrão de trabalho no caso de muitos de nós. Pessoas que odiavam reuniões virtuais não tinham mais opção senão aparecer nelas. Transformadores sociais que em geral encontravam soluções com colegas de trabalho durante a pausa para o café de repente tiveram de descobrir como solicitar sessões de *brainstorming* ou sondagem. Muitos dos que aprenderam a trabalhar sem filhos, parceiros e *pets* por perto descobriram que trabalhar de casa *com eles* dava mais trabalho do que as tarefas que eram pagos para fazer. E inúmeras atividades de vínculo baseadas em proximidade física sumiram do mapa. Muita gente ainda não encontrou nada que as substitua.

Ainda assim, há três consequências principais da imensa ruptura nos ambientes de trabalho que a Covid-19 causou:

1. Expôs muitos hábitos até então invisíveis. Como mostrarei, bons hábitos de equipe tendiam a se tornar invisíveis, e maus hábitos de equipe passaram a ser aceitos como normais. Não conseguíamos "vê-los" até sermos removidos do contexto normal de trabalho, quase da mesma maneira como não somos capazes de ver nossa casa até voltarmos de viagem.
2. Antes, não achávamos que tínhamos a opção de mudá-los. No entanto, uma vez muitos de nossos hábitos de equipe dependiam

de trabalhar de certo modo do qual não podíamos mais usufruir, a ruptura criou abertura e a necessidade de mudanças.

3. Aprendemos que podemos, sim, mudar hábitos de equipe existentes e criar novos hábitos. Hábitos de equipe e fluxogramas não eram algo que exigiam somente participação, mas formas de trabalhar em equipe que *nós* criávamos e mantínhamos. Ou seja, podíamos recriá-los além de meramente participar deles.

Só que não é preciso uma pandemia para se criar um novo normal melhor – ela apenas fez o trabalho de romper a inércia por nós.

Já que temos de criar um novo normal, como fazê-lo? Afinal, temos de criar novos hábitos de equipe, então por que não pensar em quais hábitos resultarão em mais pertencimento e melhor desempenho?

Venho fazendo essa pergunta aos meus clientes, à minha equipe e às organizações sem fins lucrativos com as quais estou envolvido.

O QUE VOCÊ VAI FAZER COM AS IMPRESSORAS QUEBRADAS?

Talvez você tenha dito: "Charlie, com tudo o que está acontecendo, não temos tempo para lidar com coisas sem importância. As impressoras quebradas não são prioridade".

É justo. Mas você está disposto a olhar os colegas de equipe nos olhos e dizer isso em voz alta? Porque, na verdade, o que está dizendo é: "Consertar as coisas que nos permitiriam trabalhar melhor juntos e ser mais felizes no trabalho não é a prioridade real".

Aliás, nem se preocupe em dizer isso em voz alta – suas atitudes já o estão fazendo.

Como escrevo este livro em 2022, muitos de nós perderam o zelo pela mudança que talvez tenhamos tido há dois anos. Nós nos adaptamos, dinamizamos e reajustamos até o esgotamento e agora buscamos certa constância em um mundo que nos últimos tempos contém doses extras de Vuca.

Ao mesmo tempo, ainda há muitas impressoras quebradas por aí. Algumas talvez sejam de antes da grande mudança; outras, é bem provável, estão assim por causa dela. A questão não é se elas estão aí, mas se você e os colegas de equipe estão prontos para consertá-las.

Quando se trata de hábitos de equipe, duas coisas são inevitáveis: você já está participando deles e, mais cedo ou mais tarde, eles acabarão mudando – mas não necessariamente para melhor. Entretanto, como já disse o consultor de gestão Peter Drucker: "As únicas coisas que evoluem por si sós em uma organização são desordem, atrito e mau desempenho". Se mudanças positivas fossem automáticas, não teríamos impressoras quebradas e a modinha c/c do inferno.

Mudar hábitos avariados de equipe requer tempo e foco. **Mas, se o prognóstico é assustador, lembre-se de que, de uma forma ou de outra, você vai participar desses hábitos, e a mudança é inevitável**. Espero que você escolha participar deles com intenção e uma meta para tornar as coisas melhores.

Ou você pode ter dito: "Charlie, não sou gerente nem líder sênior. A impressora quebrada me deixa louco, mas o que posso fazer sobre isso?".

É bom abandonarmos a suposição de que gerir mudanças diz respeito apenas a gerentes, líderes seniores e os consultores que eles contratam para facilitá-las. Quero que democratizemos a gestão de mudanças da mesma maneira que o *lean thinking* (pensamento enxuto) democratizou a manufatura e as operações; um dos *insights*-chave do paradigma *lean* é que as melhores ideias muitas vezes provêm das pessoas mais próximas do trabalho.

Não importa seu cargo, você está mais próximo do seu trabalho e de como sua equipe atua. Assim como em Vegas, muita coisa que acontece na equipe deve ficar entre a equipe, e não exige aprovação nem recursos externos. A maioria das mudanças que abordaremos neste livro pode ser feita sem a permissão de ninguém além das pessoas da equipe.

Sua equipe já tem hábitos; veremos como fazer mudanças e substituições no que você já está fazendo.

Ser a pessoa mais próxima do seu trabalho e de como sua equipe atua lhe dá uma responsabilidade importante. **Ou você está participando de hábitos de equipe danificados ou trabalhando para mudá-los.**

Daqui em diante, você não pode mais ir para o trabalho e ponto-final. Agora, todos os dias em que for trabalhar, precisa perguntar se os hábitos de sua equipe respaldam o desempenho e o encaixe dela. Se sim, aprimore-os. Se não, conserte-os.

De um jeito ou de outro, você já está envolvido.

O problema real é que promover esse tipo de mudança na equipe tem sido relegado a gerentes e líderes, e não há largura de banda suficiente para tomada de decisões e gestão. Mas e se mudarmos o paradigma e tornarmos a execução desse trabalho tão simples e previsível quanto agendar uma reunião?

Nos últimos vinte anos liderando unidades do Exército, formando equipes, orientando executivos e empreendedores assim como atuando em diretorias de organizações sem fins lucrativos, presenciei o que acontece quando as equipes aprimoram seus hábitos e os membros dela se relacionam bem entre si. Vi o que acontece quando líderes removem barreiras e param de forçar mudanças de cima para baixo, em vez de trazer todos para dentro do processo. **Alerta de *spoiler*: a sensação de pertencimento e a retenção aumentam, as equipes começam a ter melhor desempenho, e as pessoas têm mesmo vontade de trabalhar umas com as outras.**

E não é necessário que as estatísticas de desligamento de funcionários da Gallup sejam tão consistentes e alarmantes. O motivo pelo qual as pessoas se desvinculam com tanta facilidade não é a insatisfação inata com o trabalho; é porque as organizações não se importam em deixar as impressoras quebradas permanecerem nessa situação.

O que vamos explorar ao longo deste livro é como consertar impressoras quebradas e aprimorar hábitos de equipe podem se aliar a várias outras decisões e conversas nas quais sua equipe *já* está envolvida.

Quero que considere o seguinte:

- Se você é líder sênior: quantas impressoras quebradas há na sua organização? O que isso está lhe custando, em desempenho e ânimo? Por que elas continuam quebradas?
- Se você é gerente ou líder de equipe: o que o impede de consertar as impressoras quebradas de sua equipe?
- Se é colaborador individual: como você se envolveu com a equipe e a gerência para consertar as impressoras quebradas com as quais se debate todos os dias?

Se você não é um misto de pessoa frustrada e inspirada para consertar de forma construtiva as impressoras quebradas com que você, sua equipe e organização se debatem todos os dias, largue este livro. Ele não é para você.

Se você é líder ou gerente e não conseguiu melhorar as coisas para a sua equipe, deixe de lado qualquer ideia de direito e privilégio sobre estar onde está, já que não os está merecendo mais.

Se a conclusão de sua equipe é de que você não está pronto para se envolver com os hábitos dela, ótimo! Ainda assim é possível se concentrar no que mais importa para você, entendendo que suas conversas inevitáveis a respeito de hábitos de equipe são mais sessões de desabafo do que palavras para resolver problemas.

Mas, se estiver pronto para se envolver nos hábitos de sua equipe e melhorar sua vida e seu trabalho, bem como os dela e os de sua organização, não vamos esperar outra pandemia, mudança externa de grandes proporções ou crise interna para correr atrás disso. É muito mais fácil lidar com hábitos de equipe fora de uma crise do que no meio de uma.

COMO LER ESTE LIVRO

Agora que você já sabe um pouco mais da minha história de vida militar e filosófica, talvez aprecie o fato de eu não deixá-lo na mão ao se perguntar aonde vamos e por quê. Vou usar a conhecida estrutura do Exército "Diga a eles o que vai lhes dizer, depois diga a eles o que você lhes disse". Esse é um hábito de equipe de comunicação que não está danificado, por isso não vou consertá-lo.

Este livro está dividido em três partes.

- **Parte 1:** essa parte (que inclui este capítulo) contém a introdução e a visão geral dos hábitos de equipe. Ela vai informar o que são esses hábitos, explicar como eles são a chave para se trabalhar melhor em grupo e familiarizá-lo com as diferentes categorias de hábitos de equipe. Essa parte também vai incluir uma breve Auditoria de Hábitos de Equipe, para ajudá-lo a diagnosticar com qual categoria começar.
- **Parte 2:** nessa parte, abordaremos de modo isolado cada categoria dos hábitos de equipe. Falarei sobre padrões e hábitos que você poderá testar em seu time . Nem toda sugestão vai se encaixar com perfeição à sua realidade de trabalho, e tudo bem – minha meta mais ampla é chegar perto o suficiente para você adaptá-la ao contexto de sua equipe.
- **Parte 3:** essa parte explica como elaborar um plano para mudar os hábitos de sua equipe. Considerando que hábitos de grupo são acordos compartilhados, essa parte iniciará apresentando as dimensões políticas e sociais de se fazer a mudança acontecer. Em seguida, abordará como elaborar um plano e, por fim, como adaptá-lo, já que a realidade inevitavelmente o mudará.

Ao longo do caminho, compartilharei várias planilhas, ferramentas e recursos. Você pode encontrar uma lista, em inglês, completa deles em teamhabitsbook.com/resources. Também encontrará informações em textos recuados ao longo do livro que esclarecem estruturas organizacionais comuns. Elas servem para oferecer uma visão geral simples a fim de explicar o conceito e disponibilizar a cada membro da equipe –

colaboradores individuais, gerentes e líderes – as mesmas ferramentas e linguagem para falar da mudança de hábitos de equipe.

Ah, e tem um glossário no fim do livro com todos os "Charlismos" que você vai encontrar conforme prosseguirmos.

A única maneira certa de ler este livro é a que funcionar melhor para você. Espero que ele fique em sua estante e que você o consulte quando precisar, ou seja, é provável que o utilize de um modo diferente a cada vez. A estrutura do livro lhe dá várias maneiras de explorá-lo e usá-lo, mas há quatro caminhos lógicos:

1. Leia o livro inteiro do começo ao fim; depois, comece a aplicá-lo.
2. Leia a Parte 1 a fim de obter o que precisa, faça a auditoria; leia mais sobre a categoria com que você mais trabalha. Depois, pule para a Parte 3 com objetivo de elaborar seu plano e atuar nele.
3. Vá direto para a Parte 3 se já souber com qual categoria de hábitos de equipe deseja começar. Se você é do tipo *expresso*, não tem como errar ao escolher Senso de Pertencimento, Tomada de Decisões ou Reuniões como categorias com as quais trabalhar.
4. Variação do item 2: volte, leia sobre a próxima categoria com que você mais trabalha e, depois, passe a elaborar seu plano para, em seguida, colocá-lo em ação.

A QUEM SE DESTINA ESTE LIVRO

Este livro não é apenas para gerentes ou líderes seniores. **Na verdade, meu objetivo é democratizar a ideia de quem pode dar início às mudanças dentro das organizações**.

Colaborador individual

Como colaborador individual, você abordará as mudanças de maneira diferente da do Chefão, que pode se limitar a entrar em cena e transformar as coisas em um estalar de dedos. Meu objetivo é ensiná-lo a se tornar um bom *champion* de projeto e colaborador bem como lhe dar as ferramentas para começar a ter discussões sobre os hábitos de sua equipe. Compartilhe este livro com seus colegas de trabalho e seu gerente.

Gerente

Como gerente, você tem mais poder inato na organização para mudar as coisas, mas provavelmente será responsável por apenas uma equipe dentro da cultura organizacional mais ampla. Você pode consertar alguns maus hábitos de equipe, porém não todos. Meu objetivo é ajudá-lo a avaliar quais hábitos são mais problemáticos e lhe dar as ferramentas para acompanhar os *sprints* de mudança de hábitos de sua equipe.

Líder sênior

Este livro vai lhe mostrar uma forma diferente de compreender o que está acontecendo em sua organização. Você terá uma visão mais granular de por que as coisas funcionam bem ou não e, assim espero, vai abrir os olhos para as áreas problemáticas. Afinal, tradicionalmente não há impressoras quebradas no escritório do executivo sênior. Ao ler este livro, pode ser que sinta vontade de arregaçar as mangas e arrumar um monte de impressoras quebradas, mas gostaria que contivesse o entusiasmo de mudar coisas demais de uma só vez.

Por quê? **Porque, se definir tudo unilateralmente e tocar o projeto sozinho, pode até ter mudado a organização, mas acabou criando um hábito de equipe que depende de sua vontade de mudar hábitos de equipe futuros.**

Lembre-se de que provavelmente você está bem longe do trabalho real em andamento para escolher as soluções mais eficazes. Meu objetivo neste livro é ajudá-lo a entender *como* sua organização faz mudanças em hábitos de equipe, criando uma linguagem veicular sobre como membros de equipe de todos os níveis da organização podem lidar com a gestão das mudanças.

Para cada colega de equipe

Ainda que este livro seja sobre trabalho, é ainda mais sobre relacionamentos: o relacionamento que você tem com seu trabalho e os que mantém com os colegas de equipe. As perguntas que você encontra em livros a respeito de relacionamentos pessoais são análogas às que fazemos a nós mesmos acerca do trabalho e dos colegas de equipe. (Eles são as pessoas certas? Posso confiar neles? Como podemos nos dar melhor? Como compartilhar com eles mais experiências positivas e propósitos?)

Assim como ocorre nos relacionamentos, nada do que fizer para aprimorar seu trabalho será perda de tempo. Os esforços que fizer para trabalhar melhor com a equipe vão transcender qualquer relação de trabalho que você tenha com seus colegas.

Como você se sentiria se soubesse que um colega de equipe está trabalhando para tornar seu dia a dia melhor no trabalho? Se ele o estivesse ajudando a perceber que você se encaixa e é importante? Se acreditasse que você é capaz? Se comemorasse suas contribuições, respeitasse sua opinião e o apoiasse sem que você tivesse de lhe pedir?

Todos nós podemos ser esse colega, quer sejamos colaboradores individuais, gerentes ou líderes seniores. O restante deste livro vai lhe mostrar como.

PONTOS PRINCIPAIS DO CAPÍTULO 1

- Toda a equipe é prejudicada por pequenos problemas (solucionáveis) na maneira como os membros do grupo atuam entre si (impressoras quebradas).

continua

- Assim como temos hábitos pessoais que podem ser bons ou ruins, cada equipe tem hábitos que apoiam o trabalho ou o atrapalham. E, tal como no caso dos hábitos pessoais, é possível identificar os ruins e transformá-los em algo mais positivo.
- Se as equipes têm uma atuação boa ou ruim, não se trata de fato das pessoas, mas sim de como elas trabalham juntas.
- Hábitos de equipe existem, quer aceitemos isso ou não. Ou você participa dos hábitos de equipe danificados ou trabalha para mudá-los.
- Independentemente de sua função na companhia, você tem a habilidade de mudar os hábitos de sua equipe.

DOIS

VIVEMOS E RESPIRAMOS HÁBITOS DE EQUIPE

Se quiser alcançar a excelência em coisas grandes,
é bom desenvolver o hábito nas pequenas.
— General Colin Powell

Alguns anos atrás, trabalhei com uma professora de retórica. As primeiras sessões foram frustrantes para mim, porque pouquíssimo tempo era empregado em meu conteúdo, estrutura e ideias. Em vez de analisar meus discursos, minha professora estava concentrada nos mecanismos de minha fala.

Acontece que muitos problemas que palestrantes têm se devem à respiração inadequada. A certa altura, durante uma sessão, minha professora disse: "Charlie, você já respira o dia todo. O que vamos trabalhar é a *maneira* como você respira e garantir que seu modo de respirar apoie sua *performance*".

Eu sabia que ela estava certa. Era a mesma mensagem que técnicos de esportes, instrutores de yoga, guias espirituais e líderes do Exército já tinham compartilhado comigo de maneiras distintas. Uma coisa simples como respirar intencionalmente pode causar um impacto profundo em tudo o que você faz, e, uma vez que já estamos respirando, é bom fazê-lo da maneira certa (ou seja, de um modo que nos ajude).

Hábitos de equipe são a maneira como uma organização respira. A respiração acontece, quer você note ou não. Apenas por estar presente e fazer parte da equipe ou da organização, você está envolvido nesse processo respiratório. À medida que seu ritmo de trabalho em grupo muda, os hábitos de equipe vão se evidenciar ou amenizar. Conforme a composição ou as metas da equipe mudam, os hábitos de seu time podem também precisar de mudanças.

Provavelmente você já passou pelo processo de substituir velhos hábitos pessoais por outros, novos. Talvez tenha decidido começar a correr, cortar o açúcar da dieta, iniciar uma prática de meditação ou substituir a navegação noturna em redes sociais pela leitura de um livro. É provável, portanto, que tenha notado como é fácil recair na inércia de velhos hábitos e como, de maneira consciente, é preciso mergulhar nos novos por meio de repetição e consistência intencionais.

Pode ser que você tenha tentado mudar hábitos individuais de trabalho para ter um apoio melhor. Talvez tenha programado blocos de foco durante os períodos mais produtivos, separado tarefas por pilhas e lotes, ou tentado qualquer outro item dos hábitos de eficácia pessoais sobre os quais falei no meu último livro, *Start Finishing*.[1] Se sim, talvez tenha deparado com um desafio ainda maior, acerca do qual muita gente tem me perguntado desde o lançamento de *Start Finishing*: você quer mudar hábitos no cronograma pessoal de trabalho, mas se sente preso por trabalhar conforme os preceitos da cultura da equipe.

Você não está só. Ouvi de todo mundo, desde colaboradores individuais até líderes seniores, que se sentiam presos aos hábitos da equipe. Não precisa ser assim. Em seu time, **esse pequeno grupo de quatro a oito pessoas com quem você passa 80% do seu tempo no trabalho, é incrivelmente influenciado por você**. Talvez não seja possível mudar o c/c infernal, que é tão onipresente na cultura da empresa, mas você pode eliminá-lo dos hábitos de sua equipe. E pode minimizar o impacto dessa ferramenta na maneira como vocês trabalham.

MOVER MONTANHAS É DIFÍCIL; MOVER PEDRAS É MAIS FÁCIL

Quando construímos hábitos de equipe, procedemos da mesma maneira como quando construímos hábitos para indivíduos. E, assim como mudanças ou a construção de hábitos individuais, esse tipo de trabalho não acontece da noite para o dia. Isso quer dizer que ele pode ser desanimador.

Obtemos a permanência de um hábito por meio de repetição constante e ciclos positivos de *feedback*. Hábitos arraigados contêm estes dois elementos: repetição constante (inércia) e ciclos positivos de *feedback* (baixo esforço cognitivo, emocional e social por meio de habituação). Para desenvolver novos hábitos, precisamos repeti-los até a habituação coletiva, além de amplificar os ciclos positivos de *feedback* de melhores resultados e senso de pertencimento.

Uma mudança acontece quando passamos de ações individuais e optamos por ações e escolhas sociais. Se sou um funcionário solo e mudo minha agenda para ela trabalhar para mim, pode haver algumas consequências, mas bem diretas, na maioria das vezes. Se trabalho em uma equipe, mudar minha agenda exige negociação, comunicação, consideração das necessidades e da disponibilidade alheias, entendimento dos precedentes que a mudança pode causar, e toda uma série de outras considerações que, em essência, são sociais e gerais (os custos sociais contínuos ou indiretos de lidar com ou manter os procedimentos de uma equipe ou organização).

Como indivíduos e grupos, só trocaremos pequenos esforços cognitivos, emocionais e sociais por algo com que a maioria concorde. Felizmente, a maioria de nós concorda com o fato de mais sucesso e senso de pertencimento serem melhores, e se dispõe a fazer a mudança no trabalho que permita chegar lá.

Conforme você vai atuando para mudar os hábitos de equipe, torna-se pouco falar apenas sobre o *como* – é preciso falar também sobre o *porquê* da mudança. Não precisa ser um propósito grandioso da empresa;

mais sucesso cotidiano em pequenas coisas, senso de pertencimento e facilidade nas tarefas são mais que suficientes.

E o que ocorre é que sucesso cotidiano em pequenas coisas, senso de pertencimento e facilidade nas tarefas são coisas das quais *todos* podemos participar.

Nossa sociedade tem certa tendência a mudanças radicais, sobretudo no meio corporativo. Alguma coisa não está funcionando bem? Vamos eliminá-la e começar do zero.

Porém, mesmo que a ideia de empreender uma grande mudança pareça impressionante, na verdade é uma antítese à meta final de se fazer uma mudança duradoura. É como colocar um pé de cabra sob uma montanha imensa na esperança de movê-la. O máximo que você vai conseguir é ficar frustrado quando tiver pouco ou nenhum progresso que demonstre seus esforços. E, no mínimo, vai jogar fora o pé de cabra e decidir que não vale a pena fazer mais mudanças no futuro.

Em termos individuais, todos conhecemos a dieta-relâmpago ou a mudança instantânea de hábito que acabam não dando certo. A menos que você seja um desses raros seres que podem tentar um monte de mudanças e ficar bem mesmo que elas não deem certo, o resultado é rigidez ou resistência para a próxima solução rápida que surgir.

Pelo fato de os hábitos de sua equipe serem acordos e expectativas compartilhados, esse mesmo padrão se aplica, mas com mais intensidade. Para mudar um hábito, você já está negociando com outras pessoas a fim de superar a inércia e testar algo novo. A menos que esteja lidando com uma impressora quebrada que todos querem ver consertada – o que, aliás, é um ótimo pontapé inicial –, já existe uma estimativa de esforço/recompensa acontecendo na equipe. E projetos de mudança com início rápido que não dão certo só reforçam a inércia e a sensação de "É exatamente assim que fazemos por aqui".

Se se afastar da montanha e soltar o pé de cabra, começará a notar que a montanha que está tentando mover é, na verdade, feita de pedras. Pegue uma pequena; você ficará surpreso ao ver como é mais fácil carregá-la e quanto progresso consegue fazer movendo uma pedrinha de cada vez.

À medida que começar a abordar os hábitos de sua equipe, quero que se afaste do paradigma de gestão de grandes mudanças e se concentre na identificação das pequenas coisas que podem ser mudadas mais depressa. Há alguns motivos para isso.

Construa o *momentum* mais depressa

Se fosse para adivinhar, presumiria que você já está trabalhando em capacidade máxima. Sua cesta já está lotada com as responsabilidades diárias de seu trabalho mesmo antes de começar a lidar com os projetos designados para aprimorar os hábitos de sua equipe.

Ao identificar projetos pequenos para abordar, você vai começar a ver as mudanças depressa. Mover uma única pedra – por exemplo, eliminar aquela modinha c/c do inferno – cria mais amplitude para lidar com a próxima pedra. E, a cada pedrinha que você move, você e os colegas de equipe verão mais progresso e ganharão mais *momentum*.

Você também terá mais facilidade para contar a história do sucesso desse projeto, porque não há tantas partes envolvidas. Isso serve para animar a equipe e também para provar aos de fora dela que esse trabalho tem valor.

Trabalhe com uma linha de tempo humana

O segundo motivo para mover pedras em vez de montanhas é que, quanto maior o pedaço que você tenta abocanhar, maior será o tempo de duração do projeto e mais difícil será manter o foco. Como seres humanos, tendemos a pensar em termos de meses, o que torna um mês o período ideal para um *sprint* de hábito de equipe. Você pode manter a energia em um projeto por um mês porque essa breve duração parece viável em uma linha de tempo humana.

Isso posto, alguns projetos levarão mais tempo que outros, e algumas organizações trabalharão mais depressa ou mais devagar que outras. Em uma grande organização, um *sprint* de hábito de equipe pode levar um trimestre para que tudo esteja pronto, pois as coisas mudam um pouco mais devagar. Mas não se devem escolher hábitos que demorarão um trimestre para mudar. Em vez disso, foque em uma categoria e decida que, ao longo de um trimestre, você se concentrará no hábito X no primeiro mês, no hábito Y no segundo e no hábito Z em seguida. Ao longo do trimestre, você verá a diferença.

No mundo das *startups*, é possível fazer muito mais coisas em um mês. Com uma equipe menor, você pode concentrar mais integralmente sua energia. Essa é uma das vantagens de se estar em uma *startup*. A desvantagem, é claro, é que você precisa descobrir tudo em pleno processo.

Independentemente do tamanho de sua organização, escolher intervenções menores em hábitos que possam ser observados em um mês o ajudará a ter a sensação do *momentum*.

Consiga *buy-in* com mais facilidade

Outro motivo para se concentrar em mover pedras em vez de montanhas é que equipes são sistemas de autocorreção. Quanto maior a mudança proposta, maior a resistência que você enfrentará, e mais difícil será ver resultados duradouros. Mover pedrinhas lhe permitirá começar a identificar como o sistema vai se autocorrigir, para abordar isso de modo mais específico.

A verdade é que mudar um hábito de equipe pode significar que, no longo prazo, todos ganharão – porém, no curto, alguém sairá perdendo. Alguém configurou o hábito original ou se beneficia por ele ser assim. Pode ser que Bob não goste de banco de dados e, portanto, você tem um departamento inteiro funcionando com 243 planilhas diferentes interligadas. Isso não é eficiente, mas, por ser relativamente funcional, ninguém tentou mudar. Sem mencionar que você terá de arrastar Bob a chutes e gritos para a ideia de usar um banco de dados em vez do sistema de planilhas que ele configurou.

A montanha que você precisa mover vai transformar essas planilhas em um banco de dados. No entanto, a primeira pedra que você tem de carregar é mudar a atitude de Bob em relação ao banco de dados. É necessário mostrar a ele por que sua solução de banco de dados é melhor, e que é possível obter as mesmas informações sem ter de mudar nada – enquanto isso, a vida da equipe vai melhorar muito.

Nesse cenário, Bob é o agente da correção do sistema. Se tentar reformular todo o sistema de uma só vez, talvez Bob diga: "Sabe de uma coisa? Parece que todos vocês não têm trabalho suficiente agora, porque têm bastante tempo para mudar todas essas planilhas". Ele vai encher a mesa das pessoas de trabalho, e, na próxima vez que elas abrirem uma planilha, Bob vai barrar os esforços delas.

Mas mude uma única planilha que Bob não esteja usando muito e provavelmente você conseguirá *buy-in*. Quando ele perceber como o projeto deu certo, é provável que "compre" o próximo. Quando você transformar todas as planilhas dele em um banco de dados, aos poucos Bob terá percebido que essa mudança, na verdade, é mais simples que os velhos hábitos de equipe.

Por ora, mantenha os dragões adormecidos

O último motivo para se concentrar nas pedras é que vez ou outra há dragões sob as montanhas.

Hábitos de equipe não são criados do nada; eles são uma reação à cultura mais ampla de trabalho da organização. Por exemplo, uma equipe que tenha um quadro terrível de executivos pode aprender a compensar isso criando hábitos ineficientes que lhe possibilite evitar assumir as coisas antes dos executivos e lidar com o inevitável marasmo gerado.

Os hábitos de equipe podem não ser ideais, mas estão em ordem por conta desse outro fato que eles não podem controlar.

Mudar pedras menores lhe permitirá começar a dar foco ao problema maior. Você pode perguntar: "Algo aqui precisa ser abordado; o que vamos fazer a respeito?". Você pode dar início a uma discussão produtiva. Porém, se começar movendo a montanha, talvez abra uma caixa de Pandora de problemas que não poderá, simplesmente, deixar de lado.

AS OITO CATEGORIAS DOS HÁBITOS DE EQUIPE

Separei breves exemplos de hábitos de equipe em oito categorias diferentes, mas é simplificar demais insistir nas distinções entre elas. Muitas são interconectadas. Às vezes, pode ser difícil perceber se um problema de comunicação está levando a uma definição ruim de metas, por exemplo, ou se uma definição ruim de metas é que gera problemas de comunicação.

Ainda assim, trabalhar com hábitos de equipe como parte de um grupo de categorias mais amplo – em vez de apenas adquirir um hábito de reunião; depois, um de definição de metas; em seguida, de planejamento – o ajudará na sensação de que está fazendo progressos coerentes em uma área. E, é claro, por esses hábitos e categorias estarem tão interligados, fazer mudanças em uma área pode causar mudanças em outras.

A definição de categorias fornece às equipes uma área na qual concentrar esforços, mas a categoria em que um hábito se encaixa não é tão importante quanto consertar a impressora quebrada. Se você tiver como foco uma só categoria e criar um projeto-âncora em torno dela, começará a caminhar rumo a um grupo melhor de hábitos de equipe em termos gerais.

Escolho essas categorias porque volta e meia elas surgem nas conversas que tenho com as pessoas, seja em termos de produtividade pessoal ou quando se trata da própria equipe. Estas oito categorias são relevantes, não importa de que equipe você faça parte.

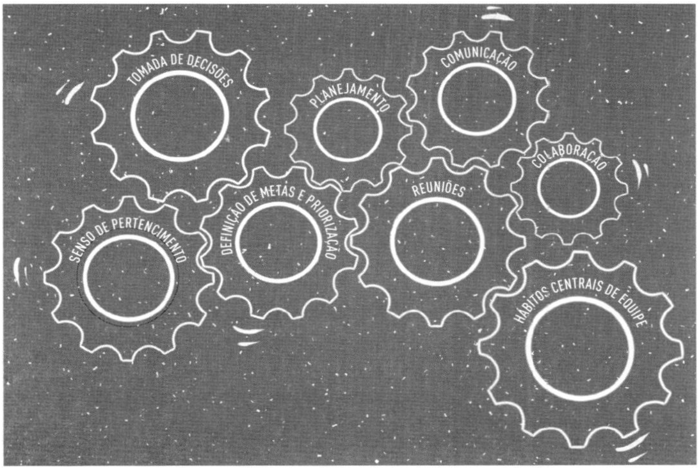

1. Senso de pertencimento
2. Tomada de decisões
3. Definição de metas e priorização
4. Planejamento
5. Comunicação
6. Colaboração
7. Reuniões
8. Hábitos centrais de equipe

Essas categorias não estão necessariamente listadas na ordem de acesso que recomendo (com exceção do senso de pertencimento, do qual falaremos em breve). Afinal, a impressora quebrada com que sua equipe está tendo dificuldades é única.

Uma dessas categorias pode dar a impressão de ser o ponto de partida natural para sua equipe. Talvez todos vocês gostem de reuniões, mas não sabem o que deve ser feito depois que elas acabam. Esse parece ser um problema de colaboração. Talvez todos gostem do seu trabalho, mas estejam cansados de tudo ficar para a última hora o tempo todo. Esse é um problema de planejamento.

Enquanto decide por onde começar, entenda que:

O problema com que você começa raramente é o problema-raiz – e isso é ótimo

Vou dar um exemplo.

Um antigo cliente tinha uma gerente de projetos maravilhosa, com uma equipe de altíssimo desempenho. Quando chegou a hora de essa gerente ser promovida para um cargo diferente, a equipe começou a ter dificuldades de uma hora para outra. Na superfície, parecia um problema com a promoção da gerente. Não é incomum alguém que foi promovido começar a ter dificuldades com as responsabilidades do novo cargo de liderança, mas não parecia ser essa a questão neste caso.

Lembre-se: questões relacionadas à maneira como as pessoas trabalham juntas raramente são problemas de *pessoas*.

Começamos trabalhando para ajudar a gerente de projetos a se sentir mais à vontade, calma e tranquila em sua função. Trabalhamos a comunicação e as habilidades dela em reuniões. Depois de três ou quatro meses, enfim descobrimos que o verdadeiro estresse de sua função provinha de hábitos de equipe relacionados à definição de metas e priorização.

Basicamente, quando essa gerente de projetos foi promovida, ela ficou responsável por definir metas em torno dos resultados da equipe, nos quais ela não poderia interferir, fosse de uma forma ou de outra. Ou seja, agora a equipe colaborava com metas que a gerente de projetos nunca conseguiria fazer avançar, o que deixou todos extremamente frustrados.

No fim, o problema que tentávamos resolver – o de que essa gerente de projetos recém-promovida estava criando um ambiente tóxico para a equipe – era, na essência, um problema de alinhamento de equipe. A maneira como seu cargo estava estruturado havia criado uma situação intransponível para a equipe inteira.

Com o esforço empreendido ao longo de um mês para mudar hábitos de equipe relacionados à definição de metas, a mudança foi evidente. O ambiente da equipe estava mais saudável, e o pessoal conseguiu se concentrar melhor no trabalho que de fato importava. Não foi necessário mudar a gerente de projetos – mudamos os hábitos de equipe relacionados à definição de metas e priorização.

Conforme você vai trabalhando nos hábitos de equipe, acaba descobrindo qual é o problema real, mas problemas ocultos se apresentam desse modo por um motivo. E, no mais das vezes, seja um funcionário predileto em quem ninguém ousa tocar ou apenas coisas subentendidas acerca das quais não fazemos perguntas, o tal problema oculto não será sua primeira resposta.

Saber disso lhe será útil em vários aspectos.

Você sai da linha de partida

É fácil ficar paralisado pelo paradoxo da escolha. Você não precisa decidir com antecedência qual hábito é o certo para começar, porque, quando der início a esse trabalho, passará a ver como os hábitos estão interconectados. Se mudar algum deles, mudará todos eles. Todos estão interligados.

Adotar essa abordagem também é útil quando se trata de obter consenso do restante da equipe sobre por onde começar. Mesmo que todos estiverem cem por cento convencidos de que optaram pelo hábito certo de equipe para iniciar, o começo do trabalho com qualquer hábito ruim de equipe o deixará mais próximo de entender o que há no cerne de todos eles.

Você tem permissão para não estar cem por cento certo

Quando não é necessário ter certeza de por onde começar, isso o livra da preocupação de precisar ter o diagnóstico antes de mergulhar no problema. Acredite que você vai acabar sabendo qual é o verdadeiro problema e entenda que explorá-lo é parte do processo, simples assim.

Há uma expressão no Exército a respeito de "reunir informação por meio da ação", que é uma maneira sofisticada de dizer "faça as coisas e veja o que acontece". Quando se trata de mudar hábitos de equipe, se levar isso a sério e se sua equipe estiver em sintonia com os acontecimentos, talvez a escolha seja sábia desde o início. Mas, na maioria das vezes, a única maneira de conseguir a informação necessária sobre o que de fato está acontecendo é entrar em ação.

Você tem incentivo para continuar se aprofundando

A não ser que sua equipe seja excelente em análises de diagrama de Ishikawa – também conhecido como Espinha de Peixe – ou nos Cincos Porquês, geralmente os primeiros problemas que eles apontarão terão um nível bem elevado. Por exemplo, reuniões são um problema popular para começar. As pessoas querem dar um jeito na cultura das reuniões, mas parte do motivo de elas serem uma porcaria é que hábitos de equipe relacionados à comunicação e à colaboração também são. Uma vez que as pessoas não sabem o que está acontecendo e que as funções e responsabilidades não estão claras, há a necessidade de constantes reuniões.

□□□ CONTEXTO

OS CINCO PORQUÊS E A ANÁLISE DE ISHIKAWA

A técnica dos Cinco Porquês e a análise de Ishikawa são ferramentas simples e excelentes para descobrir causas-raiz.

A técnica dos Cinco Porquês, definida por Sakichi Toyoda, é um componente crucial do Sistema Toyota de Produção e do *Lean Thinking*. Para usar a técnica dos Cinco Porquês, comece perguntando: "Por que esse evento/essa situação aconteceu?". Quando surgir uma resposta a essa pergunta, pergunte de novo. Faça isso pelo menos mais três vezes.

continua

Mesmo que este exercício seja o dos Cinco Porquês, talvez você precise perguntar "Por quê?" muito mais vezes para encontrar as verdadeiras causas-raiz. Talvez descubra também que há vários e similares motivos para justificar o acontecimento de alguma coisa. Não deixe a aparente linearidade ou o número cinco causarem um curto-circuito no verdadeiro objetivo da técnica: aprofundar-se no que está causando o quê.

Quando obtiver prática com a técnica dos Cinco Porquês ou notar que ela não está se aprofundando o suficiente, ou ainda que não é abrangente o bastante, tente fazer um pouco de análise de Ishikawa. Esse tipo de análise faz um trabalho muito melhor quando é preciso mostrar conjuntos de causa-raiz, agrupando-os em temas com os quais se trabalhar. Veja nossos recursos, em inglês, em teamhabitsbook.com/resources para saber mais sobre como fazer uma análise de Ishikawa.

De maneira similar, o senso de pertencimento é uma área em que equipes vivenciam muitos desafios, mas quase nunca ele é mencionado como algo que precisa de conserto. Na teoria, as tarefas estão sendo feitas e o trabalho, acontecendo. Porém, se empregar uma visão mais ampla, é possível que enxergue o desengajamento da equipe em forma de alta rotatividade ou pessoas realizando apenas o trabalho necessário e nada mais. O sintoma superficial pode ser que sua equipe não esteja colaborando a contento. No entanto, o problema-raiz não são os hábitos colaborativos da equipe. É o senso de pertencimento.

Você continua curioso

Por fim, saber que o problema que você escolheu para começar provavelmente não é o problema-raiz o deixa aberto à curiosidade. Recomendo uma abordagem científica da mudança de hábito de sua equipe: comece com uma hipótese e faça experiências, em vez de trabalhar no problema com força bruta. Se continuar curioso – em vez de implementar soluções de modo inflexível –, vai prestar atenção suficiente para reunir as informações de que precisa e realizar as mudanças que deseja.

Não se permita ser envolvido pelo redemoinho de ansiedade que busca apenas *consertar algo*. Em vez disso, permita-se uma pausa e uma curiosidade divertida sobre o que realmente está acontecendo com sua equipe. Quando você permanece curioso em relação ao problema-raiz, é possível perguntar: "O que mais está em jogo aqui?". Isso lhe dá a possibilidade de voltar à solução das causas-raiz, em vez de apenas ruminar as próprias obsessões ou encontrar bodes expiatórios fáceis.

ESCOLHA SEU PONTO DE PARTIDA

Isso posto, por onde você *deveria* começar?

Depende do tamanho e da configuração de sua organização.

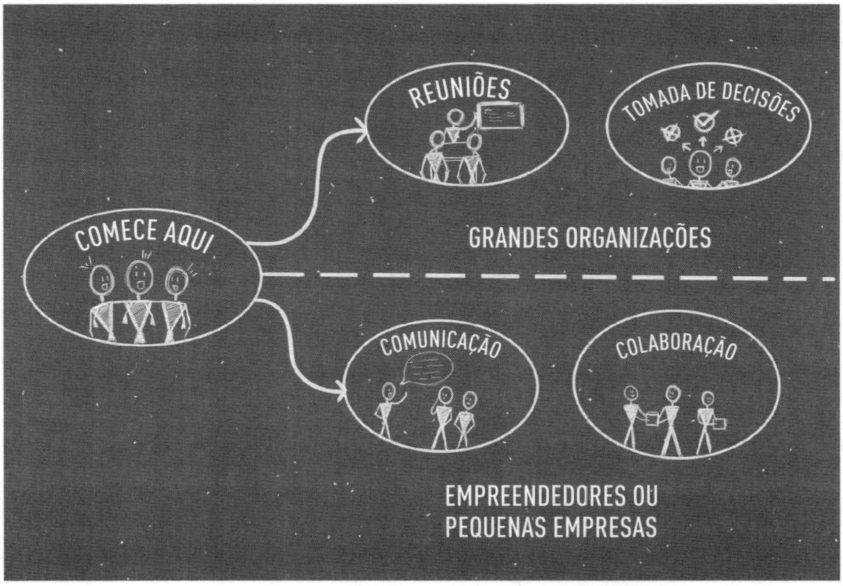

Como orientação geral, tenho três favoritas, dependendo do setor de trabalho de que estivermos falando. Em minha experiência, trabalhar nos hábitos de equipe nessa ordem trará o sucesso mais depressa.

Se você é uma grande organização, os hábitos de equipe em que provavelmente precisará trabalhar terão a ver com senso de pertencimento; depois, reuniões; em seguida, tomada de decisões. Isso porque organizações maiores tendem a ter uma cultura de reuniões bem mais dominante. Elas também costumam ter uma estrutura espartana de tomada de decisões em que, para se fazer algo, é preciso saber com qual das dezoito pessoas envolvidas é necessário conversar. Ou talvez seja necessário enfrentar um monte de manobras políticas e conversas prévias para se levar adiante uma decisão.

No caso do empreendedor, começarei com o senso de pertencimento e, depois, sugiro comunicação e colaboração. Isso porque empreendedores, no mais das vezes, não são excelentes comunicadores, embora geralmente pensem que são. Muitas vezes, eles ainda estão em fase de aprendizado em relação a como praticar a comunicação com alguém que não pertença a seu plano mental, sobre o que precisa acontecer e quando, e assim por diante. Com frequência isso cria uma cultura empresarial com bastante coração e visão, mas com hábitos deficientes de equipe acerca de colaboração, delegação e equilíbrio.

Talvez você tenha notado que comecei os dois exemplos com senso de pertencimento; essa também é a primeira categoria da qual falaremos no livro.

O motivo de priorizar o senso de pertencimento em todos os casos é porque ele é o alicerce quase nunca mencionado sobre o qual todo o restante vai ser construído. Se você começa com uma equipe que tem alto senso de pertencimento, pode resolver qualquer outro problema. Hábitos de equipe relacionados a pertencimento são a linha de base para um excelente desempenho. Se seu colega de trabalho está saindo para buscar café e para na sua mesa para perguntar: "Ei, quer que eu pegue seu capucino de leite de aveia integral?", o fato de ele ter perguntado, e saber do que você gosta, não tem nada a ver com o café. Tem a ver com o relacionamento de vocês, e com o fato de estarem nessa juntos.

É possível construir muitos hábitos saudáveis com esse arranjo. No entanto, se tentar resolver outros problemas, mas não houver um alto senso de pertencimento na equipe, é mais provável que o problema central permaneça sem solução.

Mesmo que esteja animado para adentrar uma categoria posterior, como tomada de decisões ou colaboração, eu o incentivo a ler o capítulo sobre senso de pertencimento antes de ir adiante.

Estamos prestes a mergulhar na primeira categoria de hábito de equipe: o senso de pertencimento. Mas primeiro quero dar algumas orientações finais para ajudá-lo nesta jornada. No Capítulo 3, abordaremos tudo isso com mais detalhes.

Use o efeito IKEA

Sintonize-se com a alegria de largar a chave sextavada, tirar o pó das mãos e admirar as estantes da IKEA que você acabou de construir depois de receber seu *kit*. O efeito IKEA refere-se ao sentimento de mais domínio sobre as coisas que se tem em mãos, e mudar hábitos de equipe não é exceção. Quando você envolve a equipe no processo de mudança de hábitos, é mais provável que esses hábitos se mantenham porque *todos* contribuíram.

Mudar hábitos de equipe não é uma tarefa individual, e não se trata de assumir o poder ou elencar vitórias. Trata-se de construir alinhamento.

Não conserte tudo de uma só vez

Escolha a categoria (*uma* só!) de hábitos de equipe que você acredita que fará mais diferença; depois, passe um bom tempo aprimorando como sua equipe trabalha nessa área. Depois de reservar esse tempo para o conserto mais urgente da impressora quebrada, pergunte-se se ainda tem algum outro trabalho importante para fazer nessa categoria a fim de que ela alcance certo nível de admissibilidade, ou se está de fato pronto para passar para a próxima.

Abra-se para os resultados

Sua equipe é um sistema complexo, e mudá-lo terá consequências inesperadas e surpreendentes. Já que vamos trabalhar em pequenas mudanças, uma de cada vez, você vai precisar aprender a comemorar as boas surpresas e dizer "Ops!" às ruins.

Se fizer de tudo para evitar os pequenos "Ops!", é bem provável que também perca as boas surpresas. Apenas tenha em mente que vitórias e reveses vão acontecer com sua pequena equipe e que os riscos de um projeto mudança a mudança são baixos, além de os reveses serem efêmeros; mas os resultados do *mindset* de um melhor senso de pertencimento e desempenho serão altos e duradouros.

Escolha um projeto de tamanho adequado

Como mencionei antes, é melhor escolher um hábito menor, que você consiga mudar ao longo de um *sprint* de um ou dois meses, do que escolher um que leve seis meses ou mais para modificar.

Preste muita atenção a isso quando começar, quando a tendência de dar um passo maior que a perna será forte, e você não terá ainda experiência suficiente com mudanças de hábitos de equipe para avaliar quanto tempo levará para o grupo trabalhar em um *sprint*.

Comece pela faísca

Dê à sua equipe a melhor chance de sucesso começando pelo hábito que, em sua opinião, mais solte faíscas ou toque em um ponto mais doloroso. Pode ser que você tenha uma impressora quebrada que o deixa maluco ou que haja uma reclamação geral da equipe a respeito dela há algum tempo.

Quando você começa pela impressora quebrada que está causando mais problemas, os ciclos de *feedback* positivo para sua equipe serão mais fortes. Se não estiver claro qual é o hábito mais problemático, trabalhe no que mais o instigue, pois assim você terá o ciclo de *feedback* positivo quanto a progredir em algo com que realmente se importa.

Responda ao questionário

Às vezes, um problema que você julga ser o maior na equipe pode não o ser para outro colega. Definir o problema-raiz é como a história dos cegos e do elefante, em que cada cego conceitualiza o elefante inteiro com base em uma única parte: perna, tromba ou cauda. Cada integrante da equipe verá o mesmo problema-raiz através das próprias lentes de experiência.

É por essa razão que recomendo fazer a avaliação ao final deste capítulo. Só porque você acha que os hábitos de equipe com relação a reuniões são uma droga, não quer dizer que os outros integrantes concordem. Fazer a avaliação pode ajudá-lo a ter clareza sobre o que é mais urgente. Se possível, compartilhe essa avaliação com os demais colegas de equipe. Isso não só o auxiliará a deixar mais evidente o verdadeiro problema, como ainda tornará o *buy-in* mais fácil do que se apenas começar a resolver as coisas do seu jeito.

CONSTRUIR HÁBITOS DE EQUIPE MELHORES NÃO É UM BICHO DE SETE CABEÇAS – EMBORA SEJA PRECISO USAR A CABEÇA

O conceito de hábitos de equipe e os hábitos específicos que precisamos mudar não são algo difícil de entender. Como diz o ditado, não são um bicho de sete cabeças. Essa é a vantagem, mas também a desvantagem.

Por um lado, "Trate todo mundo como ser humano" ou "Defina uma agenda para suas reuniões" são frases bem fáceis de falar e entender. Por outro, se fossem tão fáceis de executar, não estaríamos já colocando isso em prática e vendo os resultados na equipe?

Na vida, muitos hábitos saudáveis são assim. Sabemos que, para entrar em forma, devemos escolher algum exercício e praticá-lo, porém em segredo queremos que a solução seja mais complicada.

Se a resposta for complexa, podemos nos dar alguma desculpa. Mas, se é direta, não há por que não começar a construir o hábito. Vejo isso com frequência entre meus clientes de *coaching* para executivos. Eu os incentivo a desenvolver a prática de ter conversas regulares de cinco a quinze minutos com a equipe ao longo do dia – prática descrita no livro *Touchpoints – Creating Powerful Leadership Connections in the Smallest of Moments* (*Touchpoints – Criando Conexões Poderosas a Cada Momento*), de Douglas Conant e Mette Norgaaard[2] – para ajudar a cultivar o senso de pertencimento entre os colegas de equipe. Esses *touchpoints* (ou pontos de contato) podem ser simples, por exemplo: perguntar a um colega como foi a viagem dele, como está indo um projeto de reforma da casa, ou como está o filho ou o *pet* dele. Basicamente, significa demonstrar interesse pelas coisas da vida que nos entusiasmam fora do trabalho.

Essas breves conversas individuais – ou talvez só algumas mensagens no Slack – podem ser uma forma significativa de desenvolver senso de pertencimento e confiança, porém, mesmo assim, muitos líderes não se importam com isso. Quando sugiro essa prática a clientes de *coaching* para executivos, a maioria fica cética. "É mesmo?", eles perguntam. "Não parece tão complicado."

Minha resposta é sempre a mesma: "Pode parecer simples, mas você está fazendo isso agora? Não? Então, por que não tentar e ver no que dá?"

Isso me lembra um trecho do Capítulo 53 do *Tao-Te King*:

As grandes estradas são belas e planas,
mas o povo prefere os atalhos*

Mudar hábitos de equipe é simples, mas não quer dizer que seja fácil. Sobretudo quando se buscam soluções mais complicadas em vez de se ater à prática.

Atalhos são tentadores porque nos dão uma desculpa para o fato de não conseguirmos um melhor senso de pertencimento, uma comunicação mais poderosa ou uma cultura de reuniões mais eficaz. Eles nos dão uma desculpa para seguir o fluxo em vez de assumir a responsabilidade pelo conserto de impressoras quebradas. Se mudar é complicado, podemos nos dar uma desculpa. Mas será que isso é mesmo algo simples?

Então, cabe a nós decidir seguir o *status quo* ou fazer pressão para adquirir um ambiente melhor de trabalho para nós e os colegas de equipe.

Entender os hábitos de equipe e saber quais deles é preciso mudar não é a parte difícil; a prática contínua até que se tornem arraigados em toda a equipe é que *é*.

Mudar hábitos de equipe não é um bicho de sete cabeças. Mas é preciso usar a *cabeça*.

É por isso que, ao fim de cada ideia de hábito de equipe, você encontrará uma seção intitulada "Usando a Cabeça", que o guiará pelas etapas de implementação desse hábito. O objetivo de usar a cabeça é capacitar a equipe para apontar a estrada ampla e simples e se perguntar, apenas: "Por que não estamos andando por ali em vez de nos embrenharmos entre os arbustos?"

Se uma mudança de hábito de equipe parecer simples demais para fazer a diferença, deve ser porque ela também é simples o bastante de ser trabalhada. Tente e veja o que acontece.

---

* *Tao-te King – O Livro do Caminho e do Sentido da Vida para Alcançar a Integridade*. São Paulo: Pensamento, 2ª ed., 2023.

AVALIAÇÃO DE HÁBITOS DE EQUIPE

A avaliação a seguir foi elaborada para ajudá-lo a decidir qual categoria de hábitos de equipe será um bom ponto de partida para seu time, valendo-se de conceitos e padrões conhecidos. Note que cada capítulo apresentará novos hábitos de equipe, que podem ou não se relacionar diretamente às perguntas usadas neste questionário. Trocando em miúdos: pense neste questionário mais como uma ferramenta e menos como um quadro de conteúdos.

SENSO DE PERTENCIMENTO Como a equipe cria senso de pertencimento e propósito entre os integrantes	SIM	NÃO
Os valores da companhia são claros e orientam as ações da equipe.		
Os funcionários são valorizados como pessoas, e não com base em seu *output*.		
Os integrantes da equipe reservam tempo para conhecer uma pessoa dentro e fora do trabalho.		
Os integrantes da equipe se apoiam em momentos de triunfo e de desafio.		
Os integrantes da equipe sabem que o trabalho que fazem é importante.		

TOMADA DE DECISÕES Como a equipe toma decisões	SIM	NÃO
A fadiga resultante da tomada de decisões é reduzida porque tomam-se decisões prontamente e com frequência.		
Os integrantes da equipe sabem quais decisões cabem a si próprios. 1. Decisões que podem tomar por conta própria, sem avisar a gerência. 2. Decisões que podem tomar por conta própria, mas precisam avisar à gerência/ao líder como a tomaram. 3. Decisões que não podem tomar sozinhos, precisando recorrer à gerência/ao líder.		

TOMADA DE DECISÕES Como a equipe toma decisões	SIM	NÃO
Os integrantes da equipe sabem com clareza quando uma decisão sobre adiar ou abandonar um projeto foi tomada, removendo assim decisões desnecessárias em termos de projeto.		
Os integrantes da equipe sabem com clareza quando algo passou de uma ideia a um projeto que requer decisões e ações.		
Os integrantes da equipe são avisados quando alguma decisão é tomada e sobre por que isso aconteceu.		

DEFINIÇÃO DE METAS E PRIORIZAÇÃO Como a equipe define metas e prioridades	SIM	NÃO
A equipe tem clareza quanto a suas prioridades e é capaz de identificar o que é mais importante para se trabalhar a cada dia.		
A equipe define metas com base em aspiração (**fatores *pull***) em vez de em evitação (**fatores *push***).		
A estratégia da empresa informa o trabalho em todos os níveis, criando um panorama objetivo do trabalho realizado individualmente, em equipe e em toda a empresa.		
A equipe entende como suas metas de curto prazo fazem parte da visão de longo prazo da empresa.		
A equipe revisa compromissos atuais antes de assumir novos projetos, para evitar excesso de atribuições.		

PLANEJAMENTO Como a equipe cria, distribui e ajusta planos	SIM	NÃO
Os integrantes da equipe planejam seu trabalho de forma diária, semanal e mensal, com base em suas metas mensais, trimestrais e anuais.		
A equipe define metas mensais, trimestrais e anuais em conjunto com a revisão dessas mesmas perspectivas de tempo.		
Os projetos têm datas claras de início e fim.		
Os integrantes da equipe são incentivados a agendar porções de tempo para diferentes trabalhos com base no nível de energia demandado, e planejam suas tarefas de acordo com isso.		
Os integrantes da equipe sabem como reagir quando as situações ou circunstâncias mudam, e ajustam seus planos e prioridades de acordo com isso.		

COMUNICAÇÃO Como, o que e onde a equipe se comunica	SIM	NÃO
Os integrantes da equipe têm acesso às informações de que precisam para fazer o trabalho, sem precisar suprir lacunas ou pesquisar o que necessitam.		
Os líderes comunicam seus prazos e prioridades.		
Os integrantes da equipe e líderes usam uma linguagem objetiva e direta (embora gentil), sem dar margem a intepretações.		
O respeito que perpassa a organização permite às pessoas se expressarem com liberdade e franqueza.		
As equipes usam canais e ferramentas próprios para as diferentes necessidades na comunicação.		

COLABORAÇÃO Como a equipe dá andamento a objetivos, projetos e tarefas em conjunto	SIM	NÃO
As equipes têm conversas regulares para discutir como está o trabalho delas como equipe.		
Os integrantes da equipe entendem não apenas as próprias funções e responsabilidades, mas também as dos demais integrantes.		
Limites são incentivados, expressos, mantidos e respeitados por toda a organização.		
A equipe sabe como dividir, de forma justa e eficaz, as tarefas dos projetos, para que cada um tenha o bastante e ninguém fique sobrecarregado.		
A equipe sabe, e tem permissão para, formar equipes de projeto por conta própria quando é necessário pôr mãos à obra.		

REUNIÕES Como a equipe se prepara, conduz e faz acompanhamento depois das reuniões	SIM	NÃO
As reuniões de equipe são bem conduzidas e construtivas, com cronograma, um facilitador e as pessoas certas "na mesa".		
Os tópicos da reunião que exigem ações são compreendidos, assinados, recebem as devidas datas e são distribuídos após a reunião.		

REUNIÕES Como a equipe se prepara, conduz e faz acompanhamento depois das reuniões	SIM	NÃO
Os integrantes da equipe sentem que as reuniões respaldam seu trabalho e têm clareza sobre a maneira como podem contribuir.		
As equipes trabalham para manter o cronograma, mas permitem certa flexibilidade para ajustar o processo quando surgem desafios ou situações urgentes e inesperadas.		
As equipes limitam o número de reuniões e as planejam com antecedência (tanto quanto possível), para que os integrantes possam organizar sua semana sem se preocupar com reuniões-surpresa.		

PRINCIPAIS HÁBITOS DE EQUIPE Como a equipe permite a eficiência individual de cada integrante	SIM	NÃO
A equipe sabe como cada pessoa trabalha de forma mais eficaz e busca ativamente estratégias para apoiar essas formas de trabalho.		
Os integrantes da equipe revisam seus compromissos individuais atuais antes de aceitar um novo projeto, para evitar atribuições em excesso.		
Ao planejar projetos, os integrantes da equipe criam ou indicam deliberadamente as maneiras como os demais poderão ajudá-los a pôr mãos à obra.		
Cada integrante da equipe tem uma rotina diária que o apoia em termos emocionais, criativos e profissionais.		
Os integrantes da equipe dividem seu trabalho em blocos administráveis, que os mantêm em andamento, bem como o trabalho da equipe.		

PONTOS PRINCIPAIS DO CAPÍTULO 2

Hábitos de equipe são a maneira como uma organização respira. A respiração acontece, quer você a note ou não.

Ao mudar hábitos de uma equipe, comece movendo pedras em vez de montanhas. Isso o ajudará a construir o *momentum*, obter *buy-in* e acumular vitórias precoces.

As oito categorias dos hábitos de equipe são:

1. Senso de pertencimento
2. Tomada de decisões
3. Definição de metas e priorização
4. Planejamento
5. Comunicação
6. Colaboração
7. Reuniões
8. Hábitos centrais de equipe

É mais importante escolher um hábito e começar a trabalhar nele do que ficar angustiado com a definição do hábito exato para começar.

Mudar os hábitos de uma equipe não é um bicho de sete cabeças – embora seja preciso usar a *cabeça*. Você vai encontrar seções "Usando a Cabeça" ao longo deste livro, com dicas e ideias para sua equipe.

Faça a "Avaliação de Hábitos de Equipe" para descobrir por onde começar.

TRÊS

SENSO DE PERTENCIMENTO

Eu sonhava com uma cultura de pertencimento. Ainda tenho esse sonho. Fico imaginando como seria nossa vida se soubéssemos cultivar a consciência, viver de forma plena, pacífica; se aprendêssemos hábitos de ser que nos aproximassem. Isso nos ajudaria a construir uma comunidade amorosa.

— BELL HOOKS

O acampamento de escoteiros onde eu trabalhava todo verão quando adolescente tinha uma tradição: o revezamento de melancias às sextas-feiras. Grupos enviariam seus melhores nadadores ao rio com uma única tarefa: fazer um nado de revezamento em quatro partes, por cinquenta metros, em que um menino passaria uma melancia para outro.

Havia o acréscimo de dois desafios: untávamos a melancia com banha, e os garotos tinham que controlar a fruta o tempo todo. Nadar com uma melancia em tamanho real já era difícil; coberta de banha e com um escoteiro tendo de passá-la para outro, era puro pandemônio cômico.

O revezamento de melancia com banha é uma ótima metáfora para muitos projetos colaborativos. Na superfície, parecem simples: finalizo minha parte do projeto e depois o entrego a outra pessoa. Exceto pelo fato de, sabe-se lá como, o projeto virar um caos. As coisas se perdem e caem no esquecimento. O projeto continua mudando de mãos, ficando cada vez mais escorregadio ao longo do processo.

Algumas equipes se saem melhor na manipulação de melancias com banha do que outras. E não é porque elas têm modelos de reunião, ferramentas de comunicação ou estruturas de tomada de decisão melhores.

É por causa do *senso de pertencimento*, a sensação de significado compartilhado, de segurança e de fazer parte de um grupo.

Quando os projetos se tornam melancias com banha, um grupo com baixo senso de pertencimento tende a transferir a culpa e alocar mais pessoas no projeto. Uma equipe com alto senso pertencimento faz uma pausa para descobrir *por que* continuam deixando a melancia escapar. As pessoas entendem que todos estão cansados e mais que comprometidos; que a vida continua depois do trabalho; e que estamos distraídos por reuniões e tecnologia. O senso de pertencimento permite à equipe presumir tudo isso como suposição central, em vez de criar estigmas, a fim de que se possa descobrir como incentivar os demais a seguir em frente.

Senso de pertencimento é o que transforma um grupo de pessoas em uma equipe.

Um *grupo* é um conjunto de indivíduos. Você e eu podemos fazer parte de um grupo, mas sem um forte senso de pertencimento. Mesmo que todos os integrantes do grupo estejam trabalhando ostensivamente rumo à mesma meta, eles podem não estar alinhados em relação a como atingir essa meta. Resumindo: grupos não têm o relacionamento direcional sólido de que precisam para trabalhar juntos de maneira eficaz.

Uma *equipe* é um grupo altamente alinhado, ou seja, os membros têm senso de pertencimento e uma ideia de propósito compartilhada. O relacionamento da equipe é direcional, ou seja, os integrantes são guiados para algo além de apenas marcar presença nesse relacionamento. Essa ideia combinada de propósito – imbuída de *senso de pertencimento* – é o que faz uma equipe ser eficaz em atingir seus objetivos.

Em outras palavras: *grupos pelejam, equipes velejam.* E o senso de pertencimento é o elemento-chave.

O PODER DO SENSO DE PERTENCIMENTO

Todos nós já tivemos discussões de relacionamento com outras pessoas ou esbarramos em alguém por acidente, e sabemos que há uma diferença entre criar atrito com alguém que não conhecemos bem e fazer isso com quem nos é próximo.

Digamos que o borrifador automático do seu vizinho esteja jogando água sobre a cerca e acertando seu carro na calçada. Se vocês só trocaram alguns "olás" desde que ele se mudou com a família, é possível elaborar uma história em que, em segredo, eles estejam tentando se vingar por você ter bloqueado a vaga de estacionamento deles na semana passada. No entanto, se tiver uma amizade sadia e forte com esse vizinho, é mais provável que presuma que eles não perceberam e peça a essa família que mude o borrifador de lugar.

O relacionamento de vocês é o contexto-base para lidar com o atrito nessa relação. Sem esse contexto, a *causa* do atrito se torna uma substituta para todo o relacionamento. Com o contexto, você pode dizer: "*Isso* não está funcionando, mas não significa que você seja um saco ou que eu não queira me relacionar com você". O que não está funcionando é só um pequeno fragmento da macrorrelação em que você ancora a conversa.

O senso de pertencimento é o que cria esse contexto compartilhado – a "liga" – em uma equipe. É o que permite aos integrantes dessa equipe se favorecerem, serem pacientes uns com os outros, e oferecerem apoio e soluções quando necessário. Também torna mais fácil para os integrantes se fazerem presentes, não importa o que mais esteja acontecendo na vida deles, ao saberem que podem ser eles mesmos e dar o máximo sem medo.

O senso de pertencimento cria o receptáculo para onde flui a energia da equipe, dando-lhe forma e estrutura, independentemente do que a equipe faça, desde comunicação e colaboração até a maneira como ela define metas e faz reuniões. Integrantes de uma equipe de alto desempenho podem afirmar: "Meu lugar é aqui. Minha equipe e eu temos a mesma noção de significado, não importa o que aconteça. Isso é quem somos e o que fazemos".

Vemos isso acontecer em equipes de alto desempenho, como de forças militares especiais, bombeiros e times esportivos. As mais eficazes têm um alto senso de pertencimento implícito em sua cultura. Não é mero exibicionismo; é o que os capacita a entrar em ação juntos e realizar o que precisam, várias e várias vezes.

Anos de trabalho com equipes me ensinaram a perceber bem depressa se um time tem ou não senso de pertencimento. Enquanto equipes com baixo senso de pertencimento podem ser disfuncionais em vários aspectos, as de alto sempre se destacam: são mais propensas a atingir suas metas, permanecer unidas e lidar com conversas difíceis.

Equipes com alto senso de pertencimento atingem metas

Prontidão é a capacidade atual de sua equipe em atender aos requisitos de sua missão atual. (Falaremos mais sobre prontidão no capítulo sobre definição de metas.)

Equipes com alto senso de pertencimento tendem a ter mais prontidão porque, onde há mais pertencimento e confiança, tende a haver mais envolvimento no processo de definição de metas. O pertencimento também ajuda a definir metas porque dá espaço para as equipes serem francas e honestas a respeito de em que ponto elas estão. Os integrantes perceberão que continuam sendo parte valiosa da equipe mesmo ao apontar problemas de prontidão, sem cair na cultura da positividade tóxica, em que a única opção é ficar quieto ou ser positivo.

O senso de pertencimento também permite aos integrantes dizerem: "Não me sinto pronto para isso; não acho que nós, como equipe, estejamos prontos". O senso de pertencimento é a base para o tipo de franqueza e avaliação sincera que lhe possibilitará obter os níveis mais altos de desempenho.

Equipes com alto senso de pertencimento permanecem unidas

Todos nós queremos passar horas preciosas de vida em lugares acolhedores e fazer parte de uma equipe em relação à qual tenhamos um senso sólido de pertencimento. Quanto mais habilidoso e de alto desempenho é um indivíduo, mais ele vai escolher lugares onde se sinta de fato acolhido e dar o melhor de si, motivo pelo qual o senso de pertencimento tem papel tão importante na baixa rotatividade de funcionários.

As empresas perdem muitos talentos, não por causa de salários, mas por conta do senso de pertencimento. As pessoas descobrem o próprio valor e se dão conta de que podem ser ótimas em qualquer lugar onde trabalhem. Por que não deveriam trabalhar, então, em um local que as reconheça e as valorize por quem são?

Claro, a rotatividade – ou a ausência dela – possui efeitos de amplo alcance, sendo um dos indicadores mais marcantes em equipes de alto desempenho. Se uma equipe está sempre perdendo integrantes, ela estaciona no ciclo Tuckman de formação, confrontação e normalização, raramente chegando à fase de alto desempenho, da qual fazem parte fluidez, ritmo e prontidão.

□□□ CONTEXTO

O MODELO TUCKMAN DE DESENVOLVIMENTO DE EQUIPES

O modelo Tuckman de Desenvolvimento de Equipes, formulado por Bruce Tuckman em 1965, é uma estrutura bastante usada, que considera quatro fases sequenciais de formação de equipes: formação, confrontação, normalização e desempenho. Em geral, é essa ordem que as equipes percorrem, e a fase de normalização é aquela em que a equipe define expectativas e normas claras para o modo como os integrantes devem trabalhar entre si.

Há dois fatores principais que tornam o modelo atraente: ele é fácil de lembrar e nos ajuda a recordar que a normalização vem *depois* da confrontação. A inevitabilidade da confrontação não é a questão, mas sim sua intensidade. Muitas equipes e líderes novatos consideram a confrontação algo a se evitar, e, tentando passar por essa etapa ou pulá-la, não entendem a normalização que antecede o alto desempenho.

Também é fácil esquecer que adicionar ou remover um colega de time cria uma equipe diferente, pois isso gera uma dinâmica diferente. A confrontação e a normalização vão recomeçar. Isso explica por que o mero acréscimo de um colega de equipe não fará o trabalho andar mais rápido.

Uma crítica ao modelo de Tuckman – e o motivo pelo qual ele perdeu terreno para estruturas como o modelo Drexler-Sibbett – é que ele não fornece muita orientação sobre como fazer a equipe passar pelas etapas. Isso de fato ocorre, e, embora o modelo Drexler-Sibbett seja muito mais abrangente, ele é mais difícil de lembrar, explicar e usar diariamente na prática. Se quiser saber mais a respeito de como sobrepor hábitos de equipe com o modelo Drexler-Sibbett, visite o *site*, em inglês, teamhabitsbook.com/resources.

Equipes com alto senso de pertencimento podem ter conversas difíceis

Equipes com alto senso de pertencimento se comunicam de modo mais objetivo porque têm segurança psicológica, vínculo e relacionamentos preexistentes para fazer perguntas desconfortáveis. Quando estamos confusos em relação a alguma coisa – e nosso senso de pertencimento é sólido –, sentimo-nos à vontade para pedir esclarecimentos, apontar o que não está funcionando e ser diretos quando nos perguntam do que precisamos.

Quando você e eu temos um contexto em comum, você pode me dizer que cometi um erro ou que alguma coisa não está funcionando sem que eu me preocupe se meu emprego está em jogo. O assunto em questão é apenas um pequeno ponto da macrorrelação em que estamos, e não a relação integral.

Se você leva a sério a mudança de hábitos de sua equipe, vocês terão várias conversas difíceis. A equipe inteira vai precisar abordar questões sobre a maneira como você trabalha sem se sentir em risco e ficar na defensiva.

O senso de pertencimento é criado – ou destruído – pelos hábitos diários da equipe. Sua equipe pode escolher, por vontade própria, melhorar o senso de pertencimento mudando os próprios hábitos ou continuar deixando-o em um nível abaixo da média, sem fazer nada.

Vamos ser estratégicos ao falar de como sua equipe pode construir melhores hábitos de pertencimento. Tudo começa ao se colocar valores em prática.

COLOQUE SEUS VALORES NO CHÃO, NÃO NA PAREDE

Muitas organizações colocam afirmações de valor nas paredes, em *sites* ou manuais. No entanto, quando olhamos mais detalhadamente os hábitos de equipe de modo individual, percebemos que esses valores não são colocados em prática. Todas aquelas frases motivacionais bonitinhas não foram de fato integradas à cultura da empresa.

Incorporar valores na trama cultural de sua equipe requer um esforço contínuo e deliberado. Você precisa transformar esses valores em hábitos.

No exército, os valores compõem o acrônimo LDRSHIP:* lealdade, dever, respeito, serviço altruísta, honra, integridade e coragem pessoal. Não apenas nos informavam esses valores como eles eram convertidos em hábitos e comportamentos que esperavam que adotássemos. Durante as avaliações, recebíamos uma nota para cada um dos valores demonstrados.

Na Productive Flourishing, fazemos a mesma coisa. Elencávamos nossos valores em um documento intitulado "Team Core Values, Habits, and Working Guidelines" ("Valores Centrais, Hábitos e Orientações de Trabalho da Equipe"), enviado a todos os colegas de equipe, mas decidimos que transformá-los em hábitos os tornaria mais sólidos. Hoje, em vez de elencar valores como "Confiabilidade" ou "Tomar Atitude", listamos hábitos como "Atire", "Mexa-se", "Comunique-se" e "Mostre seu Trabalho" (assunto discutido no capítulo sobre os principais hábitos de equipe).

Essa é uma maneira de garantir que nossos valores não sejam apenas frases usadas como lema em *sites*. Nós os colocamos em prática todos os dias.

USANDO A CABEÇA

COLOQUE EM PRÁTICA SEUS VALORES

- Para cada um dos valores organizacionais ou da equipe, promova um *brainstorming* sobre os comportamentos que deseja que esses valores estimulem. Em vez de apenas elencar valores, como é possível criar hábitos que permitam à equipe colocá-los em prática?

* Em inglês, o acrônimo que faz menção a *leadership* ("liderança") é composto das palavras *loyalty*, *duty*, *respect*, *selfless service*, *honor*, *integrity* e *personal courage*. (N. da T.)

continua

- Como você poderia incorporar seus valores a análises de desempenho e *check-ins*? Por exemplo, é possível vincular ações específicas que os colegas de equipe relacionaram aos valores e exibi-las nos *check-ins*?
- Adicione uma seção a uma próxima reunião com o propósito expresso de fazer a equipe falar sobre hábitos e comportamentos específicos que manifestem seus valores organizacionais ou de equipe. Sugestão: concentre-se em primeiro lugar no que significa colocar *bem* um valor em prática, em vez de em que ponto os hábitos e ações estão desalinhados. Isso coloca em evidência o que, de outra forma, poderiam ser meras críticas a pontos práticos para a excelência.

APROPRIE-SE DO PODER FORTE DOS VÍNCULOS FRACOS

Todos nós – líderes, gerentes e colaboradores individuais – somos pessoas fora do emprego. Todos temos eus completos que precisam de incentivo e valorização, além dos aspectos de personalidade que pertencem à execução de nossas atividades profissionais. No entanto, muitas organizações, de maneira implícita (ou mesmo explícita), desmotivam as pessoas a serem elas mesmas no ambiente de trabalho.

É quase impossível ter um forte senso de pertencimento em uma equipe na qual você só pode expressar uma fração do seu eu.

Por que enxergar outras pessoas como seres humanos é importante? **Porque nenhum de nós comparece ao escritório só por causa do emprego em si.** Comparecemos por nossas famílias, *pets* e paixões. Comparecemos porque amamos praticar paraquedismo nos fins de semana, ou porque cuidamos de pais idosos, ou estamos apoiando o negócio recém-aberto de nosso cônjuge. Sim, temos esperança de amar o que fazemos. Mas as motivações são os seres de quatro patas ou duas pernas que ficam no fundo das chamadas de Zoom ou enfeitam nossa mesa em fotos emolduradas, além de nossos *hobbies* e paixões.

Cada pessoa da equipe comparece ao trabalho com todas essas coisas, todos os dias, mesmo que não se sintam em segurança para falar a respeito disso nesse local. Quando você constrói hábitos de equipe que incentivam as pessoas a se mostrarem por inteiro no ambiente profissional, cria espaço para elas terem sucesso e também dá espaço para níveis mais profundos de conexão entre os integrantes do time.

Isso porque o senso de pertencimento é construído por meio de vínculos com os outros, sejam eles fortes ou fracos. Vínculos fortes podem ser algo muito importante para você. Por exemplo, ter a mesma afinidade identitária, como ser formado pela mesma universidade, ser do mesmo estado; ser LGBTQ+ ou ter a mesma história de vida podem ser vínculos incrivelmente poderosos.

Vínculos fracos são conexões menos importantes. Talvez minha mãe seja xará da sua, ou ambos tenhamos um cachorro. Talvez gostemos de uma mesma marca específica de café ou de um filme *cult* clássico. Será que esse é um motivo muito forte para criar um vínculo? Provavelmente, não. Mas isso nos dá o bastante para ter uma conversa ao lado do bebedouro ou conhecimento suficiente sobre a outra pessoa se formos trocar algum presente de Natal com ela.

Quanto mais conhecemos os outros, mais essa reunião de vínculos fracos tende a crescer, e descobrir vínculos fracos – livros favoritos, músicas, lugares para visitar ou até o que as pessoas colocam no canal #aleatório no Slack – incentiva a colaboração e a comunicação. Se você descobre que um colega também gosta de trocadilhos, talvez comece a usá-los nos *e-mails* trocados entre vocês, para alegrar o dia.

Enquanto um vínculo forte (como ser a única mulher, além de outra, em uma área predominantemente masculina) pode unir as pessoas de modo superficial, uma matriz de vínculos fracos cria uma corrente poderosa de senso de pertencimento. Ela não só lhe dará múltiplos pontos de conexão, mas também é um bom indício de que você levou tempo para descobrir essas conexões e aprofundar seu relacionamento além de um ou dois vínculos fortes óbvios.

Como se constroem esses vínculos fracos? Comece criando um ambiente de trabalho em que as pessoas sejam incentivadas a compartilhar coisas importantes para elas fora da empresa.

Saiba que pausas para o café não têm a ver com café

O ex-presidente da Starbucks, Howard Behar, escreveu que não se trata de café o assunto do seu livro de mesmo nome.[1] Embora tenha *tudo* a ver com café. Quando dou um pulo na cafeteria para a pausa da tarde, não tenho que perguntar se meus colegas de equipe querem que eu traga alguma coisa. Se meu senso de pertencimento em relação a eles não for forte, posso nem pensar nisso. Se me sinto fortemente conectado, por outro lado, talvez eu sequer cogite *não* perguntar.

No entanto, construir senso de pertencimento não tem a ver com marcar um "x" no item "pegar café". *Como* perguntar também é importante. Se me ofereço para lhe trazer café sendo que você me disse umas dez vezes que não consome cafeína, você começará a sentir (e com razão) que eu não lhe dou ouvidos. Já se eu digo: "Ei, quer que eu pegue o de sempre? Chá de camomila com mel, certo?", é um sinal de que prestei atenção e me importo o suficiente com você a ponto de lembrar um detalhe aparentemente trivial.

Em termos de equipe, há uma valorização e um reconhecimento explícitos quando as decisões tomadas favorecem as preferências das pessoas. Se você sabe que um integrante da equipe odeia cogumelo na pizza e outro é alérgico a pimentão, levar isso em conta quando se pede uma pizza para entrega é um aviso de que aquele é o lugar certo para eles.

Claro, você não precisa citar nomes. "Comemos pizza em reuniões, mas, porque a Sarah odeia cogumelos, não comeremos mais." Em vez disso, você pode dizer: "Vamos comer pizza, e pediremos vários sabores, porque há sensibilidades e alergias alimentares. Então, se virem coisas de que não gostam, é apenas porque estamos tentando atender a pessoas diferentes com necessidades distintas".

Isso pode parecer simples na teoria, porém mostra aos colegas de equipe que as decisões são tomadas pensando-se neles.

Incentive as pessoas a customizar o ambiente

A pandemia de Covid-19 foi terrível para muita gente, mas um ponto positivo foi a mudança maciça para o trabalho remoto e virtual na maioria das organizações. Em vez de reuniões em uma sala de conferências insípida de escritório, a maioria de repente se viu reunida por videoconferência em quartos, cozinhas e quartos de hóspedes.

Vimos os ambientes onde vivem os colegas, a maioria pela primeira vez. Crianças e *pets* passavam pela tela. Os cenários exibiam nossos *hobbies* e coisas importantes para nós: plantas, pôsteres de *Guerra nas Estrelas*, violões, livros de receitas, relíquias de família, fotografias de férias, pinturas afetivas.

Esse vislumbre do lar dos colegas (aliado à queda geral de barreiras no *Zeitgeist*, porque estávamos todos exaustos e sobrecarregados) nos ajudou a ver uns aos outros como seres humanos plenos, de uma forma que grande parte de nós não tinha visto antes.

Se você tem um trabalho remoto, incentive as pessoas a mostrar lugares da casa onde moram que realmente as representem, em vez de dar ordens implícitas ou explícitas para todo mundo ligar a câmera diante de um cenário insípido ou usar filtros.

Você pode fazer o mesmo no escritório, incentivando as pessoas a decorar a própria mesa, ou reconsiderar políticas de *dress code*. Óbvio, alguns padrões são necessários, contudo você pode dar espaço para os demais mostrarem quem são pelo que vestem e pelo que colocam em cima da mesa.

Reconheça que o bate-papo é a atração principal, não uma distração

Seja colocar o assunto do fim de semana em dia ao lado do bebedouro ou postar um meme engraçado no canal #aleatório do Slack da equipe, muitas organizações tratam os bate-papos como uma distração do verdadeiro trabalho dos integrantes do time.

Mas equipes com alto senso de pertencimento não só toleram os bate-papos; na verdade, elas abrem espaço para eles.

Reserve tempo para conversas casuais em suas reuniões. Uma maneira é começar a reunião pedindo a todos que descrevam uma conquista não relacionada ao trabalho. Fazer esse pedido simples no início de uma semana gera duas coisas.

Primeiro, abre as portas para cada integrante compartilhar um pouco sobre si fora do trabalho, de um modo positivo. É uma forma de socializar e se conectar de ser humano para ser humano, o que pode nos ajudar a dedicar mais paciência e cortesia aos demais do que se nos víssemos apenas como empregos ambulantes.

Segundo, coroa a reunião com um lembrete positivo de conquistas recentes antes de passarmos ao negócio chato e, por vezes, frustrante de resolver problemas. Começar pelas conquistas altera a mentalidade das pessoas sobre o que é possível fazer durante a reunião, confere *momentum* a toda a equipe e fornece uma tendência implícita a conseguir resolver o que estiver acontecendo na semana.

Isso não precisa ocorrer em todas as reuniões, porém fazer esse pedido simples no início de uma reunião semanal é um bom hábito de equipe para criar. As pessoas começam a falar sobre seu eu mais pleno e as coisas que são importantes para elas fora do trabalho.

Um cliente, que deu início a esse hábito de equipe, descobriu que duas pessoas de seu time escreviam ficção científica por *hobby*. Ambas trabalhavam juntas há quase dez anos, mas nenhuma delas sabia que a outra tinha o mesmo amor pela escrita, pois isso nunca viera à tona antes. De uma hora para outra, os dois colegas formaram um novo vínculo que tornou a colaboração ainda mais poderosa, tudo isso por um simples pedido.

No fim da reunião, peça aos membros da equipe que descrevam o ponto alto da reunião na opinião deles. Esse ponto alto não precisa ter relação com o conteúdo empresarial discutido, e, na minha experiência com a prática desse hábito em minha equipe, frequentemente ele não tem.

Um ponto alto pode ser uma piada ou um comentário aleatório que certa pessoa fez. Pode ser aprender algo pessoal sobre outro colega. Pode ser a forma como um colega da equipe apoiou outro em dificuldades durante parte da reunião.

Quando você realmente presta atenção aos pontos altos das pessoas, começa a ver como são poucos os que se relacionam ao trabalho em si, e muitos os que dizem respeito a relacionamentos. Em minha experiência, esses cinco ou dez minutos de uma reunião usados para construir senso de pertencimento são muito mais valiosos que os minutos gastos com um relatório de atualização de *status*, que todo mundo pode ler por conta própria antes da reunião.

Enalteçam-se no trabalho

Ações fazem toda a diferença, mas as pessoas precisam *ouvir* como elas pertencem à equipe e se encaixam nela. Enaltecer conquistas como grupo é uma forma de garantir que essa mensagem seja pronunciada em alto e bom som, dando um "gás" na equipe ao longo do restante de uma semana complicada, ou ajudando-os em uma conversa difícil.

Um hábito para ajudar no enaltecimento regular da equipe é fazer duas perguntas nas reuniões mensais:

1. Qual realização mensal significativa você quer comemorar?
2. O que você viu um colega fazendo que queira reproduzir?

A primeira pergunta ajuda as pessoas a praticar o reconhecimento relacionado ao próprio trabalho e a ser vistas pelo que fazem. A segunda ajuda a equipe a praticar não apenas a observação de outras pessoas que fazem um ótimo trabalho, mas a divulgá-lo ativamente para que se construa, de modo deliberado, uma cultura de apreciação das contribuições dos demais.

Nem todos receberão menções em toda reunião, porém, se fizer essas duas perguntas, ao final da reunião a maioria sentirá que, independentemente da função exercida, a equipe aprecia quem faz parte dela. Essas pessoas sairão da reunião empolgadas com todas as coisas realizadas e ficarão inspiradas para as próximas.

Na equipe da PF, adotamos uma maneira mais informal de enaltecer os colegas no trabalho: *emojis* de astros do rock. Cada integrante da equipe escolhe o próprio *emoji* de astro do rock, que os outros integrantes usam como reação na ferramenta de *messaging* quando se quer bradar aos quatro ventos que alguém fez um trabalho fantástico.

USANDO A CABEÇA

CONVIDE SEU EU PLENO PARA TRABALHAR

- Como você tem indicado aos colegas de equipe que é aceitável levar seu eu pleno para o trabalho, incentivando, inclusive, esse hábito? De que maneiras você pode estimular os colegas a expressarem sua personalidade no cenário de uma videochamada, na forma como se vestem ou no modo como decoram sua mesa?
- Como a equipe registra e aceita preferências e restrições? Por exemplo, ao agendar reuniões, vocês levam em conta feriados religiosos ou outras agendas externas? Ao pedir refeições para o grupo ou escolher um restaurante para almoçar, as decisões são tomadas com todos os colegas em mente? Sua equipe preferiria reuniões só de áudio para certos tipos de conversa?

continua

- Onde você pode abrir espaço em uma reunião para os colegas compartilharem conquistas e pontos altos? Isso pode ser parte recorrente do resumo semanal ou da reunião mensal de atualização.
- Como vocês celebram vitórias, tanto no trabalho quanto na vida pessoal dos integrantes, como equipe? Como você poderia criar o hábito de reconhecer colegas de equipe que vêm fazendo um trabalho incrível e apreciá-lo?

SEJA INTENCIONAL SOBRE INCLUSÃO (E EXCLUSÃO)

Na maioria das equipes, as pessoas tendem a preferir trabalhar de formas diferentes. Por exemplo, muita gente pode gostar de pensar alto durante sessões sociais de *brainstorming*, mas um único integrante pode achar melhor processar suas ideias sozinho ou em conversas com uma só pessoa.

Normalmente, há duas opções possíveis nesse cenário. Ou se solicita que o membro que odeia *brainstorming* social participe de reuniões nas quais ele se sente um peixe fora d'água, ou os integrantes da equipe que preferem sessões de *brainstorming* social – sem ou com segundas intenções – passam a não convidar mais essa pessoa para as reuniões.

Em ambos os cenários, a mensagem que isso transmite a um integrante da equipe mais introvertido ou a um pensador inveterado é que ele não pertence àquela equipe. Infelizmente, em muitas culturas, se um companheiro de equipe não gosta de *brainstorming* em grupo, presume-se que haja algo de errado com essa pessoa. Afinal, participar dessas reuniões é a cultura da empresa.

Uma equipe com alto senso de pertencimento, por outro lado, dá espaço para todos os integrantes contribuírem como quiserem e fazerem o que fazem de melhor. Em alguns casos, isso se parecerá com uma *exclusão* intencional. O conceito de "exclusão intencional" é inspirado no livro de Priya Parker, *The Art of Gathering* (*A Arte dos Encontros*).[2]

Diga: "Sei que essas reuniões não são sua praia. Vamos dar andamento a elas, e você é bem-vindo para participar. No entanto, definimos a agenda sem incluí-lo, para que seu *feedback* possa ser dado de outras formas. Sinta-se à vontade para participar se quiser, mas não há problema caso haja outras coisas que prefira fazer durante esse tempo".

Nesse cenário, o colega não se sente excluído; sente-se incrivelmente visto, compreendido e apreciado.

Isso também melhora o desempenho da equipe, porque, quando se dá espaço para todos contribuírem da melhor maneira que podem, obtêm-se as melhores contribuições. Quando todos os colegas optam por estar na sala de reunião, eles darão o melhor de si em vez de ficarem ressentidos por terem sido laçados para uma atividade que odeiam.

Eis mais maneiras de se construir bons hábitos de equipe relacionados à inclusão.

Dê espaço aos pensadores inveterados

Certas pessoas da equipe se sairão bem ao pensar rápido assim como tomar decisões e fornecer uma opinião com destreza. Outras processam as coisas de maneira mais deliberada, preferindo ter tempo para refletir e dar uma resposta mais profunda e integrada, em vez de dizer as coisas de improviso.

Dê espaço a elas desacelerando a conversa ou apresentando maneiras de darem seu *feedback* posteriormente. Talvez elas prefiram articular suas ideias por escrito. Ou, quem sabe, gostem de dizer pessoalmente o que pensam, mas é preciso lhes pedir isso – e lhes dar espaço para serem ouvidas, se não forem do tipo que fica à vontade entrando à força em uma conversa acalorada. Convide os mais quietos e os que nem sempre contribuem tanto para uma reunião específica.

Defina títulos de reunião inclusivos

A maneira como se descreve uma reunião pode enviar sinais não intencionais sobre quem é bem-vindo nela. Por exemplo, historicamente, só pessoas de nível mais alto na organização falavam sobre estratégia. Por isso, dar a uma reunião o título de "Reunião de Estratégias de Marketing" pode passar a mensagem de que pessoas com nível hierárquico mais baixo não pertencem a ela ou nada têm a contribuir. Mudar o título para "Reunião de Planejamento de Marketing", no entanto, é uma atitude simples que comunica a todos os convidados a possibilidade de dar alguma contribuição. Melhor ainda seria trocar "marketing" por algo mais específico, que não tenha imbuído no nome a necessidade de um treinamento especializado para participar de forma produtiva.

Analise se os títulos de sua reunião são claros e se há jargões, para verificar quem eles excluem e quem é convidado a contribuir. Os títulos definem quem de fato vai contribuir, quem pertence à reunião e quem vai ficar apenas ali sentado.

Use agendas de reunião descritivas

Existe uma ideia preconcebida de que líderes são extrovertidos, pessoas extraordinárias que prosperam com a energia criada em uma reunião fluida e livre de formatos. Quando esses líderes marcam reuniões "só para esclarecer as coisas", para eles isso funciona. Mas, para muitas outras pessoas na organização que talvez sejam introvertidas, ambivertidas ou pensadoras inveteradas, não há como aparecer em uma reunião sem preparação prévia ou com zero contexto sobre o que será necessário para a conversa.

Uma boa agenda de reuniões pode ir muito além de criar senso de pertencimento. Construa o hábito de compartilhar com antecedência o tópico da reunião, problemas a serem discutidos, expectativas e principais resultados. Isso vai permitir que todos os integrantes da equipe apareçam e estejam totalmente presentes de fato, em vez de passarem a primeira parte da reunião descobrindo o que está acontecendo e como contribuir.

USANDO A CABEÇA

ABRA ESPAÇO PARA PREFERÊNCIAS NO TRABALHO

- Como dar espaço para os colegas de equipe contribuírem da maneira como se sentirem mais à vontade? Lembre-se: às vezes, inclusão pode significar dar a um colega a opção de não aparecer em uma reunião. De que outras formas ele poderia participar? Por exemplo, poderia enviar ideias por escrito em vez de participar de uma sessão de *brainstorming*?
- Quando se trata de reuniões, como você solicita a contribuição dos colegas de trabalho mais introvertidos ou de pensadores inveterados? Você monta agendas e cria títulos que dão aos colegas as informações necessárias para eles aparecerem e de fato estarem totalmente presentes?

RECONHEÇA OS ESBARRÕES PARA TORNÁ-LOS MENOS PESSOAIS

Se você já trabalhou servindo comida, sabe que há esbarrões regulares entre colegas de trabalho. Você vai se espremer entre eles ao passar com uma bandeja, ou dar uma cotovelada em alguém ao tentar pegar uma garrafa. O ambiente é apertado, as pessoas se movem depressa e, se pisar no pé de alguém por acidente, pedirá desculpas, e ambos darão continuidade ao trabalho. Esbarrar nas pessoas são apenas os ossos do ofício.

Quem trabalha com teoria também se esbarra – embora provavelmente não em termos físicos, sobretudo se o trabalho for remoto. Esbarrões no escritório acontecem quando envio um *e-mail*, mas me esqueço de incluir um ponto-chave, ou quando a pessoa se esquece de copiar a Shelly no Slack, ou quando a Shelly salva um documento na estrutura errada de arquivo.

Na maior parte das vezes, esses são meros esbarrões, que não devem ser levados para o lado pessoal. Agora, a coisa muda de figura quando surge um padrão intencional de microagressão que precisa ser levantado e abordado em uma conversa. No entanto, na maioria dos casos, esbarrões são apenas parte do trabalho.

O motivo de falar sobre a utilidade dos esbarrões é que eles dão à equipe uma linguagem para abordar esse cenário sem ficar na defensiva. Em vez de presumir que foi intencional da parte do colega esquecer o anexo e você ter de pedi-lo – *de novo* –, considere que você está diante de um esbarrão. Perante um esbarrão, você pode dizer: "Ei, sei que você não teve intenção de esquecer o anexo, mas isso está acontecendo com frequência. O que podemos fazer para as coisas fluírem melhor?"

Aprendi essa lição aos vinte e poucos anos, quando fui enviado para o exterior. Eu tinha um relacionamento tumultuado com um de meus líderes do batalhão, e, certo dia, recebi um relatório de que esse líder de tropa estava trabalhando em algo que não deveria.

Por conta de nosso atrito histórico, minha reação imediata foi presumir que ele agia de propósito pelas minhas costas. Fui confrontá-lo, mas, antes, respirei fundo.

Em vez de perguntar o que diabos ele estava fazendo, indaguei, com calma, no que ele estava trabalhando. Ele explicou, e acontece que não havia maldade ali de maneira alguma. Ele apenas agia tendo como base um plano-fantasma – que discutiremos no capítulo sobre planejamento – que não havia sido comunicado a ele. Essa pessoa estava fazendo exatamente o que deveria, conforme a versão anterior do plano.

Nos negócios, na vida militar e na vida em geral, as pessoas agem muito depressa. É fácil esquecer pequenos detalhes – como o fato de meu líder de tropa não estar na sala quando o plano foi atualizado.

Nossa relação nunca foi das melhores, mas sempre agradeci por ter respirado fundo e lidado com o problema como se fosse um esbarrão (e era), e não uma provocação proposital da parte dele. Quando tratamos os colegas, e a nós mesmos, com cortesia, dando-lhes o benefício da dúvida, isso nos permite lidar com esbarrões sem nos sentirmos na defensiva ou agredidos, além de nos fornecer ferramentas para nos comunicarmos melhor e continuarmos trabalhando juntos com fluidez.

USANDO A CABEÇA

ADMINISTRE OS ESBARRÕES

- Onde os esbarrões costumam ocorrer ao longo dos processos em sua equipe? Qual é a causa deles, e o que pode ser feito para abordá-los? Quais hábitos de equipe podem ser adicionados para impedir que esses esbarrões aconteçam? Quais hábitos podem ser eliminados? Quando os esbarrões forem inevitáveis, qual é a melhor maneira de comunicá-los?

PONTOS PRINCIPAIS DO CAPÍTULO 3

- O senso de pertencimento é o elemento-chave para transformar um grupo de pessoas em uma equipe de alto desempenho.
- Comece a pôr em prática seus valores tirando-os da parede e transformando-os em hábitos concretos de equipe.
- Aproprie-se do poder dos vínculos fracos criando espaço para cada integrante da equipe trazer seu eu pleno para o trabalho.
- Seja intencional sobre a maneira de incluir (ou excluir) os integrantes da equipe em projetos e reuniões.
- Tratem-se com cortesia quando ocorrerem esbarrões no ambiente de trabalho, em vez de ir logo para uma suposição negativa.

QUATRO

TOMADA DE DECISÕES

O risco de uma decisão errada é
preferível ao terror da indecisão.
— MAIMÔNIDES

Quando você precisa escolher entre húmus ou hambúrguer com fritas no almoço, sua decisão final não causa efeito algum na equipe. Mas, quando volta do almoço e escolhe qual a nova característica de um produto você vai desenvolver e qual vai descartar, a possibilidade de isso afetar muito o que a equipe está fazendo é imensa.

No trabalho, decisões são inerentemente coletivas. Qualquer escolha que você faça afeta outra pessoa da equipe ou da organização, e vice-versa. Ao contrário do dilema húmus/hambúrguer do almoço, o caminho que *você* decide tomar em um projeto em que a equipe como um todo está trabalhando gera de imediato um impedimento, uma oportunidade ou uma consideração para *mim*.

Quando a equipe tem hábitos saudáveis, as decisões cumprem seu papel: dar andamento ao trabalho e reduzir a quantidade de bolas largadas e *handoffs* escorregadios (o que eu chamo de melancias com banha) que ocorrem pelo caminho. Contudo, se os hábitos são frágeis, mesmo as mais ínfimas escolhas podem causar um pandemônio.

O motivo é porque decisões não são apenas coletivas. Elas também são inerentemente *emocionais*. Quer você esteja angustiado com opções saudáveis de almoço ou a equipe esteja penando para escolher um novo rumo no trabalho, seus medos, incertezas, otimismo (e os da equipe) e outras emoções ganham vida.

Ignorar esse fato crucial é o motivo de muitas organizações travarem na tomada de decisões. Elas consideram só a parte racional ("Se eu apresentar a informação certa, todo mundo vai me acompanhar"), deixando totalmente de lado o componente social ou emocional. Quando enfrentam uma resistência inesperada de colegas de equipe, que estão paralisados, receosos ou presos a fatores invisíveis, elas não conseguem descobrir por quê.

À medida que nos aprofundamos em hábitos de equipe sobre tomada de decisões, gostaria de lembrar a você que – tal como ocorre com o senso de pertencimento, abordado no capítulo anterior – a maneira como seu time toma decisões afetará vários outros hábitos de equipe. Desde a colaboração até a comunicação, passando por reuniões, planejamento e definição de metas, aprimorar os hábitos de tomada de decisões de sua equipe causará ondas positivas nos outros hábitos dela.

Mas antes vamos recuar um pouco e nos perguntar como as decisões são tomadas neste exato instante.

COMO SUA EQUIPE TOMA DECISÕES?

Quando jovens me pedem conselhos para a vida, minha melhor resposta é a seguinte: "Esses seus vinte e poucos anos não dizem respeito a decidir *o que* você vai fazer da vida, e sim a aprender como *tomar decisões*, para poder decidir com confiança quando chegar aos trinta e poucos". Se for capaz de descobrir como tomar decisões que estejam alinhadas com sua pessoa e com quem você quer ser no futuro, sua vida será muito melhor nas décadas seguintes.

Esse conselho tende a ser profundamente insatisfatório, porque a maioria dos jovens – e das pessoas em geral – prefere apressar o processo de aprendizado a respeito de tomada de decisões, para ter mais clareza e certeza do momento presente. A maioria das equipes e organizações quer acelerar o processo, também. E isso acontece, então.

Quando as equipes não dedicaram o devido tempo para aprender a tomar decisões, isso em geral se evidencia de três maneiras:

1. Elas presumem que boas tomadas de decisão acontecerão de forma orgânica e sem esforço, o que leva a um estado de confusão e procrastinação, em que ninguém toma uma atitude.
2. Elas oscilam para o lado oposto do espectro, adotando estruturas e códigos rígidos de tomada de decisões, que levam à perda de um tempo precioso ao documentar decisões em vez de executar o trabalho de fato.
3. Os executivos ou gerentes monopolizaram tanto o processo de tomada de decisões que, assim que colocam o celular no modo silencioso para se concentrar em suas tarefas, o trabalho das equipes fica estagnado.

Quando as equipes reservam tempo para construir bons hábitos de tomada de decisões, elas veem os benefícios reverberarem em todas as outras coisas que fazem.

□□□ CONTEXTO

RACI

Muitas organizações e equipes adotam estruturas para ajudar os colegas de time a tomar decisões. Uma estrutura particularmente comum, da qual várias organizações se utilizam, é a RACI – ou quem precisa ser responsável, aprovado, consultado e informado.

continua

Na teoria, a RACI é ótima. Ela abrange todas as bases ao garantir que uma decisão seja tomada e comunicada às pessoas certas. Mas, na prática, pode atravancar o processo de tomada de decisões de um modo gritante. Sim, precisamos saber quem é responsável por uma decisão e quem deve aprová-la. Sim, precisamos consultar e informar as pessoas certas. No entanto, quando restringimos a tomada de decisões ao que há em um gráfico, em comparação ao que acontece no momento, encontramo-nos em um impasse.

É a lei do instrumento: quando você está com um martelo na mão, tudo se parece com um prego. Quando você está preso à RACI, tende a usá-la para avaliar até as menores decisões sem sentido. Atrelar uma estrutura RACI a cada decisão afasta o ato real de execução do trabalho.

Quando vejo uma organização ou uma equipe presa a um processo RACI, investigo um pouco mais a fundo para descobrir o que estão tentando fazer de fato. Será que estão tentando efetuar a tarefa de aumentar a *certeza*? Ou de aumentar a *clareza*?

Se estiverem apenas tentando aumentar a clareza, em geral é uma questão de sentar e descobrir depressa quem precisa ser avisado e quem é o responsável. Em uma equipe com alto senso de pertencimento, essa conversa pode acontecer com facilidade e informalidade, sem necessidade de se criar uma estrutura RACI formal.

Mas boa parte da razão pela qual os modelos como a RACI existem é que as pessoas querem aumentar a *certeza* ou, pelo menos, diminuir a *incerteza*.

Entendo essa necessidade. A incerteza deixa as pessoas desconfortáveis. Porém, incerteza e ambiguidade são inerentes à areia movediça dos ambientes de trabalho atuais. As prioridades sobre as quais sua equipe conversou ontem podem ter mudado. Novas informações podem ter surgido ou novas ordens, sido dadas. Tudo isso gera tensão entre o que era importante ontem (quando você criou a RACI) e o que está surgindo neste exato momento (quando você toma uma decisão).

A estrutura RACI não vai ajudá-lo a administrar essa tensão. Em vez disso, concentre-se em desenvolver o senso de clareza atual da equipe para que os integrantes possam tomar melhores decisões no momento.

REMOVA OS GARGALOS NAS TOMADAS DE DECISÕES

"Por que minha equipe não é melhor em tomar iniciativas?"

Com frequência, ouço isso de clientes de *coaching* para executivos, e a resposta é quase sempre a mesma. Normalmente, esses clientes particulares são excelentes tomadores de decisões, que construíram empresas ou alcançaram seus cargos nas organizações por conta da habilidade em tomar decisões com rapidez. Essa habilidade é fantástica, mas ela pode ter um resultado inesperado.

Por ter se colocado como único tomador de decisões, o executivo ou gerente se torna o único ponto de falha dentro da organização ou da equipe. O trabalho para quando eles estão em outra reunião, de férias, ou simplesmente tentando tirar algumas horas para colocar em dia as próprias tarefas. Nesses casos, uma equipe é obrigada a escolher entre três opções diferentes e desagradáveis:

1. Incomodar o chefe, interrompendo-o no que quer que esteja fazendo.
2. Tomar algumas decisões para manter as coisas em andamento e rezar para não levar nenhum puxão de orelha.
3. Ficar sem fazer nada até o chefe voltar para responder a algumas perguntas e os integrantes da equipe poderem seguir em frente.

As equipes tendem a escolher as opções 1 e 3, porque a história e a cultura organizacionais têm mostrado que elas são as mais seguras. Interromper o chefe é uma droga, mas não tanto quanto ficar totalmente parado até ele voltar ao escritório. E nenhuma dessas opções é tão arriscada quanto a número dois. Se a equipe vai na sorte e toma uma decisão errada, os integrantes podem se "queimar".

Eles preferem o risco de aborrecer o chefe ao interrompê-lo ou ficar ociosos a arriscar o emprego tomando uma iniciativa.

Além das óbvias desvantagens para impulsionar projetos, quando um executivo é o único tomador de decisões, a pressão mental e emocional em cima dele é extrema. A sensação é de que ele não pode deixar o processo colaborativo nem por um instante. Ele não pode ignorar aquela mensagem de texto durante seu bloco de foco porque isso pode significar horas de produtividade perdidas para a equipe. Não pode definir bons limites de comunicação, porque precisa estar disponível a todo momento.

Ele não consegue ter tempo para recarregar as próprias baterias, e também está muito atribulado durante o expediente para realizar vários trabalhos importantes. Pelo bem de todos, os líderes precisam trabalhar com a equipe delegando-lhe poderes, funções e o processo de tomada de decisões.

Como você pode começar a fazer isso? Inicie com a compreensão dos três tipos principais de decisão que uma equipe terá de tomar:

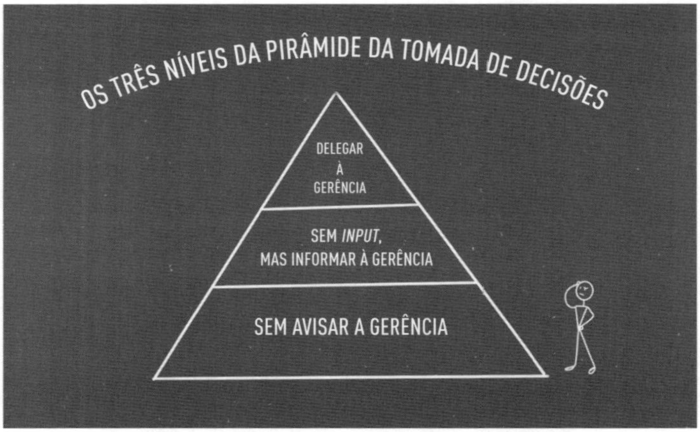

1. **Decisões que podem ser tomadas sem avisar a gerência**. São as decisões de rotina que as equipes e os colaboradores individuais tomam diariamente a fim de dar andamento ao trabalho. A

gerência do escritório deve pedir mais papel quando a caixa do armário de suprimentos ficar vazia? Claro, e não há necessidade de o presidente da empresa ser incluído no processo.

2. **Decisões que podem ser tomadas sem *input*, mas que precisam ser informadas à gerência**. Algumas decisões podem ser tomadas por um colaborador individual, mas a gerência precisa saber qual foi essa decisão. Uma boa regra a seguir é que, se houver repercussões fiscais, legais ou de relações públicas óbvias, positivas ou negativas, a liderança precisa ser avisada.
3. **Decisões que precisam ser delegadas à gerência**. São as decisões que ninguém pode tomar, a não ser o líder. Decisões de nível 3 em geral são as que impactam a estratégia e a direção da empresa.

Quando uma equipe tem hábitos saudáveis de tomada de decisões, decisões de nível 3 tomam apenas de 5 a 10% do tempo do líder. Infelizmente, muitas decisões vão para o nível 3 quando não deveriam estar nele. O objetivo dos hábitos de equipe sobre o qual falaremos é mudar essa proporção, mas o efeito que se terá vai ser diferente dependendo de sua função.

Líderes e gerentes

Se você é um líder ou gerente frustrado por sua equipe não tomar iniciativas suficientes, comece analisando como lida com os três tipos de decisão anteriores. Por um lado, não é bom controlar demais o processo de tomada de decisões a ponto de a equipe sequer poder pedir mais papel para a impressora sem falar com você antes. Por outro, você não vai querer que sua equipe tome decisões de nível sênior por conta própria.

O processo de aprendizado sobre quais tipos de decisão se encaixam em quais categorias é demorado, e está em suas mãos, como líder, modelá-lo para a equipe.

Decisões de nível 1

Quando uma pessoa vem até você com uma decisão que ela deveria ser capaz de tomar sozinha, incentive-a a tomar essa iniciativa no futuro, agradecendo e, em seguida, avisando-a de que ela pode resolver esse tipo de assunto sem avisar você.

Decisões de nível 2

Se for pego de surpresa por uma decisão que deveriam ter lhe informado, peça aos colaboradores envolvidos, com calma e clareza, que o coloquem a par da próxima vez. Se foi uma boa decisão, elogie a pessoa e peça a ela que o informe a respeito numa situação posterior. Se a decisão foi ruim, considere-a uma ocasião para aprendizado. Em vez de acabar com o colega (e garantir que essas decisões sempre parem na sua pilha de afazeres no futuro), ensine seu processo de tomada de decisões e garanta que a pessoa tenha as informações necessárias para tomar decisões melhores futuramente.

Decisões de nível 3

Se um colega de equipe dá um passo maior que a perna e toma uma decisão que deveria ter sido deixada para a gerência, informe-o, com gentileza, de que no futuro todas as decisões similares devem ser delegadas a você. Se foi uma ótima decisão, elogie-o bastante e considere incluir essa pessoa nos comitês de tomada de decisões importantes nas próximas vezes.

Fazer isso vai ajudar a democratizar o processo de tomada de decisões, reduzir gargalos executivos para as decisões de níveis 1 e 2, e ajudar a desafogar a pilha de tarefas referente a decisões menos importantes dos líderes, a fim de que você possa se concentrar nos trabalhos de níveis mais altos.

Colaboradores individuais

Como colaborador individual, pode ser fácil acreditar que você não tem poder algum sobre como as decisões são tomadas em sua equipe ou organização. Talvez você tenha tentado mudar alguma decisão da qual discordou no passado e tenha acabado em meio a uma disputa de poder. Quer tenha ganhado ou perdido, é provável que tenha se esforçado bastante para tentar uma mudança.

Diante de decisões ou de uma estrutura de tomada de decisões das quais você discorda, há dois eixos de abordagem. Você pode concentrar seus esforços para encontrar possibilidades de fazer um bom trabalho com a equipe e aceitar a limitação, ou se concentrar em se munir de conhecimentos sobre como as decisões são tomadas dentro da organização, a fim de se alinhar melhor dali em diante.

Como colaborador individual, a pergunta de um milhão de dólares para fazer a mudança é: **"Qual é o melhor processo para aprender como as decisões são tomadas aqui?"**

Por que a pergunta é tão boa? Em primeiro lugar, porque despersonaliza qualquer decisão particular, portanto você pode fazê-la sem que isso signifique um ataque pessoal ao tomador de decisões. Em segundo, ela é neutra ou até positiva – no sentido de não discordar de maneira explícita de nenhuma decisão. Ela é proativa e curiosa.

Em terceiro lugar, ela esclarece com sutileza – ou de forma explícita, dependendo da cultura da empresa – que há certos motivos que devem justificar o porquê da não comunicação das decisões tomadas às pessoas que elas afetam. Muitos líderes intuitivos podem não dedicar tanto tempo pensando em como tomam decisões. Quando você pergunta isso a um bom líder, talvez ele se detenha um pouco e tente refletir.

Fazer essa pergunta pode ajudá-lo a entender o contexto que falta sobre a suposta má decisão. Por meio desse contexto, você pode descobrir que foi uma daquelas decisões difíceis de que ninguém gostou, porém era melhor que as outras opções. Talvez fique sabendo que havia informações cruciais sobre a decisão que não foram compartilhadas com você. Talvez descubra que a decisão veio de um ponto de vista particular sobre estratégia, propósito e missão, portanto, embora não fizesse sentido por si só, faz total sentido quando se olhar para ela desse ponto de vista.

Seja uma decisão da qual você gostou, uma decisão neutra ou que você achou ridícula, quanto mais aprender sobre como as decisões são tomadas na organização, mais vai conseguir fazer o próprio trabalho e defender sua equipe. Você está aprendendo a como lidar com as decisões na organização usando o mecanismo atual de tomada de decisões.

Compreender como as decisões são tomadas também estabelece as bases a partir das quais poderá começar a executar *sprints* a fim de aprimorar os hábitos de tomada de decisões de sua equipe.

USANDO A CABEÇA

REMOVA OS GARGALOS NAS TOMADAS DE DECISÕES

- Se você é líder ou gerente, deixe claras suas expectativas sobre como cada nível de decisão deve ser administrado. Dê exemplos de decisões de níveis 1, 2 e 3 com base na função dos integrantes da equipe. Incentive sua equipe a tomar mais iniciativa nas decisões de nível 1, a comunicar decisões de nível 2 e a delegar à gerência decisões de nível 3.
- Se você é colaborador individual, aprenda como as decisões são tomadas na organização. Lembre-se da pergunta de um milhão de dólares para mudar: "Qual é o melhor processo para aprender como as decisões são tomadas aqui?"
- Mencione decisões de níveis 1, 2 e 3 no âmbito da comunicação e da colaboração. Se for gestor de equipe, avise aos colegas que uma consulta ou um sinal específico são decisões de níveis 1 ou 2. Se for colaborador individual, pergunte se uma decisão particular é de nível 1 ou nível 2.

DEMOCRATIZE A TOMADA DE DECISÕES

Como novo capitão do submarino *Santa Fe*, David Marquet ficou estupefato durante um treinamento quando, sem querer, deu uma ordem impossível e sua tripulação tentou cumpri-la em vez de discordar dele. A tripulação fora treinada a cumprir ordens, não a tomar decisões, mesmo que nesse exemplo eles tivessem mais informações sobre as instalações do navio do que o novo capitão tinha.

Para reverter essa dinâmica e tirar das suas costas o fardo de tomar as mais ínfimas decisões, Marquet instituiu uma nova forma de tomar decisões, as quais detalhou no livro *Turn the Ship Around!* [Vire o Navio!][1] Em vez de dar ordens, ele pediu aos oficiais que comunicassem suas intenções, começando pela expressão "Tenho a intenção de". Marquet faria perguntas para eventuais esclarecimentos; em seguida, concordaria dizendo "Muito bem".

A liderança do *Santa Fe* acabou ampliando a ideia. Em última instância, a meta passou a ser não somente comunicar intenções, mas fazê-lo de modo a destacar o plano e abordar possíveis objeções, para que Marquet não precisasse mais fazer perguntas.

Marquet atribui seu procedimento "Tenho a intenção de..." à quantidade desproporcional de promoções concedidas à tripulação e aos oficiais do *Santa Fe*. "Acabamos invertendo as coisas", escreve ele. "Em vez de um só capitão dar ordens a 134 homens, teríamos 135 pessoas independentes, enérgicas, emocionalmente comprometidas e engajadas, pensando no que precisávamos fazer e em modos de fazê-lo da maneira correta. Esse processo os transformou em líderes ativos, ao invés de seguidores passivos".

Tomadas de decisões baseadas em intenção põem o fardo de analisar os prós e contras da decisão nas costas de quem faz o trabalho, e não nas de seu supervisor. Isso também o treina para pensar como um gerente, porque, para comunicar uma intenção e receber como resposta um "Muito bem", ele precisa ter pensado em possíveis objeções e explicado como essa decisão lhes diz respeito. Conforme discutimos acima, é preciso entender como as decisões são tomadas na organização.

Tomadas de decisões com base em intenção também tratam de dois problemas comuns na maneira como muitas organizações tomam decisões: ou elas são tomadas por pessoas que não conhecem o trabalho (como Marquet, dando uma ordem detalhada sobre um *set* de controles que ele desconhecia), ou as pessoas transferem ao chefe a responsabilidade real da tomada de decisões.

Quem conhece mais o trabalho?

Pela própria natureza de seu trabalho, executivos e líderes são excluídos das tarefas diárias feitas por membros mais juniores das equipes. É improvável que o CEO atenda a chamados de clientes, supervisione ativações de contas ou arquive *widgets* da área de produção. Não obstante, em muitas empresas, decisões cruciais que afetam membros de equipes de atendimento ao cliente, representantes de contas e funcionários da linha de produção são tomadas sem consultá-los.

Mesmo quando a distância entre os cargos não é tanta, muitas organizações ainda têm hábitos de tomada de decisões em que, quando uma decisão se faz necessária, um membro da equipe tem de parar de trabalhar, ir até o gerente, explicar a situação e, então, receber uma decisão, que ele deve levar aos colegas.

Pior que parar um trabalho enquanto se toma uma decisão é o fato de que isso gera um tempo de resposta constante enquanto se adiam as decisões. Pode ser que o líder diga que "Precisamos fazer X, Y e Z". Quando a equipe começa a fazer X, Y e Z, o líder talvez tenha informações diferentes, ou ele pode ter atualizado a decisão.

Tomadas de decisões com base em intenção aproximam a decisão do ponto de trabalho que elas impactam, ao transferir a responsabilidade pela reunião dos fatos pertinentes à pessoa que mais tende a ser afetada pela decisão em si. Mesmo que os finais "Muito bem", "Espere um pouco" ou "Vamos tentar outra coisa" ainda caibam ao gerente ou líder, eles estão tomando decisões com uma visão muito mais objetiva do problema do que antes.

Quem é o autor da pergunta?

Um de meus clientes de *coaching* passava por uma mudança maciça de paradigma em sua organização. A mudança tinha começado como um modelo bem *top-down* (de cima para baixo), em que o fundador (meu cliente) tomava decisões e as passava para baixo, a fim de que a equipe as implementasse. A equipe devia devolver as informações ao fundador, de modo a comunicar suas decisões, mas, ao fim e ao cabo, o fundador era o único que tomava as decisões.

Assim como David Marquet, meu cliente queria mudar sua organização para um modelo em que todo o local tivesse o poder de tomar decisões, em vez de empilhar todas elas na mesa dele. Um de nossos procedimentos foi mudar a maneira como a equipe abordava a função de tomador de decisões. Em vez de perguntar "Quem é o encarregado dessa decisão?", a organização passou a indagar: "Quem é o autor da pergunta?"

A razão de esse detalhe ser importante é que, quando se é o autor de uma pergunta, pensar em uma resposta não é somente responsabilidade sua. É preciso chegar a ela por meio de um consenso. Porém, como autor, é *sua* responsabilidade continuar fazendo a pergunta até aparecer uma solução, e fazer tudo o que puder para ajudar a equipe a chegar a uma decisão consensual a respeito do problema.

Com esse modelo, você ainda tem responsabilidade, algo que é fundamental. Mas você não tem poder unilateral, segundo o qual uma única pessoa tomaria a decisão e as demais sequer teriam chance de contribuir.

Quem está com o macaco?

Com frequência, faço clientes de *coaching* para executivos lerem o clássico de 1974 para gerentes da *Harvard Business Review*, intitulado "Who's Got the Monkey [Quem Está com o Macaco]?"[2] A linguagem está meio datada pelos padrões atuais, mas o problema discutido pelos autores, William Oncken Jr. e Donald L. Wass, continua mais relevante do que nunca. O "macaco" do artigo é o trabalho cuja responsabilidade é do subordinado até ele pular do subordinado para o chefe.

A delegação ascendente – quando um problema que deveria ser resolvido pelo colaborador individual acaba sendo devolvido ao gerente – sempre foi um problema em ambientes de trabalho. Atualmente, como as organizações se tornaram mais planas, tendemos a não deixar explícito quem delega, quem recebe a delegação e as consequências de se deixar de fazer o que é delegado. Por conta disso, quem delega é visto com mais frequência como um colega de trabalho que pode compartilhar um macaco do que como a pessoa que dá e bloqueia macacos.

O que acontece é que um gerente ou líder está fazendo seu trabalho quando chega um colega de equipe com um problema. O gerente diz: "Claro, posso ajudar você com isso", e põe o problema na própria pilha. O colega pega uma tarefa diferente da lista e depois bate ponto no fim do dia, com a sensação de dever cumprido. Enquanto isso, o gerente ainda está no trabalho, lidando com todos os macacos que pularam na mesa dele.

Construir um hábito de equipe com comunicação baseada em intenção ajuda a deixar os macacos nas mesas certas, pois exige que o tomador de decisões revele por que a decisão está sendo tomada e destaque o que a equipe vem considerando a esse respeito, em vez de delegar a decisão à liderança.

Isso pode ser útil principalmente nas decisões de nível 2, porque um integrante da equipe muitas vezes pode propor uma decisão, mas devolve ao gerente o fardo de fazer suas ponderações. Quando a meta é prover os líderes de contexto suficiente para ele dizer, pouco depois, "Vá em frente" ou "Espere um pouco", sem ter de pedir mais esclarecimentos, o fardo de tomar a decisão é devolvido ao colega da equipe, e o ajuda a desenvolver essa habilidade, de modo que, com o tempo, ele seja capaz de tomar decisões e comunicá-las à liderança, em vez de buscar a aprovação dela.

A tomada de decisões com base em intenção também é excelente para a comunicação paralela entre colegas de equipe. Em vez de dizer:

"Ei, estou pensando em fazer X; o que acha?", pode-se dizer: "Estou pensando em fazer X. Pensei nisso para tomar a decisão. Você consegue ver alguma coisa que eu esteja deixando de lado?" Isso não só permite mais fluidez do trabalho como também reduz a carga emocional, social e mental da equipe.

Um *shortcode* útil (abordaremos *shortcodes* com mais profundidade no capítulo sobre comunicação) para auxiliar a tomada de decisões com base em intenção é o acrônimo DRIP: decisão, recomendação, intenção ou plano. "Eis o problema conforme o entendo. Meu DRIP é resolvê-lo fazendo X."

Na essência, a ideia de "Quem está com o macaco?" trata de quem detém a responsabilidade de pensar além. Ela nos convida a voltar a atenção às maneiras de dar nossos macacos a outras pessoas e ao modo como estas nos passam os próprios macacos.

Quando sua equipe é mais rigorosa sobre definir quem, de fato, está com o macaco, ela confere muito mais lucidez em relação a quem é responsável por tomar e levar adiante certas decisões. Ela também apresenta uma linguagem para descrever e lidar com o desconforto quando macacos que deveriam fazer parte do trabalho ou das responsabilidades de determinada pessoa estão sendo continuamente entregues a outra, em razão das dificuldades daquela pessoa em administrar os próprios macacos.

Isso é verdade, sobretudo no caso de muitos líderes do sexo feminino ou não brancos que precisam encontrar uma forma autêntica e potente de dizer: "Esse problema não é meu". Muitas mulheres e pessoas não brancas não foram acostumadas a revidar quando outros, implícita ou explicitamente, lhes pedem que assumam mais tarefas. Quando você normaliza essa maneira de apontar qual função deve ter a responsabilidade, isso gera espaço para todos fazerem o melhor trabalho possível, sem ficarem sobrecarregados com os macacos alheios.

Isso não é algo que apenas a gerência pode resolver. Independentemente do que o chefe esteja fazendo, os colaboradores individuais e os colegas de time podem se unir para identificar quando os macacos estão sendo passados entre os membros da equipe e apresentar soluções.

Por que "alguém" nunca faz nada?

A maioria das equipes tende a ter o mesmo integrante secreto que está sempre deixando a bola cair. Um tal de "alguém", no Slack.

Alguém deveria telefonar para o vendedor a fim de negociar o contrato. Alguém deveria garantir que o armário de materiais de escritório sempre tivesse cartuchos de impressora em estoque. Alguém deveria ter dito a Lauren que o horário da reunião mudou das 13 horas para as 15 horas.

Mas **"alguém" nunca faz nada** – embora muitas equipes mantenham essa pessoa na folha de pagamento.

Quando as equipes têm um fluxo fraco de tomadas de decisão, muitas vezes o problema é de um fluxo de responsabilidades confuso. Mesmo que uma decisão tenha sido tomada em uma reunião, se ninguém é responsabilizado por executá-la após a reunião, ela não é levada adiante. A equipe, como grupo, espera que alguém dê um passo à frente e lide com isso, mas uma decisão sobre a quem pertence a responsabilidade não foi tomada.

Às vezes, uma equipe acha que a responsabilidade atribuída é *dela*. Shana e Masud deveriam trabalhar nela, afinal de contas. O problema é que, quando duas pessoas são responsáveis por uma tarefa, é muito provável que ela caia no meio dessas duas pessoas. Uma delas vai presumir que a outra assumirá a responsabilidade, e vice-versa.

É óbvio que isso é frustrante, porém a solução é simples. Ainda que várias pessoas tenham responsabilidade por cumprir certa tarefa ou tomar uma decisão, quando se trata de tempo para direção, uma pessoa precisa ser responsável por garantir o cumprimento dessa tarefa.

(Falaremos mais a respeito de como fazer isso no capítulo sobre colaboração.)

USANDO A CABEÇA

DEMOCRATIZE A TOMADA DE DECISÕES

- Até que ponto as decisões são afastadas das pessoas que realmente trabalham na organização? O que você pode fazer para aproximar as decisões usando o procedimento de Marquet "Tenho a intenção de..." para decisões de níveis 1 e 2, e solicitando mais *input* para as decisões de nível 3?
- Em vez de atribuir a uma só pessoa a responsabilidade de tomar uma decisão, crie o hábito de equipe de indagar quem é o autor da pergunta. Como autor da pergunta, quem mais precisa se envolver na tomada de decisões? O que será necessário para se chegar a um consenso?
- Os membros da equipe têm o hábito de dar macacos uns aos outros? Pratique a normalização da recusa, de forma a capacitar quem pergunta a ser o autor da questão e a dar uma solução em vez de passar o problema adiante.
- Está claro quem é responsável por levar a decisão adiante depois que ela foi tomada? Ou você depende de "alguém" que dê um passo à frente?

TOMANDO MELHORES DECISÕES COMO EQUIPE

Tomar decisões pode ser bem difícil quando escolhemos entre opções disponíveis por conta própria. Quando o grupo se envolve, fica ainda mais complicado. Bons hábitos de tomada de decisões de equipe dizem respeito a amenizar o ônus cognitivo, emocional e social das pessoas ao redor a fim de dar andamento ao trabalho, mas muitos times não passaram tempo suficiente pensando em como compartilhar esse poder. **Quando você aprimora os hábitos de equipe sobre tomadas de**

decisões, potencializa a verdadeira parceria, a colaboração e a sanidade de cada um.

Faça um registro das decisões

Um dos motivos por acabarmos com impressoras quebradas nas mãos é que ninguém sabe quais decisões e suposições levaram à existência delas; sendo assim, ninguém sabe como consertá-las. Fazer um registro das decisões ajuda as pessoas a entender como as decisões estão sendo tomadas porque ele documenta não apenas *qual* foi a decisão, mas também seu *motivo*.

Não é demorado escrever um verbete em um registro de decisões, quer use uma ferramenta como o Notion, o Confluence ou qualquer outra solução interna de registros. No entanto, faz uma diferença enorme na capacidade das pessoas entenderem o que está acontecendo em termos de decisões.

Em primeiro lugar, nossa memória não é tão boa como achamos que é. Dois anos depois – até dois dias, se as coisas estiverem agitadas –, as razões implícitas em certas decisões que tomamos podem se tornar obscuras. Toda aquela discussão, pesquisas e reunião de fatos que você fez naquele instante foram banidas para os recônditos de sua mente. E se você não estava presente no momento da decisão? Você não terá a menor ideia.

A segunda razão para registrar suas decisões é que isso muda a conversa de um simples "sim" ou "não" para uma ótima ferramenta a fim de ensinar as pessoas sobre como as decisões são tomadas. Isso mostra que as decisões mais importantes são tomadas pesando-se suposições diferentes e limitações distintas, o que dá a todos um *insight* sobre o panorama mais amplo em que essas decisões estão sendo tomadas.

Em terceiro lugar, isso força você a articular suas suposições, o que o ajudará a tomar decisões mais sólidas.

Cada decisão tem suposições implícitas incorporadas nela, sejam elas explicitamente reconhecidas ou vieses subentendidos. Enquanto escrevo, minha equipe está decidindo se nosso novo app Momentum vai herdar nossa conta da Productive Flourishing no Instagram ou se abriremos uma nova especificamente para isso. Há argumentos atraentes tanto na coluna dos prós quanto na dos contras, e estamos fazendo certas suposições sobre qual direção tomar.

Nesse caso, a suposição óbvia é que o Instagram será um canal eficaz para promover o Momentum. Ao escrevermos a decisão, articulamos essa suposição e a deixamos aberta a discussão para o restante da equipe. Também estamos fazendo um favor a nossos eus do futuro, porque, não importa a decisão tomada, ao olharmos para trás daqui a alguns anos para avaliar se foi um sucesso, também poderemos avaliar nossas suposições implícitas.

Reserve tempo para tomar decisões complexas

O problema das suposições, entretanto, é que pode levar tempo para trazê-las à superfície. Se sua organização está sempre lançando decisões à equipe sem contextualizar os integrantes, você está perdendo uma ótima oportunidade de reunir *input* e tomar decisões mais sólidas.

Na Productive Flourishing, aprendemos que precisamos de um ciclo de duas semanas para refletir adequadamente sobre as decisões mais importantes. Duas semanas antes de tomarmos a decisão final, um integrante da equipe (geralmente eu, no caso de decisões que afetam toda a empresa) vai propor um curso de ação e um plano provisório.

Na semana seguinte, reuniremos a equipe mais uma vez para perguntar se há mais ideias sobre a decisão. Isso dá a todos a chance de amadurecer a ideia ou criar grupos menores para ter diferentes conversas a respeito da decisão. Os integrantes da equipe podem passar um tempo fazendo pesquisas. Isso dá à ideia um espaço de arejamento, e aos integrantes da equipe, a chance de questionar suas reações emocionais iniciais. Também dá tempo para questionamentos e preocupações virem à tona.

Na segunda reunião, reiteramos a decisão provisória e perguntamos à equipe: "Agora que já tiveram tempo para pensar, o que acham? Alguma preocupação? Alguma pergunta? Surgiram questões durante a última semana?"

Dar aos integrantes da equipe tempo para refletir sobre uma decisão importante o impedirá de tomar uma decisão precipitada e impulsiva, pois você vai construir oportunidades para fortalecer o plano no cronograma de tomada de decisões. Também vai incorporar as diferentes maneiras pelas quais as pessoas processam informações, sobre as quais conversamos em detalhes no capítulo sobre senso de pertencimento.

Pense que arejar uma decisão é como arejar vinho: permite enxergar integralmente as dimensões da decisão, criando um processo mais suave e satisfatório.

Deixe o *trailer* perto do rio

Temos uma tendência bastante humana em considerar as decisões apostas altas e irreversíveis, mesmo que a maioria delas não seja assim. Podemos cair em três armadilhas:

1. A decisão é uma aposta e tanto: decidir assim ou assado pode gerar resultados catastróficos.
2. A decisão é um caminho sem volta: se eu tomá-la, será assim pelo resto da minha vida profissional.
3. Não é possível voltar atrás nessa decisão: se o resultado for catastrófico, nunca mais conseguiremos retomar o caminho.

A maioria de nossas decisões – individuais ou em equipe – não são assim. No entanto, em razão dos componentes sociais e emocionais envolvidos nas decisões de equipe, tendemos a elevar demais os padrões.

Para ser honesto, mesmo decisões relativamente insignificantes têm padrões sociais mais altos do que as que tomamos por conta própria.

Quando você escolhe um novo restaurante vietnamita para almoçar com a equipe na sexta-feira, sente uma responsabilidade pessoal por escolher um bom lugar. Se a comida é uma droga, seu lixo mental pode começar a contar uma história: você perdeu *status*. Sua equipe nunca mais vai confiar em você para escolher um restaurante – e, na verdade, talvez não confiem mais em você para nada. Isso quer dizer que, logo, logo, você estará na base hierárquica da equipe, eles vão arranjar um meio de despedi-lo e você acabará morando em um *trailer* à beira de um rio, como diria Matt Foley, o famoso palestrante motivacional do *Saturday Night Live*, representado por Chris Farley.

Essa tendência a cair em uma espiral rumo ao pior caso – a falácia do *trailer* à beira de um rio – é um problema individual frequente, mas que também afeta a mentalidade de tomada de decisões da equipe. Como um time, ficamos angustiados com as possíveis ramificações negativas de uma decisão, deixando nossa imaginação retratar cenários fatalistas que nos impedem de seguir em frente.

Claro, se você estiver em um cenário de guerra, uma única decisão ruim pode custar vidas ou gerar anos de crises internacionais. Mas a maioria de nós não está nessa situação. A maioria não é astronauta nem médico. A maior parte de nossas decisões, especialmente se a equipe tiver um *mindset* experimental ágil, são de caráter leve, reversível e recuperável.

USANDO A CABEÇA

TOME DECISÕES DE EQUIPE MAIS INTELIGENTES

- Comece a fazer um registro de suas decisões. Onde você vai registrar as decisões tomadas e as suposições que as respaldaram?
- Onde você pode inserir tempo extra no processo de tomar decisões complexas? Em quais pontos pode solicitar *feeaback* da equipe ao

continua

longo do caminho, para permitir perguntas, lidar com preocupações e fortalecer a decisão? Qual é a quantidade certa de tempo de espera para a equipe a fim de que continue ativa, mas sem apressar a decisão?

- Quando perceber que sua equipe foi envolvida pela falácia do *trailer* à beira de um rio, nomeie-a, reivindique-a e domine-a. Diga: "Ei, caímos naquela história do *trailer* à beira do rio de novo. O que podemos fazer para baixar o padrão dessa decisão, torná-la reversível e recuperável, para podermos testá-la de fato?" Em seguida, tente. Se não funcionar, siga adiante.
- Se sua equipe está empacada em uma decisão, às vezes a melhor maneira de desempacar é não abordar os motivos racionais, mas, em vez disso, perguntar: "Que sentimento essa decisão nos traz? Por que uma coisa tão marcante nos deixa tão divididos? Quais as consequências sociais dessa decisão que podem estar tornando-a mais difícil?" Fazer essas perguntas pode ajudar a equipe a se mexer novamente.

AS DECISÕES "TALVEZ" SÃO PROBLEMÁTICAS? TALVEZ

Em um mundo ideal, quando você se senta com os colegas de equipe para tomar uma decisão, o final é um claro "Sim" ou um "Não". Mas, muitas vezes, a resposta acaba sendo um "Talvez". Esse problema é grande? Não necessariamente, dependendo do que está acontecendo. Em geral, ocorre uma das três coisas seguintes quando uma decisão termina em um talvez.

Não está claro como a decisão pode ser tomada

Nesse caso, a pergunta feita tem mais a ver com uma ideia ou sugestão, sem pontos claros de ancoramento sobre como tomar a decisão. O melhor curso de ação nessa situação é esboçar os requisitos das informações que ajudariam a transformar o problema de uma pergunta aberta em uma decisão sólida.

Pergunte: "O que precisaria ser verdade, para o mundo ou nossa equipe, para isso ser um sonoro sim ou não?" Em outras palavras, de quais informações adicionais você precisa?

Não está claro quem deve tomar a decisão

Todos os presentes na sala podem achar que a questão é interessante, ou mesmo uma ótima ideia. O único porém é que ninguém sabe se pode tomar uma decisão sobre a tal ideia. Ou, ao contrário, todos podem achar a ideia terrível, mas não sabem se têm autonomia para fazer algo a respeito.

A pergunta é: "Quem mais precisa participar dessa conversa para conseguirmos um sonoro sim ou não?"

Não está claro onde essa decisão entra na lista de prioridades

Lembre-se: toda decisão importante afeta o fluxo do trabalho ou os trabalhos atuais. Às vezes, podemos ter todas as informações necessárias e as pessoas certas na sala, mas ainda assim não sabemos se a decisão em si vai afetar outras prioridades. Por causa disso, não podemos dizer sim ou não com firmeza.

A maneira de abordar esse problema é obter clareza sobre como um sim ou um não afetará o fluxo de decisões. Nesse exemplo, engajar-se em um planejamento de microcenário pode ser de grande ajuda para obter a clareza desejada.

Comece fingindo que a resposta a uma decisão é sim, e encene a situação. O que mais ela afeta? Quais prioridades abrange? Quem precisaria ser informado a respeito? Quais são as prováveis ramificações? Faça o mesmo exercício no caso de uma resposta negativa.

Ao lidar com uma decisão "talvez", em primeiro lugar, você precisa responder se a decisão é importante o suficiente para evoluir para um sim ou um não. Se sim, quem é responsável por garantir que se chegue a uma resposta e qual o processo para fazer isso? Se não, como codificar ou comunicar que o talvez ainda se mantém, para que, da próxima vez que ele aparecer, seja possível saber que se trata de uma pergunta aberta, e desse modo não será preciso reabrir o projeto?

Na Productive Flourishing, fazemos isso incluindo uma seção nos documentos da equipe intitulada "Perguntas Abertas". Quando um membro da Equipe PF nota algo ali, isso indica que ainda não sabemos a resposta a tal questão, mas vamos fazer a pergunta. Isso evita que os outros integrantes fiquem presos nesses conhecidos desconhecidos.

A questão é: "Esse conhecido desconhecido é importante o bastante para ser resolvido? Ou há um valor positivo em deixá-lo, por ora, como um talvez?"

□□□ CONTEXTO

CONHECIDOS CONHECIDOS, CONHECIDOS DESCONHECIDOS E DESCONHECIDOS DESCONHECIDOS

A expressão "conhecidos desconhecidos" pode parecer estranha, mas ela é de autoria do ex-secretário de Defesa norte-americano Donald Rumsfeld. Segundo ele, existem conhecidos conhecidos (coisas que sabemos que sabemos), conhecidos desconhecidos (coisas que sabemos que não sabemos) e desconhecidos desconhecidos (coisas que não sabemos que não sabemos).

Política à parte, trata-se de uma estrutura útil para refletir sobre o âmbito de informações e dados que compõem suas decisões.

Não precisamos necessariamente solucionar os conhecidos conhecidos, e os desconhecidos desconhecidos são tão impossíveis de se planejar que não vale a pena se preocupar com eles em um contexto de negócios. Desconhecidos desconhecidos são um dos motivos pelos quais você contrata consultores externos, que o ajudarão a planejá-los.

continua

Entretanto, uma vez que se dá nome a um desconhecido desconhecido, ele se transforma em um conhecido desconhecido. Por exemplo: "O que este ambiente Vuca vai colocar no nosso caminho a seguir?" é um desconhecido desconhecido. "Veremos na próxima década outra ruptura nos negócios como os conhecemos?" ou "Há uma recessão no horizonte?" são conhecidos desconhecidos – e pode valer muito a pena explorá-los.

Essa estrutura é útil para tomar decisões; por exemplo, se estiver entrevistando um novo candidato para um cargo, considere o seguinte:

- Conhecidos conhecidos: sabemos o que há no currículo dele, o que a equipe pensa a respeito, até que ponto ele respondeu bem às perguntas da entrevista etc.
- Conhecidos desconhecidos: não sabemos quanto o currículo de fato indica o que ele sabe fazer ou até que ponto o cargo se manterá estável nos próximos três a seis meses.
- Desconhecidos desconhecidos: não temos a mínima ideia do que pode surgir, e que ainda não descobrimos, para complicar essa contratação.

Às vezes, deixar uma pergunta aberta ajuda a equipe a pensar em seus hábitos de uma forma que gere *insights* importantes no decorrer do processo. Isso vale sobretudo para *startups* e *scaleups* que passam por uma transição ou desejam manter em aberto suas oportunidades. Outras organizações que testam um ambiente Vuca também podem se beneficiar deixando, intencionalmente, um "talvez" em aberto como lembrete de que, vez ou outra, é preciso questionar certas suposições ou analisar o problema de uma direção distinta.

Deixar um talvez intencional pode dar abertura a novos *insights*, levando à próxima inovação com I maiúsculo ou i minúsculo em sua equipe.

USANDO A CABEÇA

LIDE COM OS "TALVEZ"

- Quando a resposta a uma decisão é "Talvez", defina a causa dela. Você precisa de informações extras para tomar a decisão? Não está claro quem tem autoridade para tomá-la? Não é uma prioridade atual, e você precisa deixá-la para depois?
- Adicione uma seção aos documentos do projeto chamada "Conhecidos desconhecidos" e inclua quem é responsável por descobrir mais informações. Por exemplo: "O custo é desconhecido. Jaime contatou o vendedor para uma cotação e nos atualizará quando tiver uma resposta".

PONTOS PRINCIPAIS DO CAPÍTULO 4

- Decisões não são apenas coletivas. Também são inerentemente *emocionais*. Ignorar o componente emocional ou coletivo em favor da parte puramente racional é o ponto no qual muitas organizações acabam emperrando.
- Remova os gargalos da tomada de decisões compreendendo os três níveis de decisões de que uma equipe precisa para agir de acordo:
    - Decisões que podem ser tomadas sem avisar a gerência.
    - Decisões que podem ser tomadas sem *input*, mas que precisam ser informadas à gerência.
    - Decisões que devem ser delegadas à gerência.

continua

- Use tomadas de decisões baseadas em intenção para capacitar os colegas de equipe em todos os níveis, a fim de que se apropriem da tomada de decisões na própria função.
- Entenda que a maior parte das decisões não é de nível tão alto e irreversível quanto pensamos.

CINCO

DEFINIÇÃO DE METAS E PRIORIZAÇÃO

Os piores muros nunca são os que você encontra pelo caminho.
Os piores muros são os que você mesmo coloca nele.
– Ursula K. Le Guin

Todo mundo quer fazer parte do time que está ganhando

Você já viu esse filme: sua equipe está alinhando metas e tirando-as da frente várias e várias vezes. O melhor é que essas metas estão na zona habitável de desafio, mas nada impossível; você e os colegas de equipe têm motivos significativos para se dedicar a atingir alvos, e todos estão alinhados em relação a qual trabalho tem prioridade máxima. Melhor ainda: todos os dias você sai do trabalho sabendo que deu um passo à frente, porque seus esforços estão alinhados a projetos intimamente vinculados com a estratégia geral da empresa.

Infelizmente, a maioria de nós já teve a experiência oposta. O trabalho cotidiano não se vincula a nada com que nos importamos pessoalmente, o que começa a causar uma sensação de falta de propósito. Os esforços da equipe estão desalinhados, porque ninguém consegue entrar em um acordo com relação às prioridades, o que causa atrito e inércia, enquanto os integrantes da equipe se estranham. E, mesmo quando a equipe de fato faz uma meta atravessar a linha de chegada, a sensação não é de vitória, porque não é consequência do plano geral da empresa.

A diferença entre esses dois cenários não tem tanto a ver com a necessidade de uma incrível objetividade por parte da equipe quanto com os hábitos de definição de metas e priorização que ela possui. Isso é bom, porque aprimorar esses hábitos é uma coisa sobre a qual você tem controle. Quer seja o executivo que define a estratégia, quer seja o gerente que transforma a estratégia em objetivos, ou ainda o colaborador individual que tenta encontrar mais sentido e alinhamento em seu trabalho diário, criar melhores hábitos de equipe relacionados à definição de metas e priorização pode fazer uma enorme diferença na capacidade de seu time em alcançar sucesso.

Bons hábitos de equipe referentes à definição de metas e priorização ajudarão as pessoas a entender não somente o que precisa ser feito neste exato instante, mas também como o trabalho delas será um apoio para as metas gerais da equipe e como essas metas são comunicadas pelo plano estratégico da companhia.

Neste capítulo, discutiremos o âmbito psicológico da escolha de quais metas levar adiante bem como os hábitos de equipe que nos ajudarão a priorizar essas metas. Porém, antes precisamos fazer uma pergunta que muitas vezes passa despercebida quando as metas estão começando a ser definidas.

ATÉ QUE PONTO SUA EQUIPE ESTÁ PRONTA?

A prontidão é um tópico sobre o qual militares, bombeiros, times esportivos e pessoas em missões pensam muito, embora não seja alvo de atenção da maioria dos integrantes de uma equipe em empresas. Porém, se você não pensar em prontidão, como espera que sua equipe tenha um alto desempenho?

Prontidão é exatamente o que parece: a capacidade de uma equipe ou um indivíduo em atingir suas metas, finalizar projetos e ter um desempenho conforme esperado. Um time com baixo senso de pertencimento e hábitos de equipe fracos terá um nível inferior de prontidão em relação a outra com senso de pertencimento e desempenho altíssimos. O problema é que muitas metas são definidas sem se considerar a prontidão. Isso pode levar a equipe ao fracasso, de um jeito ou de outro: 1) Ela não vai atingir a meta, ou 2) Ela vai, mas somente com esforços hercúleos e despesas – o espírito de Dunquerque –, e a conta vai chegar. Ela vai ficar estressada ou esgotada, ou gastará muito mais recursos do que o esperado.

□□□ CONTEXTO

ESPÍRITO DE DUNQUERQUE

O espírito de Dunquerque é o padrão segundo o qual, apesar do péssimo planejamento e de tomadas de decisões terríveis, uma equipe se reúne e atinge uma meta assustadora por meio de esforços valiosos, longas horas e tenacidade marcante. "Dunquerque" é uma alusão aos esforços corajosos dos marinheiros ingleses civis que resgataram a Força Expedicionária Britânica (BEF, na sigla em inglês) durante a batalha de Dunquerque, na Segunda Guerra Mundial. Escrevi sobre isso antes de o filme *Dunkirk* contar essa história.

Um dos piores aspectos de uma equipe que canaliza o espírito de Dunquerque é que isso pode criar um padrão para os esforços e o desempenho esperados de uma equipe. Algo desse tipo não só leva a uma cultura de *burnout* como, também, tira o foco das condições que resultaram na necessidade do espírito de Dunquerque lá no início. Pelo fato de o time ser capaz de se erguer no último minuto e realizar o trabalho, os hábitos de equipe que poderiam evitar a necessidade do espírito de Dunquerque aos 45 do segundo tempo não serão cultivados.

Ao presenciar o espírito de Dunquerque, reconheça o que ele é de fato: um planejamento fraco, tomadas de decisão cheias de falhas, e expectativas irreais. Reconheça e agradeça o trabalho árduo que a equipe fez para salvar o dia, mas não a coloque na posição em que a expectativa por esforços heroicos seja a norma. Poupe tais esforços para cenários imprevistos e imprevisíveis, que todos nós sabemos que volta e meia acabam surgindo.

Seja como for, a equipe fracassa, embora não por culpa dela, mas sim de quem definiu as metas. Se você não tiver uma ideia honesta do nível de prontidão de sua equipe, não poderá definir metas razoáveis.

Infelizmente, o que em geral acontece é que as pessoas pensam em prontidão *depois* que um projeto ou evento importante aconteceu, quando estão investigando por que a equipe não atendeu às expectativas. Na análise pós-ação ou *post mortem* – presumindo-se que haja um –, muitas vezes os líderes se surpreendem com a falta de preparo da equipe em corresponder às expectativas.

Sabe quem geralmente não se surpreende? A equipe. **A maioria das equipes sabe exatamente até que ponto está pronta, mesmo que não tenha espaço nem linguagem para expressar isso.**

Um ponto simples de partida ao pensar em prontidão é analisar a competência (Sabemos como proceder?) e a capacidade (Temos "largura de banda" para isso?) de sua equipe. Mas isso é só uma parte da história. Muitas equipes com *know-how* e "largura de banda" não conseguem, mesmo assim, executar o trabalho. Elas também precisam de hábitos que permitam aplicar o *know-how* e a "largura de banda" *juntos*.

Concentrar-se na melhoria dos hábitos de uma equipe é um dos meios mais rápidos de se obter níveis mais altos de prontidão; aprimorar a capacidade e a competência leva mais tempo. Em relação à capacidade, é preciso tirar pessoas de projetos ou contratar novo pessoal. Quanto à competência, é preciso tempo e prática. Contudo, o aprimoramento dos hábitos de equipe poderá liberar de imediato a capacidade, ao tirar do caminho as impressoras quebradas e prever as melancias com banha, que dificultam o trabalho além do necessário. Isso também vai aumentar a competência, ao criar oportunidades de aprendizado para as pessoas praticarem suas habilidades.

O restante deste capítulo o ajudará a criar hábitos de equipe que vão aprimorar, com constância, a definição de metas e os hábitos de priorização da equipe, mas outra faceta importante da prontidão é o senso de pertencimento, sobre o qual falamos no Capítulo 3. Equipes com um senso mais sólido de pertencimento são mais unidas e mais bem preparadas. Elas também se sentem mais à vontade para dizer: "Ei, não sei se nossa equipe está pronta para isso", o que possibilita definir melhor as metas.

Até que ponto sua equipe está pronta? Você encontrará mais informações, em inglês, e uma avaliação de prontidão em teamhabitsbook.com/resources.

□□□ CONTEXTO

CONE DA INCERTEZA + ETAPAS DE TUCKMAN DE DESENVOLVIMENTO DE EQUIPES

Dispor duas estruturas em camadas pode ajudar a explicar como bons hábitos de definição de metas de uma equipe vão impactar o desempenho dela ao longo do tempo.

Cone da Incerteza: em geral, a quantidade de coisas desconhecidas em um projeto diminui com o tempo, o que significa que a margem de erro da tomada de decisões e da definição de metas e priorização fica menor quanto mais você se aproxima do fim. Quanto mais você aprende sobre um projeto, mais o compreende e mais realistas as metas se tornam.

Etapas de Tuckman de Desenvolvimento de Equipes: as equipes passam por quatro etapas de desenvolvimento em seu ciclo de vida: formação, confrontação, normalização e desempenho (ver quadro do Capítulo 3).

Quando se coloca o modelo de Tuckman sobre o Cone da Incerteza, pode-se ver por que as equipes se saem melhor conforme mais tempo se mantêm em um projeto. Elas desenvolvem uma base muito mais sólida de conhecimento, contexto, padrão de acordos e expectativas ao longo do tempo, o que lhes permite definir (e atingir) metas mais inteligentes.

continua

Esse conceito é útil para colaboradores individuais, gerentes e executivos entenderem por que acontecem tantos erros, passos em falso e confusões – sobretudo nas fases iniciais de um projeto, quando as coisas são mais incertas. Elas vão melhorar se você prosseguir com firmeza. Por outro lado, sempre que você muda equipes, planos, metas ou expectativas, dá início a um novo Cone da Incerteza.

Mudar metas e expectativas no meio do caminho é um incômodo e tanto, quer você seja um líder que define metas anuais, um gerente com a demanda de metas mensais ou um colaborador individual, que precisa trabalhar com metas semanais ou diárias. Sobrepor esses modelos de estrutura mostra por que a melhor prática geral é se manter no objetivo e nos resultados-chave com os quais você começou por todo o ciclo, mesmo que – e sobretudo se – você estiver errado. É melhor perceber uma meta errada em um trimestre e aprender com ela do que mudar alvos ou metas no meio do caminho. Parece um contrassenso, mas é eficaz.

ESCOLHA METAS *PULL*, NÃO METAS *PUSH*

A maioria de nós tem muita coisa para fazer, ou seja, todos os dias encaramos a questão do que priorizar, o que deixar em banho-maria e o que não fazer e ponto-final. Se fôssemos criaturas cem por cento racionais, que fizessem escolhas cem por cento racionais, escolheríamos as metas de impacto mais estratégico ou que fizessem mais sentido racional.

Acontece que, na verdade, somos seres de carne e osso que escolhem metas e tarefas com base em uma série de fatores não racionais. Nosso processo de tomada de decisões envolve fatores externos, por exemplo, a maneira como seremos recompensados ou punidos, e também elementos emocionais, como o que é mais fácil ou mais divertido. Além disso, decidimos levando em conta fatores como o que vai compensar mais, em razão do desafio envolvido ou porque está mais vinculado a nosso propósito e paixão.

Sim, todos estamos nessa para trabalhar. O desejo de continuar empregado e receber o ordenado é um excelente fator de motivação. Mas trabalho não precisa ser apenas uma palavra de oito letras. Ele pode ser prazeroso, gratificante e enriquecedor, quando compreendemos os componentes emocionais relacionados a como as metas são levadas adiante. Quanto mais tentamos deixar de lado nossa natureza humana irracional, mais difícil será para a equipe se alinhar às metas e fazê-las avançar.

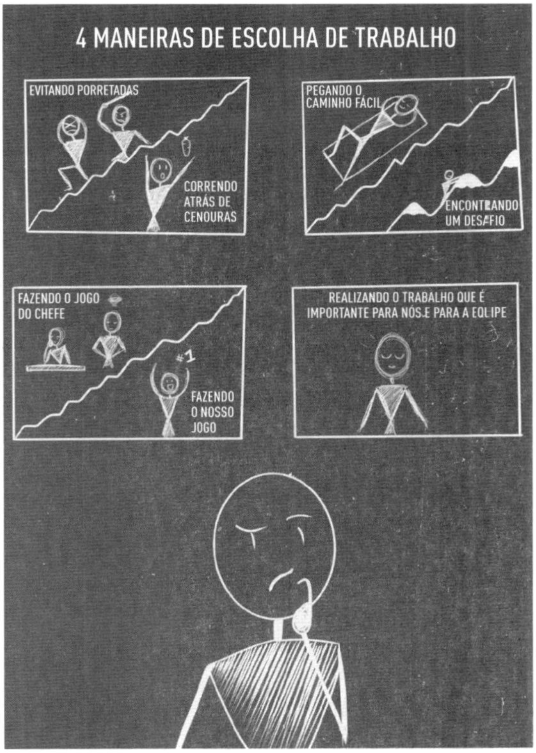

Evitando porretadas ou correndo atrás de cenouras

A dor pode ser um fator potente de motivação, mas é difícil motivar pessoas pela dor e pelo medo no longo prazo. E acaba que a dor não gera o melhor ambiente de trabalho criativo ou o melhor moral. Ela não cria um excelente senso de pertencimento, e, como já abordamos, um senso sólido de pertencimento é a chave para bons hábitos de equipe em todas as outras categorias.

A recompensa também pode ser um belo fator de motivação, e a maioria concorda que a cenoura é melhor que o porrete. Porém, cenouras tendem a criar incentivos perversos, porque as pessoas mudarão os hábitos de equipe e cenários só para vencer – às vezes com maldade, outras, não – o jogo à sua frente.

Observação: a relação distorcida com pessoas que se motivam por recompensas é um dos desafios das *startups*, nas quais muitas vezes se constrói uma cultura de recompensa ao redor de pessoas que atingem metas cujo proveito a empresa às vezes nem chega a tirar, por não durarem muito. O medo do fracasso e a esperança da recompensa que pode vir ou não acaba afastando as pessoas.

Em *Drive: The Surprising Truth about What Motivates Us* (*Motivação 3.0 – Drive: A Surpreendente Verdade sobre o Que Realmente nos Motiva*), Daniel Pink explora a fundo os problemas das motivações extrínsecas, como porretes e cenouras.[1] Tarefas complexas, conceituais ou criativas em particular podem perecer quando a motivação é apenas evitar a dor ou ganhar alguma coisa.

Pegando o caminho fácil ou encontrando um desafio

Outra tendência humana comum é escolher priorizar o que é fácil. Só queremos cumprir o expediente e voltar para casa. Encontrar um atalho e um local de descanso é o mais racional ou sensato a se fazer – diante de um dia atribulado, temos de escolher o que é bom para nós, afinal.

Somos contratados para facilitar nossa própria vida. *E*, ainda que seja um contrassenso, também podemos nos dar conta de que metas mais desafiadoras são mais atraentes. Em uma competição entre uma meta fácil e outra ambiciosa, uma equipe com senso de pertencimento e desempenho altos pode tender a escolher a segunda opção. Equipes assim conhecem a recompensa de enfrentar um desafio e sabem que vale a pena o risco de ficar aquém dele.

Muitas vezes, é esse o caso de organizações em que a inovação é recompensada e cultivada. Já em organizações e equipes nas quais se privilegiam sucessos e finalizações em detrimento de metas mais ousadas, as equipes tendem a enveredar para a meta mais fácil.

Outro exemplo é quando estamos tentando dominar um assunto; mesmo quando chegamos à parte do trabalho não tão divertida ou fácil quanto no início do projeto, a recompensa do domínio é fator potente de motivação. Daniel Pink elege isso em seu livro *Motivação 3.0 – Drive* como fator-chave para a motivação intrínseca, ao lado de autonomia e propósito.

Fazendo o jogo do chefe ou fazendo o nosso jogo

Outra escolha simples que tendemos a fazer é preferir o divertido ao não divertido. Quando todos os outros fatores são iguais, muitas vezes escolhemos uma meta que pareça divertida, em detrimento de outra que pareça tediosa.

É aqui que a gamificação entra como um fator providencial de motivação. Nós, humanos, somos notavelmente bons em criar jogos, mesmo que sejam tão simples quanto identificar placas de outros estados ao viajarmos de carro. Não há pontuação ou recompensa externa, mas ainda assim temos rompantes de dopamina a cada nova placa encontrada depois que decidimos começar a jogar.

No trabalho, usamos símbolos, ícones de conquistas, certificados, emblemas e competições internas para gamificar nosso emprego. Contudo, nem sempre levamos em conta se o jogo que incentivamos as equipes a jogar está alinhado às metas empresariais, ou se elas querem jogá-lo. Por exemplo, se você está fazendo uma competição de *design* e a equipe realmente quer vencer, ela vai tornar essa competição uma prioridade. Mas, se o pessoal foi inscrito sem ser consultado, será só mais uma tarefa em uma lista. E, se acabar sendo uma distração de metas mais importantes, você terá dado um tiro no próprio pé, incentivando-os a jogar em vez de permanecer concentrados em outro trabalho.

Realizando o trabalho que é importante para nós e para a equipe

Segundo a hierarquia das necessidades de Maslow, dada a escolha entre a mera sobrevivência e a autorrealização, as pessoas tenderiam para a sobrevivência. Esse conceito se vê em apuros para explicar escolhas óbvias de autorrealização que trazem riscos à nossa sobrevivência, como se tornar um militar ou um bombeiro. Ele também não explica por que as pessoas optam por trabalhar até terem um *burnout* ou uma doença, a fim de serem boas competidoras. No entanto, a realidade é que as pessoas escolhem o tempo todo fazer coisas que colocam em risco seu bem-estar, por motivos de autorrealização, propósito e senso pertencimento.

Queremos realizar trabalhos que tenham significado. Queremos saber que cada *widget* elaborado, planilha preenchida ou queixa de cliente resolvida estão fazendo a diferença. Se soubermos que estão, teremos mais propensão a querer nos dedicar a metas. Senão, encontraremos algo mais divertido, mais fácil ou, ainda, que nos dê mais incentivo.

Isso pode significar realizar trabalhos alinhados com os próprios valores ou os da organização, ou algo que melhore a vida da equipe em geral. (Observação: essa é a motivação com maior probabilidade de ajudá-lo a fazer o trabalho de mudança de hábitos de equipe.)

Cada equipe e cada indivíduo têm um conjunto inerente de motivações quando se trata de escolher quais metas levar adiante. De posse desse entendimento, você conseguirá acessar o poderoso hábito de equipe de criar metas *pull*.

Metas *pull versus* metas *push*

Saber como as pessoas fazem escolhas pode ajudá-lo a pensar em metas extrinsecamente mais motivadoras que outras. Mas nem toda meta empresarial será compensadora, fácil e divertida. É por isso que é importante entender o que (em específico) motiva, de forma intrínseca, você e sua equipe, e criar metas que ativem esses fatores.

Metas push requerem mais esforço motivacional para manter as pessoas em ação

Se você se pega tendo de lembrar as pessoas sobre o que está fazendo e por quê, provavelmente a meta é *push*. A equipe não está inerentemente motivada a fazer as coisas por conta própria. Com frequência, ela realiza o mínimo exigido, ou porque não entende a importância do que está sendo feito ou por desejar ticar uma lista para voltar ao que realmente quer fazer.

Metas pull requerem menos gestão, porque as pessoas estão mais inerentemente inclinadas a cumpri-las

Quando a situação se complica, as pessoas persistem, porque há um senso de pertencimento e propósito por trás daquilo em que estão trabalhando. Metas *pull* também tendem a criar mais colaboração e cooperação entre o grupo.

É a diferença entre preencher o famigerado relatório semanal, o qual você sempre precisa lembrar à equipe de enviar às sextas-feiras, e o desafio ou problema que a equipe aparece para enfrentar a cada manhã.

Em geral, não é preciso muito esforço para transformar uma meta *push* em uma meta *pull*. Seguem alguns exemplos dessa conversão.

Considere as metas de receita, por exemplo. Líderes seniores querem ver mais aumento de receita, portanto, muitas vezes, impõem metas de receita às equipes, embora, para a maioria das pessoas, ganhar mais dinheiro para a empresa não seja uma meta inerentemente motivadora.

O que *pode* ser inerentemente motivador é converter essa meta de receita no número de pessoas atendidas ou auxiliadas. Se eu trabalhasse na Disneylândia, não me importaria com a quantidade de dólares das vendas de ingressos. Em vez disso, pensaria na icônica experiência de verão desta ou daquela família. Famílias que ficam nas filas guardaram dinheiro para custear os ingressos, o quarto de hotel e os voos – tudo isso para que os filhos tivessem uma experiência que acontece praticamente uma vez na vida. Como funcionário da Disney, talvez eu não ficasse motivado pela quantidade de dólares representada pelo número de famílias às quais vendi ingressos a cada dia. Mas eu me importaria, isso sim, em proporcionar a cada uma delas uma experiência maravilhosa.

Como outro exemplo, vamos supor que meu trabalho seja criar *widgets* de segurança. A quantidade de unidades talvez não seja inerentemente motivadora em si, mas, quando a reformulo e penso que cada unidade produzida representa uma possível vida salva, esse é um fator poderoso de motivação.

Qualquer que seja seu cargo na organização, seu trabalho afeta as pessoas ao redor. Talvez você não dê a mínima para o valor abstrato da célula C17 da planilha preenchida a cada semana, mas se importe bastante com o fato de que a tal célula vai resultar no bônus que sua equipe ganhará. Mesmo que esteja em uma posição em que o bônus não é grande coisa, ele pode significar muito para o colega que acabou de ter um filho, que cuida do pai ou da mãe doentes, ou que está poupando para a viagem à Disney que ele nunca fez quando criança.

USANDO A CABEÇA

CONVERTA METAS *PUSH* EM METAS *PULL*

- Se você é um líder sênior, entenda as motivações intrínsecas de suas equipes e crie metas que estejam alinhadas com essas motivações. Para isso, é preciso conhecer as equipes bem o suficiente para compreender o que as motiva, garantindo que cada iniciativa estratégica e submeta estejam alinhadas aos valores da empresa.
- Se você é um gerente pleno, provavelmente está encurralado entre os líderes seniores, que querem concretizar grandes iniciativas estratégicas, e a equipe, atolada por outros trabalhos. Sua tarefa é fazer uma interpretação de cima para baixo, a fim de garantir que todos estejam falando a mesma língua. Se sua equipe tem metas *pull* que a deixam empolgada, talvez você precise converter essas metas para coisas que sejam importantes aos líderes seniores. Se for o contrário, com líderes seniores tendo grandes metas empresariais estratégicas que não se sintonizam com seu time, talvez seja necessário converter a situação em um jogo que inspire a equipe.
- Se você é colaborador individual e tem certa empatia por seus líderes ou gerentes de equipe, provavelmente vai perceber que líderes e gerentes seniores muitas vezes não têm tempo – ou não sabem o bastante sobre o que o motiva – para criar boas metas *pull* para você. Isso não quer dizer que você não possa converter uma meta *push* nos próprios indicadores *pull*. Você não precisa esperar pelos líderes e gerentes seniores; é possível acrescentar um pouco mais de sentido, propósito e valor em uma meta empresarial comum para se sentir mais animado – e também animar a equipe.

TRANSFORME METAS EM PRIORIDADES: O CUSTO TEAM DE CADA META

De nada vale a força de uma meta *pull* se ela não tiver os recursos para se tornar prioridade. Todo projeto tem quatro custos: tempo, energia, atenção e montante em dinheiro (TEAM). Se atingir uma meta for prioridade de fato, isso se refletirá nas agendas da equipe e individuais (tempo), no foco (energia e atenção) e no orçamento (montante em dinheiro).

Tempo: nossos horários definem prioridades

Quando passei a orientar executivos e equipes sobre dar andamento às metas das organizações, comecei analisando as pessoas que faziam parte das equipes. Hoje em dia, começo analisando o calendário delas.

Mahatma Gandhi já dizia: "Não são só palavras. Ações expressam prioridades". No trabalho, os horários impulsionam nossas ações todos os dias. Querendo ou não, os horários são as prioridades das pessoas, e, **se você realmente quer que uma equipe faça uma meta progredir, ela precisa ter espaço no calendário**.

O que está na sua agenda define o que você será capaz de levar adiante, mas muita gente não tem cem por cento de liberdade na escolha do conteúdo dessa agenda.

Por que isso é importante? Muitos líderes consideram atingir uma meta uma escolha individual: ou eles decidiram se concentrar nela, ou não. No entanto, quanto menos autonomia de horários uma pessoa tiver, menos autonomia de metas ela terá. A configuração dos horários de alguém é adequada para essa pessoa conseguir escolher as metas que mais importam? Ou a expectativa é que ela lide com problemas bem grandes com o tempo que resta entre as reuniões, que transformaram sua agenda em um queijo suíço inadministrável?

Infelizmente, não importando seu lugar na hierarquia, é provável que seja obrigado a fazer avançar metas grandes no que resta do seu tempo ou levar trabalho para casa, a fim de se concentrar nele à noite e nos fins de semana, quando você tem autonomia de horários. Embora isso possa parecer grande coisa do ponto de vista do patrão, não é grande coisa do ponto de vista do funcionário, seus familiares ou comunidade.

Aliás, dar a alguém mais controle sobre seus horários não é só importante para sua habilidade de realizar metas organizacionais e da equipe; também é uma das melhores maneiras indiretas de criar senso de pertencimento, além de promover felicidade e melhorar o moral.

Dias sem reunião

Uma forma de dar a toda equipe o tempo de que ela precisa para se concentrar em prioridades é reservar um intervalo de tempo na agenda de todos os integrantes designado como "sem reunião".

Na Productive Flourishing, não fazemos nenhuma reunião às quintas-feiras – reunião, nesse caso, significa mais de duas pessoas conversando em um horário marcado. Agora, se estou trabalhando em algo e você está trabalhando na mesma coisa, e precisamos de um bate-papo de quinze minutos para falar sobre ela, isso conta como reunião? Não em termos técnicos, mas, por força de regulamentação, ainda assim limitamos esse tipo de conversa às quintas-feiras. Quinze minutos aqui e ali ao longo do dia dão no mesmo que passar o dia todo preso em reuniões.

O resultado é que, em essência, damos a toda a equipe um dia na semana para se concentrar, o que nos permite trabalhar nas prioridades máximas e dar andamento a elas até a finalização. Você pode escolher qualquer dia da semana para não agendar nenhuma reunião, dependendo do que fizer mais sentido para a equipe.

Energia e atenção: quem está com o chapéu verde?

Às vezes, a equipe inteira vai trabalhar em conjunto para dar conta de uma prioridade. Outras vezes – sobretudo durante eventos de alta prioridade, como o lançamento de um produto –, vale dar o chapéu verde a quem estiver correndo com a bola na mão.

Vi essa expressão em Seth Godin, que originalmente (em algum momento antes de 2016) usava a imagem de um chapéu vermelho.[2] Hoje em dia, chapéus vermelhos têm uma conotação pejorativa;* então, a cor foi adaptada. A questão não é a cor do chapéu ou se ele de fato existe. A questão é que, às vezes, é preciso perguntar: "De que maneira nós, como equipe, apoiamos essa pessoa e abrimos caminho para ela poder dar o seu melhor?"

Na área militar, se nos referimos a uma unidade como o esforço principal (ou dizemos que ela tem prioridade de esforços), todo mundo sabe que essa unidade vai obter tudo de que precisa, e o trabalho dos demais é apoiá-la. Se estiver fazendo uma cabeça de praia,** a equipe responsável por liberar a praia tem maior prioridade porque, se isso falhar, o restante da missão degringola. Muitos times esportivos têm maneiras similares de indicar quem tem o esforço primário – em geral, a pessoa com a bola.

Em um escritório, quando um colega está com o chapéu verde, o restante da equipe deve lhe dar espaço na agenda. Se surgir uma reunião, pergunte mais de uma vez se a pessoa com o chapéu verde realmente precisa comparecer. Se tiver perguntas ou precisar de ajuda, pense duas vezes antes de perturbar a pessoa com o chapéu verde.

Como dar a alguém o chapéu verde?

Avise

Durante o processo de planejamento e reuniões, inclua um *prompt* para perguntar quem está fazendo o esforço principal em cada fase de um projeto. Depois, crie um hábito diário que indique quem está com o chapéu verde naquele dia. Por exemplo, quando a pessoa com o chapéu verde entra no escritório ou faz *check-in* virtual, ela pode fazer um lembrete rápido ao restante da equipe.

---

* Em inglês, *red hat* é uma expressão que designa a posição ocupada por cardeais na Igreja católica. Na gíria, refere-se a oficiais superiores do exército. (N. da T.)

** Linha temporária traçada quando uma unidade militar chega a uma praia por mar e começa a defender o local enquanto aguarda reforços. (N. da T.)

Aproprie-se

Quando você está com o chapéu verde, não precisa pedir permissão para se livrar das coisas. Se for um soldado de guarda e for chamado para uma reunião, não precisa perguntar se está tudo bem ficar de guarda. Você fica no posto até ser liberado. Da mesma forma, deve ficar com o chapéu verde até finalizar sua parte – priorização é isso. Se o pessoal não pode esperar a pessoa com o chapéu verde terminar seu trabalho de alta prioridade antes de chamá-la para uma reunião, a equipe está apenas revivendo a tirania das urgências.

Indique o ponto de transferência

Crie limites de tempo ou marcos em torno do chapéu verde. Um integrante da equipe deve ficar com o chapéu verde por um tempo limitado ou até atingir um marco em que possa entregá-lo à próxima pessoa.

Comunique os progressos

Peça à pessoa que estiver usando o chapéu verde que comunique tudo o que ela conseguiu realizar por ter obtido uma brecha no trabalho. Isso reafirma o valor do chapéu verde como hábito de equipe, permitindo à pessoa que o usou reconhecer que o restante da equipe cobriu turnos para ela.

Por fim: isso dá a toda a equipe visibilidade em relação ao *status quo* do chapéu verde. Introduz-se assim a ideia de que talvez possamos mudar a maneira como trabalhamos em grupo, para que mais gente possa se concentrar no trabalho de alta prioridade. Talvez seja possível dar à equipe inteira o chapéu verde, de vez em quando.

Manifeste os multiplicadores de força

Gostaria de reconhecer que, muitas vezes, mulheres e pessoas não brancas têm uma relação diferente com o uso do chapéu verde em comparação com homens brancos. Nossa sociedade é construída de tal modo que a prioridade seja dada aos homens brancos; portanto, pode ser incrivelmente energizante e empoderador mulheres e pessoas não brancas usarem o chapéu verde.

Mas também pode ser uma curva de aprendizado se você não está acostumado a dizer não quando outras pessoas pedem ajuda. Alguns integrantes da equipe se sentem menos à vontade que outros para mergulhar fundo no apoio que o time pode oferecer. Alguns integrantes vão se beneficiar de hábitos melhores de equipe relacionados a senso de pertencimento, de modo a acreditar que não serão diminuídos nem censurados por pedir o apoio de que precisam quando estão realizando o esforço principal.

Raça e gênero à parte, algumas pessoas podem ter dificuldade para usar o chapéu verde porque adoram bancar o multiplicador de forças e capacitador de uma equipe. Esse pessoal coadjuvante é maravilhoso, mas nossa sociedade e culturas de trabalho em geral não os recompensam tão bem quanto recompensam os heróis. Enquanto o chapéu verde pode ser uma ferramenta útil para fazer as prioridades avançarem, sua própria existência deve ser um lembrete de que se trata de um esforço de equipe.

Preste atenção aos seus astros e não deixe de agradecer-lhes pela contribuição – depois, peça a eles que saiam de cena a fim de que você possa perceber como os demais contribuíram para fazer aquilo tudo acontecer. Raramente o astro é algum tipo de alienígena sobre-humano que faz tudo sozinho. Em geral, há quatro ou cinco outros heróis anônimos que se reuniram para atingir a meta.

Dinheiro: qual é o orçamento para isto?

A última pergunta que você precisa se habituar a fazer quando o assunto são as novas prioridades organizacionais ou da equipe é: "Estamos gerando um novo orçamento para isso?" Se a resposta for sim, a meta se torna uma prioridade real. Porém, se não estiver disposto a liberar um orçamento para fazê-la acontecer, não está disposto a priorizar essa meta.

Gerar um novo orçamento não significa necessariamente adicionar fundos e recursos para apoiar a nova prioridade. Contudo pode significar remover alguma tarefa de alguém para realocar um orçamento já existente.

Em uma equipe, qualquer mudança de atividade custa dinheiro. Pedir tempo na agenda de alguém é funcionalmente equivalente a alocar fundos para qualquer coisa que esteja se transformando em prioridade naquele momento. Se você não tem nenhuma intenção de gerar um orçamento adicional para um projeto a respeito do qual já houve várias reuniões, na prática você já gastou bastante dinheiro no projeto só em custos de reunião.

Quando menciono isso para os clientes, não raro eles têm um momento "Arrá!", logo seguindo de frustração. Todas as reuniões que fizeram sobre guardar dinheiro ou realizar o projeto com um valor baixo – sobretudo em uma empresa pequena ou organização sem fins lucrativos – custaram-lhes, na verdade, muito mais dinheiro do que se tivessem apenas custeado o apoio de que necessitavam desde o começo.

Esse cenário é fácil de apontar, porém, no dia a dia, é muito fácil de ser negligenciado, em especial se não é você que assina a conta. Mas reuniões custam dinheiro. *E-mails* custam dinheiro. Relatórios de especificação do procedimento de testes custam dinheiro. **Se não estiver disposto a gerar orçamento para seu projeto, não está realmente disposto a vê-lo progredir.** Então, pare de fazer reuniões sobre ele, pare de escrever sobre ele e pare de falar sobre ele, pois está apenas gastando dinheiro com uma meta a que não quer dar continuidade.

Vamos a um exemplo: uma integrante da equipe ficou encarregada de fazer pesquisas para o nosso conteúdo. Ela estava reunindo várias ferramentas gratuitas e, por fim, solicitou uma reunião com objetivo de conversar sobre um *upgrade* para uma conta paga que lhe pouparia várias horas por mês.

Acontece que a tal ferramenta custava $99 por ano, muito menos do que eu pagava pelo tempo dela todo mês. Da perspectiva dessa integrante, fazia sentido gastar mais tempo do que solicitar um orçamento. Da minha perspectiva, eu só tinha pessoas incríveis na equipe, e eles tinham muito tempo, energia e atenção à sua disposição. É relativamente fácil fazer outros $100 por ano. É muito mais difícil escarafunchar mais horas no dia.

É mais difícil perguntar sobre o orçamento quando você está nos degraus de baixo na escada corporativa, mas construir um hábito regular de equipe de análise dos custos TEAM de metas e projetos dá a todos a linguagem e as ferramentas necessárias para garantir que cada equipe possa dar real prioridade às metas que lhe foram definidas.

USANDO A CABEÇA

TRANSFORME METAS EM PRIORIDADES

- Defina o custo TEAM para cada meta:
  1. Onde ficará essa meta na agenda da equipe? Quais dias e blocos de foco (ver Capítulo 10) serão usados para haver progresso em relação a esse esforço?
  2. Quem ficará com o esforço principal cuando um integrante da equipe estiver com o chapéu verde? Como, especificamente, a equipe abrirá caminho para apoiar o trabalho desse integrante?
  3. Qual é o orçamento para esse projeto? Lembre-se de incluir nele os recursos necessários e o tempo da equipe.
- O que você poderia modificar na agenda da equipe para dar o chapéu verde a todos durante uma tarde ou mesmo um dia inteiro?

ABRA ESPAÇO PARA FALHAS

Muitas organizações, explícita ou implicitamente, têm tolerância zero a políticas de falha. Na teoria, isso pode parecer que sua taxa de sucesso nas metas será mais elevada que a de outras organizações – mas, na realidade, significa que a organização terá mais dificuldade para atingir sucessos *verdadeiros*.

Por quê? Porque as pessoas aprenderão depressa que é melhor proteger a meta delas escolhendo uma fácil, algo que possam atingir. Isso as impede de se meterem em encrenca, mas comumente a proteção é uma estratégia de enfrentamento individual e em equipe quando a organização não incentiva o crescimento – e o insucesso que poderá vir com ele.

Quando a equipe tenta coisas grandes, haverá alguns descuidos. Haverá melancias com banha, ou momentos em que o projeto é abandonado durante o *handoff*. Se sua única meta como gerente, líder ou colega de equipe é evitar o insucesso, as pessoas do time compensarão esse fato escolhendo metas nas quais sabem que terão zero chance de insucesso.

Elas não vão inovar. Não arriscarão nada. Não tentarão nada novo – e, como resultado, você não atingirá os verdadeiros sucessos que transformarão a equipe e a organização na versão que elas precisam se tornar no ano seguinte. Em vez disso, o que vai conseguir é o gerenciamento de equipe conforme competências e prioridades do ano anterior.

Essa filosofia se mostra no modo como a organização incentiva o desempenho das pessoas. Os gerentes são incentivados a obter mais lucro cortando despesas da equipe em vez de aumentar sua proposta de valor? As pessoas são recompensadas por se manterem no seu lado da faixa e punidas quando contribuem com novas ideias?

Quando a gerência ou a organização incentivam metas seguras porque não há espaço para insucessos, a equipe vai sobreviver. Alguns indivíduos ficarão na equipe. Mas ela – e a organização – não terá um alto desempenho.

No livro *Competing for the Future* (*Competindo pelo Futuro*), Gary Hamel e C. K. Prahalad[3] defendem a ideia de que, se seu único foco é gerir o denominador – mantendo as coisas rígidas e enxutas –, seu negócio não será competitivo. Para a maioria das equipes, é muito difícil gerir o denominador e aumentar o numerador ao mesmo tempo. E, infelizmente, da mesma forma que certas organizações incentivam metas mais baixas e seguras, também estimulam o conservadorismo quando se trata de gerir o denominador em vez de aumentar o numerador.

Isso inclui o modo como as organizações investem no melhor pessoal e o retêm. Se um colega de equipe faz uma reunião com o gerente para conversar sobre seu futuro na organização com uma política de insucesso zero, ele vai traçar uma carreira que não o levará longe. Ele não assumirá os tipos de metas e funções que o farão evoluir, e não buscará o aprendizado que vai ajudá-lo a cultivar suas habilidades e se tornar o líder que a organização precisa que ele seja.

USANDO A CABEÇA

ABRA ESPAÇO PARA FALHAS

- Como sua equipe ou organização lidam com o insucesso? O que deveria ser modificado na estrutura de incentivo às metas a fim de dar mais espaço para as pessoas contribuírem com novas ideias, assumirem riscos inteligentes e tentarem coisas novas?

PONTOS PRINCIPAIS DO CAPÍTULO 5

- Entender até que ponto sua equipe está pronta para atender a certas metas é a chave para definir metas que ela possa realizar de fato.
- Concentrar-se no aprimoramento de hábitos de equipe é um dos caminhos mais rápidos para se atingir um nível mais alto de prontidão.

continua

- Seres humanos escolhem quais metas levar adiante com base em fatores não racionais, entre eles, dor, recompensa, facilidade, gamificação e valores.
- Transforme metas *push* (motivações externas) em metas *pull* (motivações internas) sempre que possível.
- Priorizar uma meta requer alocar custos TEAM (tempo, energia, atenção e montante em dinheiro).
- Se você não reservou espaço para insucessos, nunca vai criar espaço para sua equipe atingir o sucesso real.

SEIS

PLANEJAMENTO

O planejamento define o local específico em que você quer estar e como pretende chegar lá. É uma responsabilidade, não uma técnica.

— Frances Hesselbein

No episódio de *South Park* "Gnomos",[1] os gnomos do título revelam um plano de negócios que consiste em Fase 1: Reunir roupas de baixo; Fase 2: ?; Fase 3: Lucros. Em *Start Finishing*, chamo esse ponto de interrogação da Fase 2 de "sanduíche de ar", termo que adaptei de Nilofer Merchant. E, muitas vezes, quando sou contratado para ajudar uma empresa a descobrir por que as coisas não estão funcionando, descubro que é porque há um problema de planejamento.

Se os capítulos anteriores sobre tomada de decisões e definição de metas e priorização foram dedicados a responder às perguntas "Onde estamos e aonde estamos tentando ir?", o planejamento se dedica a responder à pergunta "Como chegaremos lá?"

No entanto, para muitas organizações, o planejamento (e a comunicação, que abordaremos no próximo capítulo) é só um grande ponto de interrogação. Ele se torna o sanduíche de ar entre a estratégia e a execução. Mas você precisa ter um plano. Precisa comunicar esse plano. E dar continuidade a esse plano para fazê-lo avançar.

No restante deste capítulo, vamos nos aprofundar nos hábitos de equipe que transformam planejamentos ruins em ótimos. Mas primeiro vamos abordar a objeção que até já consigo ouvir você fazendo: "Isso é maravilhoso, Charlie, mas sou apenas um colaborador individual. Não sou eu quem deve elaborar o planejamento".

Se é esse o caso, a primeira mudança de hábito de equipe que você precisa fazer é entender que **o planejamento é tarefa de todos**.

FAÇA DO PLANEJAMENTO UMA TAREFA DE TODOS

Quando você tem um ótimo plano, ele é invisível. A equipe inteira fala a mesma língua, ninguém se sente confuso e tudo funciona, simples assim. Um ótimo planejamento é aquele que vai *ao encontro da* equipe, e não *de encontro a* ela.

E é essa parte que torna o planejamento tão complicado. É bem fácil saber que há um problema de planejamento quando as coisas dão errado, mas o mero fato de ter uma equipe de alto desempenho – um time que está apenas seguindo a onda de um planejamento incrível – não significa que ela tenha bons hábitos de equipe de planejamento.

Muito provavelmente, significa que há um ótimo planejador nos bastidores fazendo um trabalho fantástico de estratégia e comunicação. Não raro, essa pessoa, sozinha, está definindo toda a base para a equipe fazer um excelente trabalho em grupo, e o restante dos integrantes não percebe que a chave para um planejamento bem-sucedido está atrelada a uma única função, até que seja tarde demais.

Você não quer um único ponto sujeito a falhas em uma equipe. Se construiu o hábito de uma única pessoa ser boa em planejamentos, inevitavelmente ela vai precisar de uma pausa. Essa pessoa será requisitada para outras tarefas. Provavelmente ela tem mais trabalho além das tarefas de planejamento. É por isso que, tanto quanto possível, o planejamento deve ser uma função central distribuída na equipe.

Em empresas menores, o planejador costuma ser o fundador – e a Productive Flourishing não é exceção. Sou muito bom em planejamento, e fui treinado para isso desde minhas funções mais antigas. Quando estou na sala com a equipe, os planos são elaborados mais depressa. Eles ficam mais coesos. Mas, em prol da equipe, não queremos que apenas o Charlie saiba como planejar.

Para evitar isso, tornamos o planejamento uma habilidade central na companhia. Em específico, treinamos cada integrante da equipe para criar a própria parte de cada planejamento, e uma das maneiras de crescer na Productive Flourishing é assumir projetos de planejamento e gestão cada vez maiores.

Quando alguém na companhia tem uma ideia, essa pessoa se encarrega de elaborar um plano por escrito para fazer a bola rolar. Eu digo: "Vamos detalhar isso. Qual é o modelo de receita? Quais recursos serão necessários para a execução? Qual é o cronograma? O que ele precisa deslocar? De quantas unidades de tempo você vai precisar para mudar para essa ideia? Qual é o custo por unidade?"

Sempre que elaboro um novo planejamento, eu o uso como oportunidade para incluir minha equipe no processo, modelar minha abordagem e lembrar aos membros da equipe que ideias não brotam do solo sem um plano. Vale a pena reservar um tempo para aprender como planejar bem e ensinar essa habilidade às outras pessoas da equipe.

USANDO A CABEÇA

ENSINE A EQUIPE INTEIRA A PLANEJAR

- Em geral, é só uma pessoa da equipe que fica responsável pelo processo de planejamento? O que pode ser feito para expandir esse processo, pedindo a cada integrante da equipe que domine a etapa de planejamento da própria parte do projeto?
- Quais *templates*, *checklists* ou recursos sua equipe pode criar para ajudar a facilitar o processo de planejamento e o ingresso de novos integrantes na prática dessa habilidade?

PLANEJAMENTO POBRE PRODUZ PERFORMANCE POBRE

Se você serviu o exército, talvez tenha ouvido falar nos "7 Ps", que, para o bem do público dos negócios, vou reduzir e chamar de 5 Ps: Planejamento Pobre Produz Performance Pobre. A frase é autoexplicativa, mas usar a cabeça é isso. Só porque sabemos que deveríamos planejar não significa que planejemos bem – ou que sequer planejemos.

Então, o que constitui um plano?

1. **Meta**. Uma meta determinada do que se está tentando atingir.
2. **Linha do tempo**. Um prazo definido durante o qual você executará o plano.
3. **Pessoas**. Uma alocação específica das pessoas *certas* para realizar o referido plano.
4. **Comprometimento**. Compromisso com compartilhar, fazer referência e atualizar o plano.

Gostaria de me ater a esse último item por alguns instantes, porque ele é crucial e, ainda assim, a etapa mais negligenciada. Você pode ter feito um trabalho muito bom de planejamento, mas não está usando o plano. É quase pior do que se não tivesse planejado nada. Eis o porquê.

Não compartilhar o plano

Um dos meus trabalhos após voltar do exterior era planejar

exercícios conjuntos de treinamento entre a Força Aérea, o Exército e alguns de nossos aliados estrangeiros. Eu comandaria equipes pelos cenários de manobras táticas – basicamente, eles teriam de entregar suprimentos em um cenário instituído por nós. Por outro lado, treinei equipes para atacar e emboscar comboios. Todo mundo se divertia – exceto os que estavam sendo emboscados nos comboios.

Isso porque nossos comandantes de comboio perdiam na maioria das vezes. Meu trabalho como treinador era lembrá-los de que eles perderiam a maior parte do tempo se não prestassem atenção a certos pontos cruciais. Dois desses pontos eram:

1. Garantir que o comandante e o comandante-assistente do comboio não estivessem no mesmo veículo.
2. Compartilhar o plano com o restante da equipe antes de prosseguir.

O problema era que levava tempo para elaborar e comunicar um plano de modo adequado, sendo inevitável que os comandantes e assistentes dos comboios se apressassem. Por uma questão de tempo, muitas vezes eles simplesmente entravam no mesmo veículo, sem ter compartilhado o plano com o restante do grupo.

Em geral, o veículo de comando era o Humvee, com duas antenas saindo do topo; claro, instruí as equipes de assalto ao comboio a procurarem por essas duas antenas. E, quando o veículo de comando era abatido em meio a esses cenários, o restante do comboio quase sempre perecia.

Por quê? O restante da unidade poderia ter recebido um esboço do plano, mas que não entrava em detalhes sobre certas questões: o que acontece quando o comandante e o comandante-assistente são retirados? Quem assume o comando? Aonde estamos indo? Qual é o objetivo? Como se lidera uma operação de recuperação?

A missão falhou porque estava operando com um plano-fantasma.

Às vezes, um ou dois integrantes da equipe se reúnem e elaboram um plano sólido, e, por estarem trabalhando muito depressa, eles se esquecem de compartilhá-lo com o restante do grupo.

Esses planos-fantasmas são uma das causas mais insidiosas de atrito e frustração nas equipes, porque as pessoas com um plano-fantasma ficam frustradas por não haver ninguém ao lado delas, e quem não está sabendo pode até perceber isso – mas não sabe o que fazer a respeito.

Ora, a maioria de nós não está em um cenário de combate ou lidando com um treinador que não dá socos. Porém, no campo de batalha de negócios do dia a dia, nossos líderes podem ser retirados do serviço quando saem de férias ou estão presos em reuniões. Você precisa garantir que o plano seja compartilhado, ou então o restante dos esforços será interrompido.

Não fazer referência ao plano

Sua equipe se reúne e define um curso de ação claro. É provável que você até o tenha registrado em algum lugar. Todos saíram da reunião com uma ideia sólida do que devem fazer a seguir. Excelente, não?

Só tem um problema. Se essa reunião foi a última vez em que conversaram sobre o plano, isso é quase tão ruim quanto nem tê-lo elaborado. Mesmo no time mais alinhado, cada integrante da equipe terá uma ideia personalizada sobre o que é o plano, e essas ideias se afastarão cada vez mais do plano original conforme o tempo passar se você não tiver, como hábito de equipe, fazer referências ao plano.

Em geral, isso acontece devido ao padrão humano da adição. No livro *Subtract: The Untapped Science of Less* [Subtração: A Inexplorada Ciência do Menos],[2] Leidy Klotz menciona que nós, seres humanos, tendemos a acrescentar coisas em vez de subtraí-las. Quando seu filho o surpreendeu resolvendo um enigma do Lego ao remover um bloco em vez de acrescentar um (como Klotz havia planejado fazer), ele começou a carregar consigo a mesma estrutura de Lego para perguntar aos colegas como eles a resolveriam. Quase todos escolhiam a solução que exigia mais blocos em vez de remover alguns deles.

Essa constatação desencadeou uma série de experimentos que reforçaram a teoria de Klotz de que humanos tendem a encontrar soluções que requerem *adicionar* algo a um projeto, mesmo quando financeiramente são incentivados a subtrair.

Uma das primeiras coisas que um grande editor ou escritor fará para escrever um artigo com mais clareza é cortar termos, frases e até parágrafos inteiros. Um escritor novato, por outro lado, muitas vezes pode pensar que precisa escrever mais para transmitir seu ponto de vista.

O mesmo acontece com planos. Se ele não está cem por cento claro para todo mundo, nossa tendência natural é resolver o problema *adicionando*. Você e eu tentaremos preencher uma lacuna, mas, se não estivermos fazendo referência ao plano original, é provável que adicionemos coisas diferentes.

O propósito de um plano não é só estarmos alinhados no início, mas nos manter nos trilhos conforme prosseguimos. Volte a mencionar o plano nas reuniões. Faça referência a ele ao agendar prazos e tarefas diárias. E, sempre que fizer essa referência, observe se você, de forma inconsciente, não adicionou uma nova restrição ou hipótese. É desnecessária? Livre-se dela. É útil? Atualize o plano.

Não atualizar o plano

Sempre que elaboramos um plano, o fazemos com as informações disponíveis no momento. Quando passamos a executá-lo, novas informações, novas limitações e novas prioridades surgirão. Se não o atualizarmos continuamente com esses novos itens, o resultado será alguns colegas de equipe trabalhando com as novas informações e suposições (que só existem na cabeça deles), e outros ainda seguindo o plano antigo.

Basicamente, você terá duas equipes diferentes trabalhando em dois conjuntos diferentes de metas, planos e resultados.

O motivo de isso ser pior do que não planejar nada é que, se você não tivesse um plano, ao menos continuaria consultando outros integrantes da equipe sobre o andamento do processo. **Ter um plano que não foi atualizado significa que todo mundo *pensa* que sabe o que está havendo, mas ninguém, na verdade, tem o panorama completo.**

Vejo muitas equipes usando o hábito de reuniões diárias para manter as pessoas falando a mesma língua. Na superfície, faz sentido começar todos os dias com um *check-in* de dez minutos para alinhar prioridades e fornecer novas informações. Na realidade, reuniões diárias podem contribuir para um mau planejamento, e por dois motivos.

Primeiro, a reunião se torna uma muleta que substitui um bom planejamento, porque se torna aceitável falar rápida e diretamente todos os dias. Reuniões-muleta, como abordaremos no Capítulo 9, são uma forma bem cara de se resolver um problema de planejamento.

Segundo, a reunião tende a produzir muitas informações novas que raramente são incorporadas ao plano original. Se todo mundo estiver presente em todas as reuniões, não será um grande problema. Mas as pessoas ficam doentes. Viajam. Têm outras prioridades que as levam a perder uma reunião, e, quando voltam ao trabalho uma semana depois e analisam o plano, não fazem a menor ideia do que está acontecendo de verdade.

USANDO A CABEÇA

FAÇA COM QUE TODOS FALEM A MESMA LÍNGUA

- Como os planos são compartilhados após a elaboração deles? Quem é responsável por comunicar o plano a todos os que precisam saber sobre ele? (Não se limite a deixar isso nas mãos de "alguém!")

continua

- O plano está anotado em um local acessível, no qual os integrantes da equipe podem buscar referências sobre ele com facilidade? Com que frequência sua equipe volta a dar uma olhada no plano? Quais mecanismos foram estabelecidos para garantir que a equipe tem feito referências ao plano?
- Qual é o processo de atualização do plano? Como atualizações do plano são comunicadas aos colegas de equipe que talvez estivessem ausentes quando foi tomada a decisão de atualizá-lo?

CRIE UMA LINHA DO TEMPO

Uma das maneiras de analisar um plano é que ele **é uma ideia ou meta situada em uma linha do tempo**. Passamos todo o capítulo anterior falando sobre como definir metas melhores, portanto, agora vamos conversar sobre linhas do tempo.

Um plano fraco pode ter uma intenção, mas sem uma linha do tempo ele não vai a lugar algum. Por outro lado, se você tiver uma linha do tempo sem nenhum senso real de intenção ou destino, nenhum integrante da equipe saberá no que está trabalhando. Ambos os lados da equação têm a mesma importância quando se trata de planejamento.

O que torna uma linha do tempo boa? Faça as seguintes perguntas a si mesmo.

Quem são os diferentes *stakeholders* que precisam ver a linha do tempo, e até que ponto é necessário que ela seja granular?

Um dos grandes desafios para as equipes – sobretudo quando se trata de múltiplos níveis – é que a linha do tempo precisa refletir horizontes e granularidade diferentes, dependendo do público.

- Líderes: trimestrais, anuais, multianuais.
- Gerentes: mensais, trimestrais.
- Colaboradores individuais: semanais, diárias.

Se você tem muitas datas e horários se acumulando em uma linha do tempo anual ou multianual, é difícil, para líderes que estão planejando nesse nível, enxergar a arquitetura geral da meta. Por outro lado, se sua intenção for muito ampla – por exemplo, apenas um prazo no fim do trimestre, sem marcos pelo caminho –, é quase impossível, para colaboradores individuais, saber se estão no caminho certo.

Uma boa linha do tempo precisa ter em mente o público e ser específica o suficiente para manter o projeto nos trilhos, sem se perder em excessos de granularidade.

A linha do tempo leva adequadamente em conta a margem de retrabalho e de folga?

Outro ponto em que os planos dão errado é quando as equipes estão trabalhando a cem por cento de sua capacidade. Imagine que você trabalha oito horas por dia. Planejar usar cada minuto dessas oito horas não lhe dá nenhuma margem de erro; não há tempo para reuniões de última hora, corrigir erros ou fazer trabalhos que levem mais tempo que o esperado. E posso garantir que tudo isso vai acontecer, não importa quanto tempo você reservou na agenda para suas tarefas.

É aí que a regra dos 85% pode ajudar: ao fazer planejamentos, preencha apenas 85% da capacidade da equipe.

Seguir essa regra significa presumir que, para cada dia de oito horas, você deve planejar no máximo sete horas de trabalho. Se algo surgir (e isso vai acontecer), a equipe terá capacidade suficiente para lidar com isso, e ainda dará sequência ao que já está fazendo.

É óbvio que, se as pessoas têm dificuldade com a regra dos 85%, é quanto a presumir que a equipe tem uma janela para trabalhar. É por isso que você precisa se fazer as perguntas a seguir.

Como a linha do tempo se relaciona com as linhas do tempo prioritárias do restante da equipe e da organização?

Seja na vida pessoal ou em equipe (onde esse efeito é ampliado), quando nos sentamos para elaborar um projeto, muitas vezes o tratamos como se fosse a única tarefa da lista. Avaliamos o tempo que levará para executá-lo sem nos lembrarmos de que esse projeto ficará no topo de todas as outras coisas que estamos fazendo.

A linha do tempo pode parecer excelente – até você pensar em todas as outras prioridades da equipe. Essas prioridades nem sempre são outros projetos grandes de estratégia. Na verdade, a maioria das equipes passa a ter problemas quando se esquece da quantidade de tarefas recorrentes na lista de cada semana e subestima a atenção que deve dar a um trabalho urgente.

Na realidade, se sua equipe é como a maior parte daquelas com que trabalhei, provavelmente ela passa de 50% a 60% do tempo em projetos recorrentes. Se um novo projeto exigirá 50% do tempo da equipe, você terá de remover da lista algumas tarefas recorrentes, para que o novo projeto não se torne outro impasse estratégico-rotineiro-urgente (tema ao qual daqui a pouco voltaremos).

Os marcos estão claros o suficiente para que a equipe saiba quando um deles está pronto?

Grandes gerentes de projeto sabem que os projetos ficam instáveis quando se tem um marco ou prazo, no entanto não está claro o que significa "pronto". Uma pessoa pode pensar que finalizou uma tarefa, mas, quando a entrega, quem recebe o bastão tem que voltar à primeira e dizer: "Sua parte ainda não está pronta".

Muitas vezes, isso tem menos a ver com a inabilidade da pessoa em executar o trabalho, e mais com a clareza quanto ao trabalho a ser feito e qual alvo precisa ser atingido.

Quais são as principais datas e marcos que precisam ser comunicados de forma explícita?

Diferentes gatilhos de comunicação devem ser inseridos na linha do tempo para manter as pessoas da equipe – e de toda a organização, se aplicável – a par do progresso. Muitas vezes, esse é o trabalho de quem está na função de coordenador da equipe, sobre o qual falaremos em mais detalhes no capítulo sobre colaboração.

Incorporar um ritmo de atualização ao plano ajuda a manter o trabalho nos trilhos e, ao mesmo tempo, reduz a carga emocional e o fardo dos principais *stakeholders* e colegas de equipe, que podem estar se perguntando o que está havendo.

Às vezes, um projeto pode acabar em um ciclo frustrante, em que a equipe passa mais tempo explicando em que pé estão as coisas do que fazendo o trabalho avançar. Quanto mais se comunicar preventivamente os marcos aos *stakeholders*, mais provável será que fiquem sozinhos fazendo o trabalho em vez de explicar em que pé ele está.

É muito difícil uma equipe reagir de forma não defensiva quando alguém pede uma atualização. Mesmo que o plano estiver nos trilhos, as pessoas sabem que o pedido foi feito porque alguém foi deixado de fora.

Minha equipe, por exemplo, sabe que, se não ouço algo sobre o projeto depois de mais ou menos duas semanas, farei perguntas a respeito dele. O pessoal não precisa fazer *check-in* todos os dias, a menos que seja um projeto de alta prioridade que necessite de lançamento. Mas, se não ouço nada há um tempo, vou perguntar, porque sei que, se me importo com a finalização do projeto, preciso colocar lenha na fogueira.

Se você diz que me dará uma resposta na sexta-feira e ainda não tive notícias na segunda-feira, ficarei preocupado. Mas, se você entrar em contato na sexta-feira e disser "aconteceu X, Y e Z, e vou enviar isso a você na segunda ou na terça-feira", então está tudo certo.

Quando se trata de linhas do tempo, muita gente desconsidera os marcos de comunicação e o ritmo que precisa ser incorporado, sem que se fique obcecado demais em acompanhar cada tarefa.

USANDO A CABEÇA

FAÇA LINHAS DO TEMPO MELHORES

- Analise como sua equipe cria e compartilha linhas do tempo fazendo estas três perguntas a si mesmo sobre a sua linha do tempo:
    1. Quem são os diferentes *stakeholders* que precisam ver a linha do tempo, e até que ponto eles precisam que ela seja granular?
    2. A linha do tempo considera adequadamente a margem de retrabalho e de folga?
    3. Como a linha do tempo se relaciona com as linhas do tempo prioritárias do restante da equipe e da organização?
    4. Os marcos estão claros o bastante a ponto de a equipe saber quando um deles está pronto?
    5. Quais são as datas e os marcos principais que precisam ser comunicados de forma explícita?
- Qual elemento precisa ser adicionado aos hábitos de linha do tempo de sua equipe e que faria diferença significativa à capacidade dela de permanecer alinhada a um projeto? Por outro lado, qual elemento importante precisa ser subtraído para ajudar a equipe a continuar alinhada ao projeto?
- Onde os planos e as linhas do tempo anteriores estão documentados, de modo que você possa revisá-los ao elaborar a próxima linha do tempo, para que ela se torne ainda melhor em captar o que precisa acontecer nesta ou naquela linha do tempo?

EVITE IMPASSES ESTRATÉGICOS--ROTINEIROS-URGENTES

Sua equipe está presa em um ciclo de impasses entre os trabalhos estratégicos, rotineiros e urgentes?

- **Trabalho estratégico:** de prazo mais longo e que catalisa um objetivo ou questão importante na organização.
- **Trabalho rotineiro:** tarefas que surgem com regularidade, como relatórios semanais.
- **Trabalho urgente:** tarefas prementes e importantes.

Impasses acontecem quando o trabalho de última hora se torna um padrão, e o estratégico cai no esquecimento. Começamos a vacilar entre fazer o que é urgente e depois lidar com o trabalho rotineiro enquanto tomamos fôlego antes que ocorra a próxima urgência. O trabalho estratégico não tem a mesma premência que os trabalhos urgente e rotineiro, ou seja, ele não deverá ser realizado, a menos que se torne urgente.

Eis algumas regras de planejamento que podem ajudar a reduzir esses impasses.

A regra do um-terço-dois-terços

A maioria das melancias com banha (veja o Capítulo 3) e esforços que exigem espírito de Dunquerque (Capítulo 5) ocorrem ou porque alguém não elaborou um plano ou porque as pessoas levaram tempo demais para criar um plano que possui excesso de detalhes e rigidez, deixando à equipe pouquíssimo tempo e flexibilidade para executá-lo de fato. Pode não parecer grande coisa, mas a adrenalina de dois a três dias que acontece quando os planos não são entregues depressa pode influenciar de duas a três semanas de trabalho.

Se você conceder tempo e flexibilidade suficientes à equipe, de modo que ela não precise criar um deslocamento total de trabalho para finalizar novos projetos, causará menos interrupções posteriores de outros projetos e de trabalhos que talvez a equipe esteja realizando, ou seja, menos impasses estratégicos-rotineiros-urgentes.

É aí que entra a Regra do Um-Terço-Dois-Terços. Segundo essa regra, é preciso passar um terço do tempo total planejando e reservar dois terços do tempo para a equipe finalizar o projeto. Se o prazo é para o fim do trimestre, por exemplo, você não deve passar mais de um mês na etapa de planejamento. Se a linha do tempo é de nove meses, não passe mais de três meses planejando.

Um dos motivos pelos quais nos apegamos aos planos por mais tempo que o necessário é que nos preocupamos com o fato de a equipe ficar frustrada se mudarmos as coisas ao longo do caminho. A maioria das pessoas preferiria mais tempo, sabendo que pode haver surpresas, do que arrancar os cabelos para fazer o trabalho aos 45 do segundo tempo.

Proporção comprometer-se:completar

A proporção comprometer-se: completar é um conceito muito simples, com resultados poderosos. Para cada projeto com que você se compromete, quantos você completa?

Digamos que sua proporção comprometer-se: completar seja 50%. Para cada novo projeto que sua equipe assume, fundamentalmente todos vocês sabem que a chance de sucesso é de 50% – o que pode baixar o moral e dificultar o comprometimento com o tempo e os recursos necessários para o planejamento.

Se sua proporção comprometer-se: completar varia de 70% a 80%, o negócio começa a ficar bom. Como equipe, entendemos que desafios podem surgir – mudança de prioridades, trabalho urgente, um ambiente Vuca e outras coisas que fogem ao nosso controle. Mas ao menos acreditamos que somos capazes de levar os projetos até o fim.

Uma proporção comprometer-se: completar de cem por cento pode parecer boa em teoria, mas na verdade é um sinal de que a equipe está com um desempenho aquém do verdadeiro nível de sua capacidade.

Conforme abordamos no capítulo sobre definição de metas, quando você só escolhe projetos que sabe que sua equipe pode realizar, não há grandes ambições. Você não faz renovações verdadeiras. Não lida a fundo com os talentos latentes do seu pessoal, ou seja, os colegas de equipe podem não se sentir plenos nem energizados pelo trabalho que *estão* fazendo.

Por outro lado, é óbvio que, se você é médico, engenheiro da Nasa, líder militar ou trabalha em áreas similares, queremos que sua taxa de sucesso seja bem perto de cem por cento. Mas, para o restante, que trabalha em cenários nos quais a vida alheia não depende de nós, o lugar ideal da proporção comprometer-se: completar é aquela faixa entre 70% e 80%. Nessa faixa, sua equipe tem confiança para lidar com trabalhos difíceis e desafiadores, e ter êxito, o que aumenta o senso de pertencimento e o vínculo, e ainda a capacidade de escolher metas mais audaciosas.

Para usar essa proporção, comece a rastrear seus compromissos reais. Recomendo rastrear projetos de uma semana de duração ou mais. Depois de um mês ou mais, analise quantos desses projetos você conseguiu levar até a linha de chegada.

Antes de compartilhar esse índice com o restante da equipe, peça a eles que o adivinhem. Não se trata de resposta certa ou errada, nem de um momento político em que se está defendendo uma posição. (Por conta disso, pode ser mais adequado que as hipóteses sejam enviadas em segredo.) Isso tem o intuito de verificar como a equipe se sente em relação à própria taxa de sucesso.

Em seguida, use sua proporção comprometer-se: completar como uma ponte para conversas de verificação real sobre quais projetos podem apresentar dificuldades para serem completados. Isso ajudará a equipe a ter uma ideia preliminar sobre por que, ou por que não, é provável que ela venha a ter dificuldade com esse projeto em particular. Ele é mais complexo do que as pessoas acham que é? Está vinculado a uma capacidade central que a equipe não tem? É algo que, considerando o restante da carga de trabalho, você sabe que não será priorizado rotineiramente? Ou é algo que a equipe apenas não quer fazer e que, portanto, exigirá motivação extra para ser feito?

Quanto mais sua equipe tiver essas conversas preliminares, mais você terá ideia sobre quais projetos precisarão de um pouco mais de atenção e habilidade para o direcionamento de recursos adequados.

A questão não é usar essa proporção comprometer-se: completar como desculpa para fugir de projetos particularmente desafiadores. **Conhecer sua proporção comprometer-se: completar lhe proporcionará a linguagem e as ferramentas para executar uma verificação real quanto a projetos importantes, a fim de que possa direcionar os recursos necessários para que sejam levados adiante.**

A regra das 3x

A parte estratégica da tríade estratégico-rotineiro-urgente é uma das mais difíceis de acertar. É difícil especificar a linha do tempo para trabalhos estratégicos, e os resultados, vez ou outra, não são claros. Mesmo que você saiba da dificuldade de um projeto antes de iniciá-lo, o trabalho estratégico é quase sempre mais difícil, consome mais tempo e é mais complexo do que você pensa que será.

Afinal, se trabalho estratégico fosse fácil, ele já estaria concluído.

Alguns dos problemas empresariais mais espinhosos levam muito tempo para serem resolvidos, pois são multifacetados e multidimensionais. É por isso que digo aos clientes para usarem a regra das 3x, **presumindo que o trabalho estratégico será três vezes mais intenso do que acharam que seria no início.**

Ao planejar projetos maiores, dê a si e à equipe o triplo de tempo que achar necessário. Isso refletirá com mais precisão o esforço que realmente será necessário, ajudando-o a construir uma margem que lhe permitirá fazer um trabalho estratégico melhor, ao contrário de apenas entregá-lo quando chegar a hora da verdade.

A regra dos cinco projetos

A última ferramenta de planejamento é a regra dos cinco projetos, ou seja, você não deve ter mais de cinco projetos ativos na lista por horizonte temporal (isto é, dia, semana, mês, trimestre ou ano). Quando ensino essa regra às pessoas, costumo dizer que, dos cinco projetos que se pode ter na lista, apenas três podem ser de trabalho; os outros dois devem ser de vida. Para equipes, projetos de "vida" são reuniões ou questões administrativas.

A situação se complica quando você começa a pensar como os três projetos restantes se relacionam à tríade estratégia-rotina-urgência. Em um mundo ideal, um desses projetos é de rotina ou recorrente. Na Productive Flourishing, por exemplo, todo mês de agosto fazemos nossas campanhas de retorno à escola e ao trabalho. Não é surpresa quando chega agosto e esse lote específico de trabalho precisa ser feito. Pode parecer um pouco diferente a cada ano, mas já o esperamos e planejamos em nosso cronograma anual.

Enquanto escrevo este texto no mês de agosto, também trabalhamos no lançamento do nosso aplicativo Momentum, uma empreitada grande que toma bastante tempo. Temos ainda alguns trabalhos urgentes na lista porque estamos trocando os sistemas de marketing por *e-mail*, e sabemos que isso precisa ser feito logo, já que temos uma regra sobre não trocar nenhum sistema antes de lançamentos. (Se você já teve essa experiência mais de uma vez, é provável que saiba por que essa regra existe.)

A equipe da PF está tocando três grandes projetos neste exato momento, um dos quais é rotina e os outros dois, urgentes. Onde o trabalho estratégico está sendo feito? Quando traçaremos novos recursos para o aplicativo Momentum ou trabalharemos no próximo produto – um livro chamado *Hábitos de Equipe*, que, segundo espero, esteja em suas mãos em algum momento no futuro?

O que fazemos é esclarecer as concessões que estamos fazendo e ficar em paz com elas. Agir assim requer comunicação franca sobre o trabalho que já está na sua lista e por que você pode, ou não, assumir um novo projeto – ou decidir o que pode eliminar a fim de assumir novos trabalhos.

Na equipe PF, fazemos isso colocando os projetos em uma comparação de correspondência durante as sessões de planejamento:

- **Listar** os projetos que estão na mesa. (Não se esqueça dos projetos recorrentes ou rotineiros – levá-los até o fim requer *tempo*, *energia* e *atenção*.)
- **Comparar** a força relativa e a atração de cada projeto com outros, e eliminar os que obviamente não chegarão ao fim.
- **Escolher** um projeto que pareça forte e compará-lo com outros projetos remanescentes em termos de correspondência. Qual ele vence? Por qual é vencido?
- **Aparar e repetir** até obter uma noção aproximada da ordem dos pontos fortes do projeto.
- **Avaliar** o que tornou os projetos especificamente fortes, começando do maior e depois descendo.

Em geral, trabalhos recorrentes são bons candidatos para eliminação em uma comparação de correspondência, quer esteja trabalhando em uma pequena equipe empreendedora ou em uma grande corporação. É comum as pessoas descobrirem como se tornar mais eficientes de modo a conseguirem abrir mais espaço na lista. É corajoso, da parte delas, falar com franqueza: "Não temos 'largura de banda' para isto. O que vamos eliminar para fazer esse trabalho?"

O fato de o trabalho rotineiro estar ativo nos últimos seis anos não quer dizer que ele precise fazer parte da lista de sua equipe hoje.

USANDO A CABEÇA

DESFAÇA OS IMPASSES

- Com base na data de finalização da meta, estabeleça um prazo para a etapa de planejamento que não seja mais de um terço do tempo total do projeto. Pergunte qual é o mínimo de informações necessárias para que sua equipe possa começar, e como (e quando) o restante do plano será comunicado.
- Calcule sua proporção comprometer-se: completar e adquira o hábito de ter conversas preliminares quando novos projetos surgirem. Há projetos particulares com os quais a equipe tende a ter dificuldade ou que precisam de um pouco mais de atenção para serem levados até a linha de chegada?
- Há horário suficiente na agenda da equipe para assumir trabalhos estratégicos, ou a agenda está cheia de trabalhos urgentes e recorrentes? Analise todas as tarefas e projetos de rotina que estão lotando a lista de sua equipe. Pergunte o seguinte:
  1. Podemos eliminar isso? Faria diferença se eliminássemos?
  2. Podemos continuar adiando intencionalmente tarefas recorrentes sem causar danos estratégicos ou urgentes?
  3. Podemos terceirizar a tarefa ou delegá-la a outra equipe ou função?
  4. Podemos ser mais astutos e eficientes em relação à tarefa?

CELEBRE A VOZ DO NÃO

Ninguém gosta de receber um não – em especial gente visionária e criativa, que se dá bem na elaboração de planos grandiosos. Quando a sessão de *brainstorming* está indo bem e a energia está lá nas alturas, a última coisa que uma equipe deseja é alguém levantando a mão e dizendo: “Entendo que todo mundo esteja empolgado, mas vejam por que isso não vai funcionar”.

A Voz do Não é uma parte crítica de qualquer sessão de planejamento em equipe. Parece um desmancha-prazeres, mas precisamos celebrar de verdade a Voz do Não, uma vez que todo plano precisa de restrições. É preciso alguém que de fato acredite nele *e* que também esteja disposto a apontar suas falhas.

Esse é outro motivo pelo qual agradeço meu treinamento militar, já que, nessa área, há pessoas cujo trabalho é encontrar erros em um plano para torná-lo mais consistente. Seu trabalho é dizer: "Isso é ótimo, mas o que acontece se X, Y ou Z? Vamos imaginar a situação". É isso que a Voz do Não faz.

Não estou falando de advogados do diabo – o diabo não precisa de mais advogados. **Mas toda equipe precisa de uma Voz – ou Vozes – do Não, cujo trabalho seja perguntar sobre o aumento de escopo, perguntar se de fato é necessário aquele acréscimo ao plano, se a linha do tempo parece realista, e sobre a mudança de prioridades.**

Na verdade, gosto mais de pensar nessa situação como o Chapéu do Não do que deixar que uma única pessoa seja sempre a Voz do Não. A função deve passar pelos integrantes da equipe, assim, quando for a sua vez de verbalizar suas preocupações, verá como isso dá trabalho. Como é preciso coragem para encarar uma pessoa (ou pessoas) em quem você acredita, e que está muito empolgada com um projeto, e dizer: "Entendi. Mas há algumas coisas em que precisamos pensar primeiro, então, vamos um pouco mais devagar".

A Voz do Não não precisa ser o Bisonho, o burrinho de pelúcia pessimista e tristonho do *Ursinho Pooh*. Ela pode ser agregadora. Pode ser extrovertida. Pode estar empolgada com o projeto *e* disposta a fazer perguntas duras, como: "Ao que parece, já estamos com compromissos até o pescoço. Do que vamos abrir mão para fazer isso acontecer?"

Como consultor estratégico ou *coach* de executivos, com frequência sou a Voz do Não.

No livro *Six Thinking Hats* (*Os Seis Chapéus do Pensamento*),[3] Edward de Bono menciona que o Chapéu Preto (usado para indicar riscos, dificuldades e problemas) é provavelmente o mais poderoso. Em vez de ser a voz da desgraça, o Chapéu Preto evoluiu a partir da noção humana de perigo e instinto de sobrevivência. "O Chapéu Preto é a base da Civilização Ocidental", escreve De Bono, "porque ele é a base do pensamento crítico".

O motivo de usar a expressão "Voz do Não" é meu desejo de que todos mudemos a valência da palavra "Não". Ela não deveria ser uma palavra ruim; em vez disso, deveria atuar como uma afirmação sobre o que é importante para nós e quais são nossos valores e prioridades.

Como disse o professor Michael Porter, da Harvard Business School: "A essência da estratégia é decidir o que não fazer".[4]

A Voz do Não pode ser uma defensora incrível para os recursos da equipe, as prioridades, a estratégia, o senso de pertencimento, e assim por diante. Isso significa que precisamos empoderar essa voz e acolhê-la, mas também difundir essa energia ao redor, de modo que todos se sintam empoderados para ter a coragem de se manifestar.

Esteja ciente de que a Voz do Não também pode ser útil quando se trata de definir metas. É algo realista triplicar os negócios ao longo do próximo ano? É algo realista conseguir lançar todos esses novos produtos levando em conta esta linha do tempo? Essas são perguntas que a Voz do Não deveria fazer.

USANDO A CABEÇA

INDIQUE UMA VOZ DO NÃO

- Um único colega de equipe tende a ser a Voz do Não durante o processo de planejamento? O que poderia ser modificado na maneira como as perguntas difíceis são feitas ou como a equipe recebe o *feedback*? Como sua equipe pode celebrar melhor as contribuições dessa pessoa?
- O que poderia ser modificado na equipe para dar a mais pessoas a oportunidade de se expressar ao notar um provável desafio?

NORMALIZE O FATO DE QUE PLANOS SÃO FEITOS PARA SEREM MUDADOS

Algumas pessoas acham que, se você elabora um plano, ele fica esculpido em pedra. Talvez seja parte da personalidade delas querer especificidade e rigor, ou talvez elas não confiem que a equipe possa pensar por conta própria.

Na realidade, a maioria dos planos fica obsoleta assim que você começa a elaborá-los. Surgem novas informações e prioridades, e novas condições se desenvolvem. Se seu processo de planejamento é longo demais porque está tentando elaborar o plano perfeito, isso cria dois problemas. Primeiro, gera tanto atraso que, no momento em que o plano é finalizado, as condições já mudaram. Segundo, cria uma falácia de custos irrecuperáveis segundo a qual você investiu tanto no plano que tem ainda mais resistência a mudanças.

Acontece que, na maioria das áreas, os melhores planejadores são os que mudam de plano com mais frequência. Equipes que podem usar um plano como linha de orientação para as ações costumam ser mais eficazes que as que o usam como um manual de instruções inalterável.

No Capítulo 2, mencionei o princípio do exército de reunir informação por meio da ação, isto é, fazer as coisas e ver o que acontece. As equipes que mais vencem do que perdem são as que adotam a filosofia de fazer as coisas e ver o que acontece, e, em seguida, atualizam seu plano de acordo com isso.

O que digo agora pode parecer contraditório ao conselho que dei no capítulo anterior sobre se ater às metas durante todo o ciclo em vez de ficar mudando-as constantemente. Esse conselho ainda está de pé; contudo, é preciso ajustar o *plano* relacionado a como atingir essa meta conforme você prossegue.

Um planejamento adaptável não é desperdício, como muitos planejadores ferrenhos pensam. Quando se adota o *mindset* de que planos são feitos para serem mudados, os benefícios são os seguintes:

- Romper com o ciclo de planejamento exagerado e reuniões seguidas de mais reuniões para elaborar um plano com excesso de detalhes que na próxima reunião já estará obsoleto.
- Evitar trabalho desnecessário, porque a equipe aprende a se adaptar a novas condições em vez de apenas seguir o plano à risca, mesmo que as condições tenham mudado.
- Demandar que a equipe aprenda uma comunicação melhor e mais adaptável, além da colaboração em tempo real, porque as pessoas são forçadas a pensar por conta própria e a trabalhar juntas.
- Ajudar a equipe a aprender a identificar princípios-guia básicos em vez de ficar distraída por dados extrínsecos.

Em um mundo ideal, um plano deveria ser elaborado para ser adaptado do topo até a base. A camada superior do plano consistiria de informações e parâmetros-guia, mas sem excesso de detalhes. A camada gerencial acrescentaria mais robustez e orientação. E a camada inferior, com os colaboradores individuais, conteria as informações mais densas, pois são eles que fazem esse trabalho de base.

No mundo real, o mais frequente é o inverso. Os níveis mais altos do plano tendem a ter informações demais, o que não deixa espaço para as camadas gerenciais e individuais acrescentarem sua voz e *insights* para uma execução mais adequada do plano. Isso não só deixa a camada superior sobrecarregada e com dificuldade de ir em frente, como não raro também equivocada, porque as pessoas que elaboram o plano nesse nível não são as que de fato realizam o trabalho.

Em algumas situações e áreas de atuação, são necessários planos extremamente engenhosos do topo até a base. Se você é engenheiro da Nasa, elabora equipamentos médicos ou é um engenheiro civil que constrói pontes, talvez precise de livros e mais livros de cenários aplicáveis que abranjam diferentes casos de uso. Mas a maioria de nós vive em um mundo onde pode haver uma ampla margem de erro sem causar catástrofes, e nossas equipes podem pensar um pouco mais por conta própria.

Sinalizações sobre o *status* do projeto

Uma maneira de acompanhar um plano conforme ele muda é usando sinalizações para indicar o progresso rumo aos marcos do projeto. Podem ser legenda, por exemplo, em sua ferramenta de gestão de projetos ou planilhas.

- **Verde:** o projeto está em andamento e dentro dos parâmetros, ou já foi finalizado.
- **Amarelo:** ainda estamos dentro de uma faixa aceitável, mas precisamos ficar atentos.
- **Vermelho:** estamos fora do andamento ou deparamos com um obstáculo com o qual precisamos lidar.

Sinalizações em vermelho são um sinal de problema, devendo ser encaradas como um convite para trabalhar em grupo a fim de resolver esse problema. No entanto, com muita frequência as equipes configuram o sistema de sinalização de uma maneira que ninguém use o vermelho. Sinalizações em vermelho são tratadas como problemas imensos, e os colegas de equipe que os apontam podem se ver em meio a um fogo cruzado por terem feito isso.

Se mantivermos nossas suposições sobre os colegas de equipe com as quais começamos este livro – a de que somos todos inerentemente voltados a metas, preocupados com relacionamentos, motivados pela finalização e de que fazemos o nosso melhor –, também podemos presumir que, se alguém reivindicou a sinalização em vermelho no projeto, é provável que essa pessoa tenha feito tudo o que podia para levar as coisas adiante. Ela esgotou os recursos do time ou mentais, e é hora de ter uma conversa franca sobre o que pode ser feito como equipe para apoiá-la ou liberá-la dessa sobrecarga.

No capítulo sobre definição de metas, falamos a respeito de como culturas de equipe que não deixam espaço para falhas terão mais dificuldades para atingir o verdadeiro sucesso. Da mesma forma, se em sua cultura de equipe ninguém pode usar uma sinalização em vermelho sem atrair atenção negativa ou receber duras críticas, o restante do sistema de sinalizações fica sem sentido algum. Os problemas não surgirão até que seja tarde demais no processo, quando é muito mais difícil fazer algo para resolvê-los.

USANDO A CABEÇA

ELABORE PLANOS MAIS FLEXÍVEIS

- Se estiver com dificuldade em abandonar o planejamento básico, pense na macroestrutura do plano. Quais são as grades de proteção inegociáveis que precisam ser blindadas no nível superior? Que orientação manterá as coisas sob controle em nível gerencial para ajudar a ver o plano como um todo? E quais detalhes técnicos precisam ser adicionados – ou, mais provavelmente, subtraídos – no nível de implementação, de modo que as pessoas que executam o trabalho tenham autonomia para levar o plano adiante sem usar uma camisa de força?
- Como você vai sinalizar que o plano está sob controle? O que precisa ser modificado para tornar mais aceitável aos colegas de equipe fazer sinalizações em amarelo ou vermelho, e assim solicitar apoio?

PONTOS PRINCIPAIS DO CAPÍTULO 6

- O planejamento deve ser tarefa de todos. Crie hábitos de equipe que desenvolvam as habilidades de planejamento de todos os integrantes da equipe.
- Um plano consiste de:
  - **Meta.** Uma meta determinada do que se está tentando alcançar.
  - **Linha do tempo.** Linha do tempo definida durante a qual você executará o plano.
  - **Pessoas.** Alocação específica das pessoas *certas* para realizar o plano.
  - **Comprometimento.** Compromisso com compartilhar o plano, fazer referência a ele e atualizá-lo.
- Para evitar impasses estratégicos-rotineiros-urgentes, siga as regras: do Um-Terço-Dois-Terços, a das 3x e a dos Cinco Projetos, bem como descubra sua proporção comprometer-se: completar.
- Toda equipe precisa de uma Voz – ou Vozes – do Não que possa fazer perguntas difíceis sobre como o plano terá êxito.
- Planos são feitos para serem mudados; quando você planeja para adaptar, fica mais preparado para lidar com as mudanças inevitáveis que surgirão.

SETE

COMUNICAÇÃO

As palavras "informação" e "comunicação" muitas vezes são usadas como sinônimos, mas significam coisas bem diferentes. Informação é divulgar; comunicação é transmitir.

– Sydney J. Harris

Quando uma notícia bombástica aparece no rádio enquanto você dirige, você gira o botão para aumentar o volume. Quando um amigo ou o cônjuge no banco do passageiro quer conversar, você baixa o volume. Baixo demais? Agudo demais? Simples ajustes podem ajudá-lo a atingir os níveis exatos para tornar o som das músicas (ou do *podcast*) fantástico, o que deixará seu trajeto mais suave – não importa se é uma viagem de uma semana ou uma ida ao mercado.

Da mesma maneira, você pode girar o botão dos níveis de comunicação da equipe para obter melhor clareza.

A maioria das equipes segue alguns padrões gerais quando o assunto é comunicação. Siga de mais em uma só direção, e o que se terá é um monte de ruído desnecessário. Siga de menos, e o resultado é uma receita para a confusão. Imagine esses padrões como o volume (mais alto ou mais baixo), o equilíbrio e o equalizador do som do seu carro. Ao fazer uma auditoria com a equipe de acordo com os seguintes padrões de comunicação, tenha em mente que – assim como ocorre com o som do seu carro – talvez seja necessário ajustar mais de um botão para obter o melhor som.

FREQUENTE DEMAIS OU RARA DEMAIS?

A atenção é o recurso mais escasso que os colegas de equipe têm. Se você se comunica com frequência excessiva, exige demais a atenção das pessoas sem que isso valha o tempo delas. Isso vai acabar levando os colegas a fazer uma barganha faustiana:* eles se inteiram do que há em cada c/c infernal ou notificação do Slack, ou deixam que as atualizações rolem para baixo e se concentram no trabalho mais importante?

A maioria das pessoas tende a descobrir que, se fizerem o melhor trabalho que puderem, isso compensará o fato de não estarem cem por cento informadas. Ou então se dão conta, da maneira mais difícil, de

* Alusão ao personagem Fausto, da obra homônima do escritor alemão Goethe (1749-1832), que vende a própria alma ao diabo em troca da realização de todos os seus desejos na terra. (N. da T.)

que estar informadas, mas não entregar o trabalho, não é suficiente para manter o emprego. Tenho certa propensão a tomar partido dos que escolhem o trabalho mais importante, contudo, em algumas organizações, não estar informado pode dar terreno para avaliações de desempenho – não importa o trabalho que de fato esteja sendo feito.

Por outro lado, você pode estar se comunicando com pouquíssima frequência, ou seja, as pessoas nunca sabem se estão a par ou não das informações mais atualizadas. Uma boa forma de avaliar isso é considerar quantos comunicados por parte da equipe têm início por solicitações de atualização. Se você definiu o botão "frequência" para o nível certo, os colegas de equipe e gerentes não deveriam ter de desperdiçar energia constantemente rastreando informações ou percorrendo montes de *e-mails* e notificações para descobrir o que é importante.

DETALHES DE MAIS OU DE MENOS?

Se você aumentou muito o botão "quantos detalhes", isso costuma se evidenciar de duas formas. Por um lado, você corre o risco de ser tão rigoroso quanto à maneira como as pessoas devem fazer o trabalho, que limita a capacidade delas de acrescentar a própria engenhosidade. As pessoas não conseguem fazer nada além de seguir os requisitos que você definiu, o que pode levar a um trabalho sem brilho ou a uma equipe de moral baixo, que sente não ter autonomia para trabalhar. Por outro lado, um volume elevado de palavras e detalhes significa que certas pessoas podem ignorar as instruções, simples assim. Elas não têm tempo para peneirar uma avalanche de textos ou um monólogo de trinta minutos para descobrir o que é relevante para si, então, usam seu senso de julgamento e ignoram as barras de proteção que você estava tentando definir para elas.

Para ser totalmente franco, esta é a área em que tenho dificuldades como líder. Gosto de dar aos integrantes da equipe opções para solucionar um cenário: um modo-padrão e duas ou três alternativas que eles podem tentar caso o padrão não funcione.

Se você já trabalhou comigo por um tempo, sabe que ofereço um leque de escolhas para ajudá-lo a solucionar o problema por conta própria. Se for novo na equipe, talvez receba aquela avalanche de textos e pense: "Nossa, agora não sei o que fazer, porque o Charlie me deu três direções diferentes". Tive de me forçar a ser muito claro quanto aos detalhes prioritários.

No outro extremo do giro do botão, você pode comunicar pouquíssimos detalhes. Líderes visionários e gerentes seniores podem ser muito ruins nisso. Eles comunicam uma intenção e visão amplas, quando o que as equipes de fato precisam é de parâmetros e detalhes. O instinto deles é pintar o quadro de como serão os três anos seguintes, sendo que o colega de equipe está tentando descobrir apenas o que priorizar para a próxima semana.

Observe que comunicar poucos detalhes pode parecer o mesmo que se comunicar com pouquíssima frequência. Eis um jeito de perceber a diferença: se os colegas de equipe quase sempre se sentem fora do ciclo ou se ainda estão trabalhando com base no plano da última semana ou do último mês, provavelmente é porque as atualizações do plano estão sendo comunicadas com pouquíssima frequência. Se a impressão é que a equipe está sempre tomando decisões ruins, é provável que eles não tenham informações detalhadas o bastante para tomar decisões mais justas.

FOCADO DEMAIS OU AMPLO DEMAIS?

Saber quando sua comunicação está focada demais ou ampla demais é uma arte, e trata-se de compreender o nível do problema que está tentando resolver. Como diz o ditado: "Não crie soluções globais para problemas locais". Alguns problemas têm amplo alcance, e você precisa resolvê-los nesse nível, em vez de focar todos os exemplos específicos que resolveram aparecer. Outros são puramente locais, e seria um erro usar um problema local específico para criar uma regra geral ou uma mudança de política que afetassem a todos.

Um momento em que o foco excessivo se evidencia é quando executivos seniores tentam resolver problemas técnicos demais. Eles não deveriam investir tempo nem energia em algo tão específico; deveriam investir energia na resolução de problemas mais abrangentes e deixar esse nível de foco em comunicação para pessoas cujo trabalho é esse.

Por outro lado, uma comunicação ampla demais sobre um tópico acaba resultando em respostas vagas e genéricas sempre que alguém levanta um problema específico.

Ajustar o botão para focado demais ou amplo demais nos convida, colegas e equipe, independentemente do cargo, a perguntar com qual nível de problema lidamos no momento. Estamos elaborando uma solução geral para um problema pontual, ou, só porque nosso foco está míope, ignorando um padrão mais amplo que, na verdade, é um problema global?

MEDROSO DEMAIS OU CORAJOSO DEMAIS?

Inúmeras equipes e organizações desenvolvem padrões de comunicação que as levam a titubear em relação ao que de fato estão tentando dizer, o que acrescenta um fardo extracognitivo, emocional e social à dinâmica da equipe. Por quê? Porque falar a verdade exige coragem, mesmo em meio à melhor das culturas de equipe; nas mais tóxicas, falar a verdade é vigorosamente desaconselhável.

Para usar um exemplo comum, é preciso coragem para dizer "Sei que está empolgado com o projeto, mas não tenho certeza de que temos recursos para atender à meta". É por isso que, se um integrante da equipe estiver preocupado, ele pode ir comendo pelas beiradas, com uma pergunta como esta: "Pensamos nos recursos de que precisamos para atingir essa meta?"

Muitas vezes, essa abordagem visa ao convite para uma conversa, algo totalmente passível de realização. Mas também é fácil varrer as coisas para debaixo do tapete. Em vez de abordar diretamente o problema e ter uma conversa proveitosa que possa orientar a equipe, a abordagem indireta aumenta de modo drástico a quantidade de trabalho necessária para uma equipe descobrir o que está sendo questionado de fato.

Como disse meu bom amigo Todd Sattersten em um discurso de abertura: "Clareza requer coragem".[1] Quando nosso medo é excessivo, é difícil gerar a clareza de comunicação de que a equipe precisa para avançar.

Ainda mantendo a metáfora do botão, deve haver uma configuração para "Corajoso demais", certo? A resposta é que é possível, mas muitas pessoas, equipes e culturas empresariais erram tanto no quesito medo que é quase impossível o botão da coragem ficar acima de 11.

É evidente que a comunicação baseada no medo às vezes pode usar a máscara da coragem excessiva. **Algumas equipes desenvolvem o hábito tóxico de falar com o outro com sete pedras na mão, sob o pretexto de ter uma conversa honesta**. Há uma diferença entre ter conversas radicalmente francas, em que todo mundo se abre para falar a verdade e expor queixas, e chamar isso de "conversa corajosa". Esse tipo de conversa também se baseia no medo, mas, em vez de ficarem na defensiva, as pessoas reagem com agressividade.

Uma observação rápida: é possível girar o botão para "corajoso demais" em uma cultura tóxica em que falar com excesso de coragem pode levar você a enfrentar censuras ou, mesmo, perder o emprego. Se for esse o caso, provavelmente há questões subjacentes que precisam ser abordadas na área do senso de pertencimento antes de você trabalhar na criação de hábitos de equipe mais saudáveis relacionados à comunicação.

USANDO A CABEÇA

AJUSTANDO OS BOTÕES

A clareza é o que desejamos na comunicação. A boa notícia é que, quando você sabe que a clareza é seu alvo, pode usá-la como guia a fim de determinar qual eixo é preciso restringir ou ampliar para atingir a zona habitável dos padrões de comunicação que mantêm a equipe em rota de progresso.

Ajuste os botões de comunicação de sua equipe:

- Analise os níveis de comunicação da equipe. Onde a comunicação está em demasia ou escassa? Quais hábitos de equipe você poderia adicionar ou eliminar para deixar os níveis na zona habitável?
- Tenha em mente que, à medida que a equipe for melhorando a maneira de trabalhar em grupo, você vai precisar mexer nos botões. O que antes era pouca informação pode se tornar informação excessiva conforme se desenvolvem outros hábitos de equipe eficientes, aumentando o contexto compartilhado. Agende uma análise a cada trimestre ou semestre para reavaliar os padrões de comunicação da equipe.

A arte da comunicação poderosa é ser capaz de atualizar continuamente esses botões e ser flexível conforme eles mudam.

Especifique o que precisa ser comunicado agora

À medida que você ajusta os níveis certos de frequência, detalhe, foco e coragem nas conversas, também é necessário pensar em quais informações devem ser comunicadas neste instante, quais podem esperar até mais tarde e como você vai lidar com as atualizações conforme as informações forem mudando.

Um dos motivos pelos quais a comunicação se torna um "tudo ao mesmo tempo e agora" é que quem detém a informação precisa compartilhá-la, em vez de a equipe precisar ouvi-la.

Quem detém a informação quer tirá-la do cérebro porque, se não o fizer, teme esquecê-la, além de desejar passar logo para outra tarefa. Isso gera o impulso de interrupção para divulgar tal informação, mas o efeito inesperado é que todos precisam reagir a ela no agora, ainda que a questão possa esperar até outro momento.

Em vez disso, faça o seguinte:

- Comece escrevendo um rascunho para tirar a informação do cérebro.
- Transforme-o em uma mensagem estruturada, com um título ou um tópico.
- Dê uma indicação da sensibilidade temporal do item nesse tópico usando os *shortcodes* já definidos (ainda neste capítulo, voltaremos depois a esse assunto).
- Deixe claro qual tipo de ação está requisitando, quem precisa executá-la, qual o resultado e quando ela precisa ser feita.

É óbvio que alguns cargos são criados, em grande parte, com objetivo de apoiar pessoas que precisam tirar informações da cabeça rapidamente para dar continuidade ao trabalho. Esses "Apanhadores do Agora" podem ser assistentes-executivos, recepcionistas ou gerentes de operação em tempo real, cujo papel é responder às solicitações recebidas e colocá-las nos devidos lugares a fim de que o restante da equipe possa lidar com elas.

Para que nossos canais de comunicação permaneçam com sinal alto e prontos para receber atualizações importantes, o restante das conversas e informações precisa encontrar outro lugar para ficar.

Como saber o que precisa ser comunicado agora *versus* o que pode esperar?

COMUNICADOS PARA O MOMENTO

- Mudanças prioritárias importantes.
- Atualizações de progressos que vão alterar o trabalho da equipe nos próximos dois ou três dias.

- Recursos adicionais que podem ser utilizados para remover obstáculos ou gargalos que a equipe vem enfrentando.
- Mudanças críticas em relação à capacidade da equipe porque um colega está fora ou uma habilidade que você pensava ter não está mais presente.
- Qualquer coisa que se enquadre nos requisitos de comunicação que você anotou em seu planejamento.
- Atualizações críticas ou mudanças de informação que possam alterar o que as pessoas prepararam para discutir durante uma reunião (porque, veja só, certas almas realmente gostam de se preparar para uma reunião).

COMUNICADOS PARA MAIS TARDE

- Qualquer coisa que esteja fora dessas categorias pode ser comunicada mais tarde, seja em uma atualização semanal, uma reunião, um canal de projeto ou qualquer outro lugar que a equipe tiver decidido destinar para tal fim.

USANDO A CABEÇA

CADÊNCIA COMUNICATIVA

Faça a si mesmo estas perguntas a fim de criar melhores hábitos de equipe sobre o momento ideal para comunicar informações.

Qual é a cadência certa de comunicação em relação a determinado item, tarefa ou projeto?

Se você tem uma atualização semanal ou mensal, há informações inseridas nessa atualização ou reunião que talvez precisem ter uma cadência diferente? Uma forma de descobrir é observar com que frequência alguém pede uma atualização sobre informações que estão na reunião semanal ou mensal. Se pedem por elas diariamente, é provável que você deva fazer uma reunião diária focada nessas informações.

continua

Por outro lado, preste atenção às informações que aparecem em relatórios e reuniões diários ou mensais e que nunca são discutidas ou utilizadas de verdade. Talvez elas possam ser adaptadas a um formato mensal, ou quem sabe nem precisem estar em um formato de reunião. Em vez disso, talvez entrem em um resumo mensal da equipe.

Quem precisa de fato saber dessas informações e por quê?

Em caso de dúvida, espere até que todos saibam. Como falaremos no capítulo sobre colaboração, é crucial garantir que todos tenham visibilidade máxima de todos os aspectos do trabalho que sua equipe está fazendo.

Embora geralmente você queira compartilhar informações em um lugar que todos possam acessar, esclareça quem precisa fazer algo com essas informações. Do contrário, vai acabar com uma atualização enorme que todo mundo deixa de lado para favorecer o próprio trabalho de alta prioridade. (Lembre-se: "alguém" nunca faz nada.)

Você precisa ter uma conversa sobre essas informações ou apenas confirmar que elas foram lidas?

Se o que você mais quer saber é se as pessoas viram uma informação, esclareça que não é necessária nenhuma resposta ou ação além de um "joinha". (Tecnologias como as plataformas Slack ou Twist facilitam nesse tipo de situação.) Se de fato for preciso conversar sobre a informação, deixe claro quando e como essa conversa acontecerá.

ELABORE UMA COMUNICAÇÃO CLARA

Agora que vimos os hábitos que tornam a vida de todos mais fácil quando se trata de cadência e fluxo mais amplos de comunicação em sua equipe, vamos falar sobre como elaborar peças de comunicação para que sejam otimizadas para clareza. Uma boa comunicação deve ser proativa, preventiva e breve.

Proativa

Comunicar proativamente significa avisar as pessoas sobre o que está havendo sem que seja solicitada uma atualização de *status*. Não faça o colega de equipe ou o gerente vir até você para perguntar como anda um projeto. Em vez disso, coloque-se no lugar dele, preveja quando ficarão impacientes por respostas e tente se antecipar a esse momento.

A comunicação proativa consiste em tomar a iniciativa e remover a ansiedade emocional e o fardo da pessoa que sente necessidade de rastrear as informações que você tem.

Preventiva

A comunicação preventiva diz respeito a pensar nas perguntas que as pessoas possam ter sobre o que você está comunicando e tentar responder a elas antes que essas perguntas precisem ser feitas.

Considere, por exemplo, o planejamento de um evento. Se envio a você um *e-mail* dizendo que na próxima semana haverá um churrasco da equipe, surgirão algumas perguntas bem previsíveis:

- Quando ele será?
- Onde será?

- Com que roupa devo ir?
- Parceiros e familiares podem ir também?
- Preciso levar alguma coisa?

Meu objetivo ao enviar um convite para um evento deve ser pensar bem no que meus convidados vão querer saber com antecedência e responder, de forma preventiva, às perguntas nesse convite. Isso vai evitar um monte de problemas.

Primeiro, meus convidados não ficarão estressados com o que vestir, se devem comer antes ou a que horas devem dar as caras. Segundo, vou me poupar muito trabalho ao evitar que sete pessoas me respondam fazendo a mesma maldita pergunta.

De modo mais sutil, a comunicação preventiva também aumenta o senso de pertencimento, garantindo que todos estejam no mesmo nível de contexto.

Alguns anos atrás, fui apresentador de um evento. Disse ao anfitrião que meu plano era dar aos participantes uma breve orientação de onde ficavam a comida e os banheiros, e quais eram as instalações de acessibilidade.

O anfitrião respondeu: "Charlie, não convidamos você aqui para dizer às pessoas onde ficam os banheiros. Isso elas podem descobrir".

Argumentei dizendo que minha tarefa como apresentador era fazer as pessoas ficarem à vontade, ajudá-las a se acomodar e responder às perguntas delas antes mesmo que fossem feitas. Não havia nenhuma questão de ego em ser o cara que lhes informaria onde ficavam os banheiros.

As comunicações proativa e preventiva tiram o fardo emocional das pessoas com quem você vai se comunicar. Pode não ser grande coisa saber onde ficam as instalações sanitárias, mas e se você for uma mãe de um recém-nascido, e vai precisar correr e bombear leite entre um palestrante e outro? Pode não ser grande coisa indicar onde fica a comida, mas e se você saiu correndo de outra reunião e sabe que sua atenção não é a mesma sem um lanchinho? Talvez apenas duas pessoas da plateia precisem saber dos recursos de acessibilidade, porém lembrar disso é um aviso de que aquele também é o lugar delas, assim como o de qualquer outra pessoa.

A comunicação preventiva garante que todos funcionem em igual nível de contexto, o que deixa as pessoas à vontade e lhes dá espaço para serem elas mesmas no trabalho, tornando ainda a participação delas mais plena.

Voltando ao exemplo do churrasco: se sua equipe está junta há anos, talvez você não precise ser explícito em relação a que roupa usar. Mas, se houver um novo ou uma nova integrante na equipe, talvez ele ou ela não conheça as normas sociais vigentes. Haverá opções *kosher* ou vegetarianas? Crianças podem ir? O evento começa pontualmente às dezessete horas, ou é costume chegar um pouco atrasado?

Breve

Acabei de dizer para você responder proativa e preventivamente a toda pergunta possível de um colega de equipe ao enviar a atualização de um projeto. Em um mundo ideal, você *também* fez isso sem se demorar demais.

Na dominante cultura empresarial norte-americana, a brevidade pode ser confundida com grosseria. Vemos comunicados mais longos como mais humanos, mais acessíveis – até mesmo mais autênticos. Mas, na realidade, adicionar um monte de firulas em um comunicado que deveria ser puramente transacional não é algo gentil com o destinatário.

A maioria de nós se importa genuinamente com o bem-estar dos colegas de equipe – *e* sabemos que eles estão se afogando em um mar de comunicados, assim como nós.

Ser breve é um incrível ato de gentileza para com os colegas de equipe. Comunicados breves, proativos e preventivos são mais fáceis de ler, decifrar e responder, e, portanto, mais fáceis de excluir da caixa de entrada, a fim de voltar a fazer o trabalho de verdade.

É totalmente possível comunicar, de forma concisa, informações de baixo contexto, mas é necessário prática.

- **Use a regra das cinco frases.** Limite todas as respostas a *e-mails* a cinco frases, ou menos. Isso o obrigará a pensar de maneira mais concisa e a ficar mais focado. Como bônus, você verá que *e-mails* mais curtos são mais fáceis de responder, ou seja, é mais provável que receba uma resposta.
- **Corte um terço.** Pratique cortar, de todos os comunicados, um terço das palavras que você normalmente usaria.
- **Torne-o digitalizável.** Ao formatar um comunicado mais extenso, use sequências numeradas, *bullets* e subtítulos para torná-lo o mais digitalizável possível.
- **Use versões mais simples de termos complexos.** Muitas palavras pomposas que nos fazem parecer inteligentes têm equivalentes com uma ou duas sílabas, que são mais fáceis de entender, mais rápidos de dizer e mais bem compreendidos por todos. Por exemplo, diga "usar" em vez de "utilizar".

Se estiver preocupado com a possibilidade de seus comunicados parecerem curtos e grosseiros, avise antes que está sendo breve, assim se dará permissão para isso.

Observação: quando se trata de comunicados sobre senso de pertencimento e vínculo, como perguntar como foi o fim de semana de um colega ou verificar se pode ajudar alguém em um assunto pessoal, não é preciso ser breve. Ao escrever uma carta de atualização a um velho amigo de escola, sinta-se à vontade para incorporar o autor das missivas floreadas dos bons e velhos tempos de cartas escritas à mão. Mas, no modo transacional, opte por um comunicado sucinto.

USANDO A CABEÇA

REDUZA O FALATÓRIO

- Procure chegar a um ponto em que um único comunicado dê conta de todo o trabalho, e tudo ao que a maioria das pessoas precise responder seja um "joinha" (ou um equivalente). Ao receber o joinha, você sabe que contou às pessoas, de forma proativa, o que elas precisam saber sem que elas lhe perguntassem e respondeu, de maneira preventiva, a quaisquer possíveis perguntas delas. (Compare essa situação às decisões com base em intenção do Capítulo 4, que aborda a tomada de decisões.)
- Se não tiver todos os detalhes ao enviar uma mensagem, evite perguntas informando de antemão às pessoas o que está faltando, quando espera compartilhar isso e em qual canal procurá-lo.
- Coloque-se no lugar da pessoa que tem menos informações compartilhadas e menos contexto comum: seu novo colega de equipe, alguém proveniente de uma cultura estrangeira etc. Quais informações ela precisa saber?
- Se já existem comunicados ou orientações prévias, consulte-os (e crie vínculos com eles, se possível, para que as pessoas não tenham de ficar procurando).
- Amplie a meta ou a intenção do evento ou ação comunicada, para que todos falem a mesma língua não apenas em relação a "*o que*" precisa acontecer e "*como*", mas também em relação a "*por quê*".

USE *SHORTCODES* (CÓDIGOS ABREVIADOS) PARA DAR MAIS CLAREZA E VELOCIDADE À COMUNICAÇÃO

Um meio de compactar um monte de informações em poucas palavras é usando *shortcodes* de comunicação. Incorporados aos hábitos de sua equipe, os *shortcodes* ajudarão a deixar os comunicados bem mais breves, mas ainda ricos em informações.

É evidente que eles também podem deixar um comunicado sobrecarregado e indecifrável. Quando *shortcodes* em excesso são usados sem contexto, podem ter o efeito oposto à clareza e à economia de tempo que têm por intenção oferecer.

Para serem eficazes, os *shortcodes* exigem um alto nível de contexto. Se estou falando de um relatório financeiro e digo que nosso contador aderiu às regras da GAAP (*Generally Accepted Accounting Principles*, em inglês), provavelmente fica claro ao ouvinte que se trata dos "princípios contábeis geralmente aceitos". Eu não só disse um monte de coisas em uma pequena quantidade de linguagem, mas também fui muito mais específico do que se dissesse que nosso contador seguiu as regras. Quais regras? Quais princípios contábeis?

No entanto, se você for novo na equipe, se não estivermos falando de finanças ou se você nunca ouviu falar em GAAP, deixei as coisas mais confusas. Você e eu não temos o contexto de alto nível exigido para que eu fique citando a torto e a direito acrônimos como GAAP. É preciso treinar novos colegas de equipe nos *shortcodes*. Na Productive Flourishing, mantemos um códice de jargões internos que incluem todos os acrônimos, *shortcodes* e frases exclusivas da organização. Quando entra um novo integrante na equipe, pedimos a ele que consulte o códice, a fim de ganhar tempo.

Eis alguns *shortcodes* que usamos na Productive Flourishing.

PRAZO DA TAREFA

- **#U:** Urgente. Precisa de sua atenção nas próximas horas. (Use com moderação.)
- **#EOD** (End of the Day): Precisa de sua atenção até o fim do dia.
- **#ND** (Next Day): Precisa de sua atenção até o fim do dia seguinte.
- **#EOW** (End of the Week): Precisa de sua atenção até o fim da semana.
- **#NW** (Next Week): Precisa de sua atenção em algum momento da próxima semana.
- **#TM** (This Month): Precisa de sua atenção neste mês.

(Observação: ao especificar um prazo, ajuda bastante especificar também por que ele é necessário. Não costumo dizer à minha equipe que algo precisa ser feito até quinta-feira a não ser que de fato eu precise disso; portanto, se especificar essa necessidade, eles sabem que é um prazo complicado. Do contrário, eu teria dito "esta semana", sabendo que eles são seres humanos autônomos que definiram prioridades próprias ao longo da semana.)

TOMADA DE DECISÕES

- **UYBJ** (Use Your Best Judgement): "Você tem todas as informações de que precisa para tomar uma decisão, e este é o momento de tomá-la".
- **LMK** (Let Me Know): "Avise-me sobre qualquer decisão que acabar tomando".
- **DRIP**: Decisão, Recomendação, Intenção ou Plano.
- **DRIP?**: Usado quando alguém sente que a intenção de outra pessoa requer explicações mais claras.
- **DWWFY** (Do What Works For You): Faça o que funcionar pra você.
- **N1, N2, N3**: O nível da decisão. Nível 1 = decida e não me conte. Nível 2 = decida e me conte. Nível 3 = é minha decisão, mas ofereça um DRIP, por favor. (Esses três níveis de tomada de decisões foram discutidos no Capítulo 4).

PLANEJAMENTO

- **#Asana:** "Crie uma tarefa no Asana e adicione pessoas relevantes como seguidores".
- **BOLO** (Be On the LOokout): "Prepare-se para agir e preste atenção a algum evento que possa engatilhar a ação".
- **CQ** (Curious Question): Usado quando eu (Charlie) estou fazendo uma pergunta que pode ser interpretada como crítica, mas é só uma curiosidade neutra.

- **KISS** (Keep It Simple, Superstar): Simplifique, superastro.
- **NNTR** (No Need To Respond): Não precisa responder.

COMUNICAÇÃO

- **BLUF** (Bottom Line Up Front): Usado para informar alguém sobre o que está acontecendo no início de um comunicado, e não no fim (ao qual essa pessoa pode não chegar). Pode ser sinônimo de uma preventiva "TL; DR" (*Too long; didn't read* – Longa demais; não lida).
- **UIHO** (Unless I Hear Otherwise): Usado para transmitir um curso de ação que será adotado. Ótimo *shortcode* para praticar a comunicação baseada em intenção.
- **UYHO** (Unless You Hear Otherwise): Usado para colocar colegas de equipe em um caminho, sem paralisá-los por conta do que possa acontecer.
- **COPU** (Common Operating Picture Update): Mais que apenas um alerta, este *shortcode* avisa aos colegas de equipe que algo importante mudou e eles precisam saber.

USANDO A CABEÇA

CRIE *SHORTCODES*

- Inicie um documento com os *shortcodes*, abreviações e gírias que sua equipe já use e escreva-o com clareza suficiente para uma pessoa de fora entender. Mais *shortcodes* podem ser adicionados aos seus comunicados?
- Como você pode incorporar *shortcodes* de prazos e projetos em seus comunicados de modo a garantir que todos os integrantes da equipe entendam com rapidez as expectativas e prioridades?

SEJA INTENCIONAL E CONSISTENTE COM MEIOS DE COMUNICAÇÃO

Temos um número cada vez maior de formas de manter contato com os colegas de equipe. Videochamadas, telefone, *e-mail*, mensagens no Slack, mensagens por *inbox* nas mídias sociais, mensagens de texto... Se estivermos no escritório, podemos até levantar da mesa e atravessar o lugar para conversar com eles pessoalmente.

O lado ruim dessa proliferação de meios de comunicação é – você já adivinhou – a falta de clareza. **Não só temos de sair caçando uma informação em particular em vários lugares para encontrá-la, como também talvez não saibamos até que ponto uma mensagem é importante.**

Alguns meios, por definição, têm prioridade mais alta que outros. Se você recebe um *e-mail* no meio da madrugada, é provável que o remetente estivesse insone e decidiu enviar um recado. Se recebe uma ligação telefônica, atenderá com o coração aos saltos, perguntando-se o que há de errado.

Como equipe, façam a si mesmos a gentileza de limitar a quantidade de meios utilizados para se comunicar e especifiquem quais serão usados para quais mensagens.

Na PF, por exemplo, usamos o seguinte:

- Confluence: documentos de estratégia e detalhes para referência.
- Asana: tarefas de projeto e conversas sobre execução.
- Google Docs: comentários ou perguntas sobre conteúdos específicos.
- Slack: perguntas e conversas do momento (muitas vezes com um *link* para o referido projeto ou conteúdo no Asana, Confluence ou Google Docs).

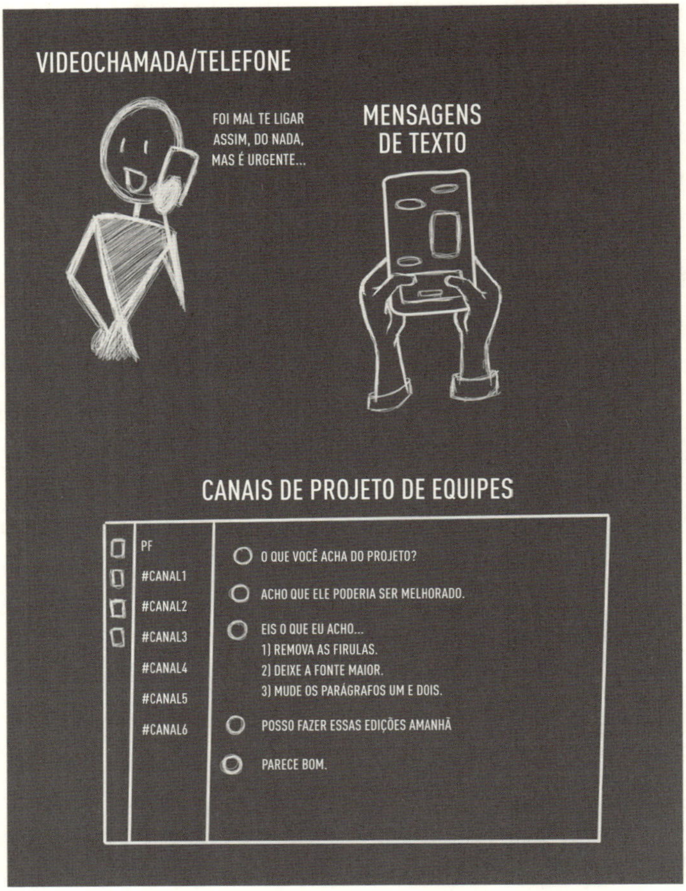

Videochamadas ou chamada telefônica

Videochamadas têm caráter de urgência – é preciso receber ou transmitir uma informação neste exato minuto. Se você liga do nada para um colega de equipe, é bom ter um belo motivo para isso.

Lembre-se do princípio do que precisa ser comunicado agora *versus* mais tarde, e tire vantagem das ferramentas assíncronas para isso, como memorandos de voz e vídeos. Certas coisas podem ser expressas com muito mais clareza e facilidade verbalmente, em vez de serem escritas em um *e-mail* longo, mas, em vez de ligar para um colega de equipe e interromper o trabalho dele, considere gravar um Loom para conversar por mensagem e, depois, envie um *link* para ele por um canal menos urgente.

Mensagens de texto

Mensagens de texto devem ser usadas apenas para informações transacionais urgentes.

Há momentos em que você pode enviar uma mensagem de texto para alguém se o assunto não for urgente – se estiver na estrada, sem acesso a computador, e precisar mandar a informação antes de ficar *off-line* por um fim de semana prolongado, embora isso não tenha caráter de urgência.

Faça um favor à equipe e mencione especificamente esses motivos. Como eu disse, cada solicitação por informações e atenção, e ansiedade e estresse extras, é associada a certos tipos de canais. Se na mesma hora você disser que não é urgente, todo mundo pode ficar desarmado e relaxar.

Nos casos em que preciso agir assim, posso dizer: "Favor colocar isso no Confluence", ou qualquer outro meio apropriado, de modo a não dar prosseguimento ao padrão de comunicação sobre algo não urgente em um canal urgente.

Canais de projetos da equipe

Eles deveriam ser usados para comunicar questões específicas de projetos que não sejam urgentes. Você pode definir canais de projetos no Slack, Twist, Teams, Basecamp – qualquer ferramenta que use para coordenar a equipe.

Tome cuidado ao desenvolver um hábito de equipe que trate mensagens em bate-papos de grupo como urgentes. Como disse Jason Fried, o fundador e CEO da 37Signals (fabricantes da Basecamp), no X: "Bate-papo em grupo é como estar em uma reunião o dia todo, sem agenda e com participantes aleatórios. É a corrente moderna de comunicação que nunca tem fim, desvia sua atenção, fragmenta seu tempo e o acorrenta ao FOMO.* Mais atrapalha do que ajuda".[2]

Um bom hábito para incorporar à ferramenta de comunicação de sua equipe é usar linhas de assunto e tópicos para indicar com objetividade o tópico e manter as conversas reunidas, para que os membros da equipe não tenham de ficar procurando informações esparsas. Eles podem simplesmente detectar as linhas de assunto, encontrar as informações e voltar ao trabalho.

USANDO A CABEÇA

CRIE SEU MAPA DE MÍDIA

- Como equipe, decida quais mensagens pertencem aos vários meios que você usa para se comunicar. Como devem ser enviadas as mensagens mais urgentes? Que meio você vai usar para colaborações em tempo real? Os colegas de equipe têm preferências individuais diferentes por certos meios?

* Em inglês, sigla para Fear Of Missing Out, o sentimento de apreensão diante da possibilidade de estar perdendo conversas e/ou informações importantes. (N. da T.)

PONTOS PRINCIPAIS DO CAPÍTULO 7

- Sintonize os níveis de comunicação de sua equipe para a clareza, ajustando a frequência, o detalhe, o foco e a coragem.
- Entenda o que precisa ser comunicado agora *versus* o que pode ser comunicado mais tarde. Crie hábitos de equipe para garantir que os canais de comunicação se mantenham livres, a fim de que informações em tempo real possam ser transmitidas.
- A boa comunicação deve ser proativa, preventiva e breve.
- Use *shortcodes* para ajudar a deixar as comunicações breves, mas ainda ricas em informação.
- Como equipe, limite o número de meios usados e especifique quais devem ser utilizados para qual tipo de mensagem.

OITO

COLABORAÇÃO

Nenhum de nós, inclusive eu, fazemos coisas grandiosas.
Mas todos podemos fazer coisas pequenas, com muito amor,
e juntos fazer algo maravilhoso.
– MADRE TERESA

Há uma famosa cena de comédia de Abbott e Costello, "Who's on First?" [Quem Está na Primeira?].[1] Nela, Abbott tenta falar para Costello os nomes dos jogadores de um time de beisebol: "*Quem* está na primeira [base], *Qual* é o da segunda, *Seja lá quem for* é o da terceira".

A confusão que isso causa – "Quem está na primeira? Como eu poderia saber?" – é hilária em razão do tempo que demora para a situação ser esclarecida. É menos engraçado quando você está no trabalho tentando resolver quem está fazendo o quê, e a resposta é "Não sei". (Terceira base!)

Uma equipe bem estruturada tem uma resposta-padrão natural para quem está na primeira e quem está na segunda. Quando um cliente envia uma pergunta, um *post* de *blog* precisa ser escrito ou uma despesa necessita ser aprovada, uma equipe com bons hábitos colaborativos não precisa pensar duas vezes sobre de quem é essa função.

Por que os padrões são tão importantes? Eles reduzem a quantidade de pequenas decisões e negociações que acontecem ao longo do expediente – essa responsabilidade é sua ou minha? A descrição desse trabalho nesta parte do projeto cabe a quem?

O objetivo é eliminar a confusão sobre quem está encarregado de quais partes do fluxo de trabalho, de modo que todas as funções e responsabilidades fiquem extremamente claras. Toda a energia extra que desperdiçamos perguntando "Quem está na primeira?" pode ser canalizada para impulsionar o trabalho de uma maneira que faça sentido.

Nos últimos anos, presenciamos o que acontece quando os padrões desaparecem em larga escala. A grande reviravolta da Covid-19 pegou todos os nossos padrões habituais, hábitos de equipe e fluxogramas e os jogou para fora do barco. Todas as coisas não ditas tiveram de ser abordadas, porque as estruturas e as falhas dos nossos dias desapareceram da noite para o dia.

A Covid-19 pegou os níveis normais de negociação colaborativa com que lidávamos dia a dia e os multiplicou por ordens de grande magnitude, considerando como as interações humanas se amplificam. Esse aumento de sobrecarga cognitiva contribuiu para o esgotamento que temos visto nos últimos anos, e espero que também tenha deixado evidente a importância de definir padrões intencionais que de fato funcionem para nós.

Definir hábitos colaborativos intencionais de equipe significa olhar para a equipe como um todo, em vez de se concentrar em indivíduos. A maioria dos funcionários quer fazer um ótimo trabalho. A maioria tem prática e competência, quer se destacar e tem um ótimo relacionamento com colegas de equipe. Se não for assim, algo está errado.

Quando vemos uma equipe que parece estar ficando para trás, nosso instinto é descobrir o que há de errado com certa pessoa em particular. Porém, é muito melhor perguntar: "O que está em jogo, em termos de hábitos de equipe, que podemos abordar e que beneficiará todo mundo, além de aliviar o fardo de todos – não só agora, mas também no futuro?"

Não significa que nunca se trate de um problema de comportamento individual, mas, como regra geral, não é esse o primeiro ponto a se considerar. Se você começar com o sistema e a cultura em meio aos quais o indivíduo está trabalhando, não vai encontrar um problema simples, que pode ser resolvido com facilidade ao se dar jeito em uma única pessoa. Em vez disso, comece a perguntar: quais são as condições que estão fazendo os integrantes da equipe perderem prazos, terem trabalho dobrado e ficarem para trás?

Vamos começar analisando a composição da equipe em si.

QUEM ESTÁ NA SUA EQUIPE?

A formação de uma equipe é uma das primeiras coisas que analiso quando sou contratado como consultor laboral e informado de que o time não está colaborando devidamente. Isso porque, quando uma equipe não colabora como deveria, em geral a situação tem menos a ver com os indivíduos envolvidos e mais a ver com o fato de que estão precisando brigar contra a estrutura da composição da equipe.

Vejamos quem deve fazer parte de sua equipe em um macropanorama, micropanorama e panorama especializado.

Sua equipe está "em forma"?

As últimas décadas presenciaram inovações e experimentações significativas, com organizações "planas", organizações "circulares", organizações sociocratas, organizações auto-organizadas, e assim por diante. Essa é uma reação à dinâmica de poder inerentemente criada e reforçada pelos modelos tradicionais, motivada ainda por mudanças tecnológicas, permitindo assim que a comunicação e a colaboração sejam escalonadas de um modo diferente em relação aos modelos anteriores.

Hoje em dia, uma boa parte do meu trabalho é orientar os times a construir estruturas de equipe mais abertas, que ao mesmo tempo garantam que as funções necessárias executadas habitualmente por cargos da pirâmide tradicional sejam distribuídas de maneira eficaz entre a equipe.

Pelo fato de muitas pessoas desconhecerem esses novos modelos de governança, é mais fácil começar com os cinco níveis de organização tradicional para mostrar como as funções nas equipes se relacionam entre si:

- **Nível 5:** Executivos.
- **Nível 4:** Gerentes seniores, especialistas técnicos de nível máster e consultores.
- **Nível 3:** Coordenadores, gerentes juniores e especialistas técnicos avançados.
- **Nível 2:** Especialistas.
- **Nível 1:** Funcionários iniciantes.

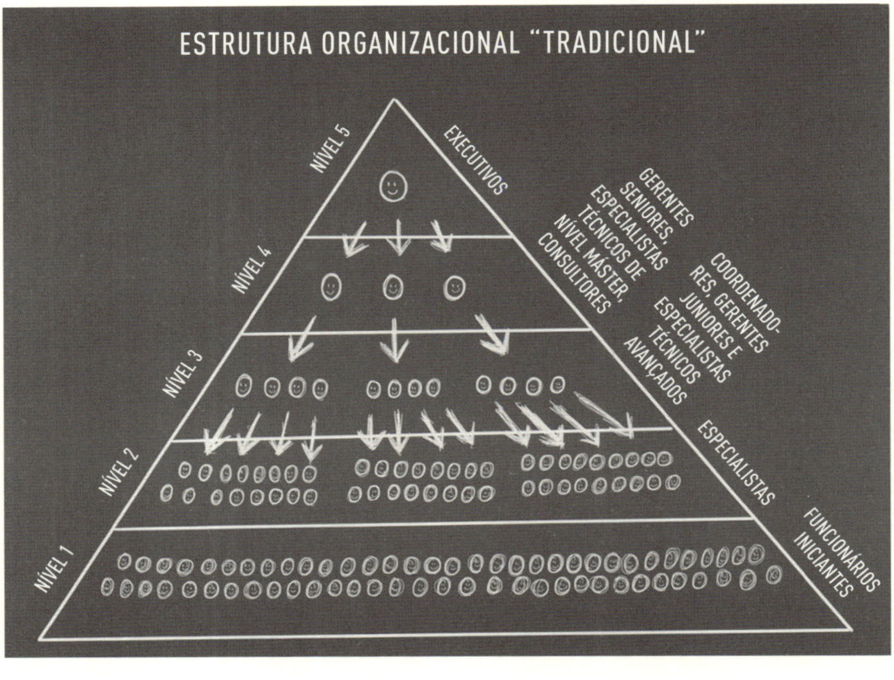

Contar a quantidade de integrantes da equipe em cada nível pode lhe dar uma ideia de se a organização está "em forma". Se você imaginar uma estrutura em que todo gerente júnior supervisiona de quatro a oito pessoas dos níveis 1 e 2, cada gerente sênior supervisiona de quatro a cinco gerentes juniores, e o executivo (ou a pequena equipe executiva) supervisiona os gerentes seniores, surge daí uma pirâmide. Essa é a estrutura habitual de uma organização tradicional saudável.

Equipes e organizações "fora de forma" têm uma gama de variedades. Há o formato de ampulheta, com um monte de executivos e visionários no topo, um monte de assistentes ou assistentes virtuais na base, e ninguém no meio para administrar tudo. Há o formato de diamante, lotado de gerentes que não têm ninguém a quem passar trabalho. Há as pirâmides invertidas, com muitos executivos e gerentes, mas sem ninguém na base fazendo o trabalho.

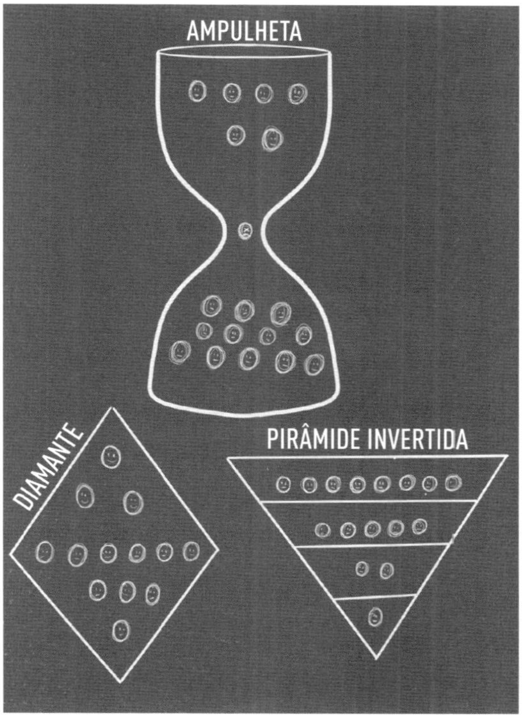

A pequena empresa de um cliente tinha uma estrutura organizacional com basicamente um executivo e dois gerentes. Isso me possibilitou prever uma série de desafios relacionados à colaboração. Ou seja, sem ninguém para fazer o trabalho mais incipiente e especializado, as duas pessoas nas posições de gestão caíram, em essência, para os cargos de especialistas de nível básico, e o executivo caiu para a posição de gerente – sem deixar ninguém no topo da organização para fazer o trabalho de planejamento, definição de metas, priorização e previsão de que a organização necessitava.

A equipe não estava colaborando como deveria, mas isso não tinha nada a ver com os colegas em si; a equipe só não tinha a composição certa. Contratar mais funcionários de níveis 1 e 2 ajudou a equipe a ficar "em forma".

Tomemos a função de atendimento ao cliente como outro exemplo de como entender a estrutura da equipe pode ajudá-lo a solucionar problemas de colaboração. Se você começa a enfrentar gargalos, como pouco tempo para conversar com o cliente ou de resposta ao cliente, não precisa necessariamente começar pela análise do desempenho do líder de satisfação do cliente. Pode começar com uma pergunta simples: "Temos pessoal suficiente para responder aos *e-mails* e atender às ligações telefônicas?"

Se a resposta for não, contrate mais gente. Se a resposta for sim, vá subindo pela pirâmide. O pessoal está sendo bem gerenciado? Sim? Então, deve haver algo nas bases, estruturas e estratégias que estão dando problema no funcionamento do esquema.

Compreender o panorama da estrutura geral da equipe pode ser uma ferramenta útil para solucionar problemas de colaboração. Também poderá ser útil ampliar a unidade mínima de uma equipe: a tríade executor-avaliador-coordenador.

Tríade executor-avaliador-coordenador

Três funções constituem os elementos atômicos de uma equipe:

- Os **executores** são as pessoas que arregaçam as mangas para fazer o trabalho acontecer.
- Os **avaliadores** ficam de olho na qualidade do resultado para que os executores continuem concentrados na produção. Os avaliadores podem ser editores, revisores de códigos, auditores ou preparadores.
- Os **coordenadores** têm duas tarefas: coordenar o executor bem como avaliar e coordenar elementos externos à equipe. Um coordenador pode ser gerente, mas, muitas vezes, sua função é a de comunicação.

Essas funções podem ser compartilhadas e intercambiáveis conforme a mudança das exigências de um projeto, porém saber quem são o executor, o avaliador e o coordenador se torna útil para determinar como você vai colaborar e reduzir a carga cognitiva, emocional e social de uma equipe pequena.

Quando estou resolvendo problemas em uma organização ou equipe, em geral começo com essa tríade (ou essas três funções essenciais). Temos a quantidade necessária de executores para administrar o fluxo dos trabalhos? Há avaliadores suficientes para manter o trabalho fluindo, sem causar gargalos? Temos uma pessoa (ou "pessoas") coordenando todo esse trabalho?

Se a equipe é grande demais, tento incentivá-la a definir unidades atômicas dentro de um grupo maior, pois equipes menores tendem a ser mais rápidas do que as maiores. Uma equipe de duas pessoas, um executor e um avaliador pode ter uma boa sincronia. Todos terão uma noção sólida de suas funções e se comunicarão com clareza sobre o fluxo de trabalho, de modo que ele não se transforme em um fardo logístico e administrativo para o avaliador, ou crie uma demanda muito grande de trabalhos em atraso para o executor. Assim, o comunicador pode ficar na coordenação entre eles e se comunicar de maneira adequada com outras pessoas da equipe maior.

Pensar em equipes tendo como base a tríade executor-avaliador--coordenador lhe permitirá construir a menor equipe atômica possível para fazer as coisas acontecerem. Isso também vai lhe proporcionar uma forma funcional de usar a intuição para fazer acréscimos na equipe sem ter de dar um tiro no escuro. Se o executor está em um ritmo muito mais rápido do que o avaliador consegue acompanhar, você precisa de mais avaliadores. Se a dupla executor-avaliador está enviando mais trabalho do que pode ser administrado de modo adequado pelas outras equipes, você precisa aumentar a capacidade de coordenação.

□□□ CONTEXTO

TIMWOOD

TIMWOOD (transporte, inventário, movimento, tempo de espera (*wait time* em inglês), ultraprodução (*overproduction* em inglês), ultraprocessamento (*overprocessing* em inglês) e defeitos) é uma estrutura proveniente da área *lean* para ajudar a identificar as fontes comuns de desperdício em uma equipe ou organização.

Na maioria das empresas de criação, devemos nos atentar ao movimento, à espera, ao ultraprocessamento e aos defeitos.

Movimento: se sua equipe está tentando vigorosamente levar os projetos adiante, mas sem realizar nada de fato, o excesso de movimento pode ser resultado de falta de clareza, da mudança constante de metas e prioridades, ou do excesso de *handoffs*, quando menos pessoas ou etapas funcionariam melhor.

Tempo de espera: o executor fica aguardando a validação do coordenador ou os comentários do avaliador? O avaliador fica esperando o trabalho do executor? Onde o processo pode ser acelerado, ou quem pode ser adicionado à equipe para aumentar a capacidade dela?

continua

Ultraprocessamento: ciclos desnecessários de pequenas avaliações e modificações constantes em um trabalho que só precisa seguir adiante podem atrasar projetos sem necessariamente aumentar a qualidade dele.

Defeitos: alguém passa três dias tentando arrasar no texto de um *site*, mas, na entrega do projeto, ele não está onde precisa estar, fazendo toda a equipe dar duro para manter o projeto nos trilhos.

TIMWOOD é uma ótima ferramenta para diagnosticar o que está acontecendo em termos de colaboração na equipe e onde pode se eliminar o desperdício.

Saiba qual Lobo chamar

No filme *Pulp Fiction – Tempo de Violência*, de Quentin Tarantino, os gângsteres Vincent e Jules deparam com um incidente infeliz envolvendo Marvin no banco traseiro do carro. Eles estão em um impasse e precisam de alguém para tirá-los com rapidez daquela situação. Dão um telefonema e, poucos minutos depois, a porta se abre e lá está Harvey Keitel na soleira, usando um *smoking* às 8h45. "Sou Winston Wolf",* diz ele, apresentando-se. "Resolvo problemas."

Toda equipe precisa de um Sr. Lobo à disposição (sou cinco deles) para lidar com os problemas que aparecem. Quem é seu guru de gramática? Seu mago dos *websites*? Seu encantador de planilhas, especialista técnico, estrela do rock de satisfação do cliente? Essa é a pessoa que você chama quando tem um problema específico.

Todas as pessoas da equipe devem ser Lobos em alguma coisa, sejam elas um integrante sênior de longa experiência, ou júnior, embora com uma capacidade extraordinária de interpretação de pessoas.

* *Wolf*, termo em inglês, significa "lobo". (N. da T.)

Pense em uma oficina mecânica. A maioria dos mecânicos pode executar uma vasta gama de serviços em um amplo leque de veículos. Mas, em cada oficina, você encontrará alguns Lobos – aquele que você chama quando o produto importado chega, ou quando não consegue caçar um problema inesperado no sistema eletrônico. São as tais pessoas com conhecimento enciclopédico a respeito de temas obscuros. Assim, após ter tentado de tudo, você pode ligar para Julie, e ela simplesmente *sabe* que há um fio com defeito no lote do Corvette C3 Fastbacks daquele ano.

Contudo, o fato de alguém ser o padrão – o Lobo – não quer dizer que ele pode, ou deveria, ser a única pessoa capaz de executar determinado trabalho. Isso gera um gargalo, sobretudo se o problema em particular que ela resolve aparecer com regularidade. O que acontece se essa pessoa estiver fora do escritório ou ocupada com outro projeto? Por causa disso, o ideal é que haja certa transferência de conhecimento quando um Lobo aparece para resolver um problema. Quando seu encantador de planilhas aparece para ajudar outro integrante da equipe a configurar uma função VLOOKUP, ele também precisa ensinar o colega de equipe a fazer isso sozinho da próxima vez.

Entretanto, se isso só acontece uma ou duas vezes no ano, faz mais sentido que uma só pessoa seja o Lobo. Não é razoável esperar que todos da equipe tenham o conhecimento de Julie sobre a eletrônica dos Corvettes. Em geral, é melhor estimular o domínio da equipe nas habilidades de alto valor mais recorrentes, deixando as raras para os Lobos.

Como as pessoas se tornam Lobos? Com o tempo, integrantes de uma equipe que possuem certo nível de autonomia e escolha começarão a selecionar por si próprios temas nos quais desejam se especializar. Isso deve ser plenamente incentivado. Se alguém escolhe por si só ser Lobo de alguma coisa, provavelmente é porque é curioso ou motivado por ela – mesmo que essa tarefa possa parecer excessiva a outros integrantes da equipe. Em geral, o Lobo ficará empolgado com esse rótulo, e os problemas serão resolvidos mais depressa.

USANDO A CABEÇA

SOLUCIONANDO PROBLEMAS NA HORA DE FORMAR A EQUIPE

- Analise o formato de sua equipe. Onde a colaboração pode ser aprimorada com a mudança de funções e responsabilidades?
- Quem são, por definição, os executores, avaliadores e coordenadores de sua equipe? Você tem a quantidade suficiente de gente certa nos lugares certos? Se não, quem da equipe atual pode ser transferido para criar um bom fluxo de trabalho?
- Quem é o Lobo para diferentes funções críticas na equipe? Existem lacunas quando você precisa de um Lobo, mas não tem ninguém específico para chamar? Se sim, quem sabe disso, e como a comunicação tem ocorrido na equipe?
- No trabalho em conjunto, há espaço para colegas de equipe que, no momento, não são Lobos em nenhum assunto começarem a desenvolver especialidades? De que modo vocês, como equipe, apoiam que essa pessoa se torne um Lobo, de modo que ela adquira mais senso de pertencimento e você tenha menos lacunas na equipe em si?

ABRA A CAIXA-PRETA

Agora que você explorou a questão de *quem* são as pessoas-padrão de sua equipe, vamos conversar sobre os padrões de *como* o trabalho é feito. Infelizmente, em muitas equipes, a resposta é: "Não sei". (Terceira base!)

Em computação, caixa-preta é um sistema em que se podem ver os *inputs* e *outputs*, mas não se tem a menor ideia de quais são os trabalhos internos. É como uma fábrica sigilosíssima em que as peças entram e as bicicletas saem, porém não se sabe absolutamente nada do que aconteceu lá dentro para uma peça virar uma bicicleta.

Caixas-pretas surgem o tempo todo em equipes. Você pode saber que seu colega de equipe está fazendo um ótimo trabalho porque vê o produto final, mas não tem ideia de como ele fez aquilo ou em que está trabalhando em determinado momento.

O desafio de uma caixa-preta é que, se não sei no que um colega de equipe está trabalhando no momento, posso começar a fazer o mesmo trabalho. Ou talvez eu comece a ficar ansioso sobre se o trabalho está de fato acontecendo e se preciso fazer uma verificação, ou ainda preocupado sobre se terei de fazer uma intervenção no último minuto. Isso também pode gerar problemas de confiança. Se não consigo ver o trabalho que você está fazendo e decido fazê-lo por conta própria, só para garantir, estou mostrando de forma implícita que não confio em você para fazer o trabalho sozinho.

É hora de abrir as caixas-pretas de onde o trabalho acontece e de como ele é atribuído.

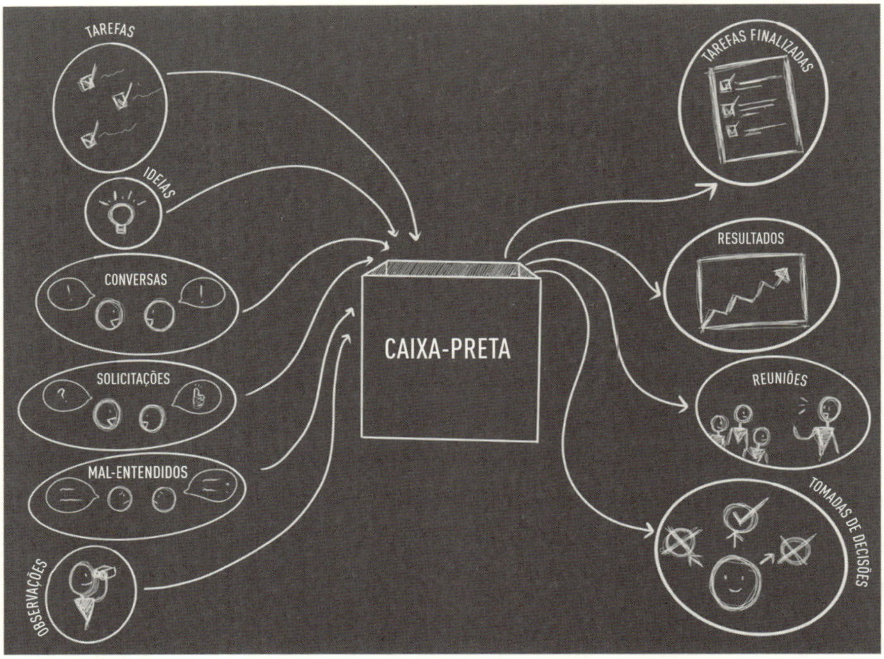

Onde o trabalho acontece?

Em ambientes profissionais, há uma preocupação constante em ver as pessoas trabalhando em tempo real. A impressão é que, se você não consegue ver o que elas estão fazendo, é provável que estejam fazendo qualquer coisa. Traduzido para a sabedoria do meio corporativo, isso se parece com plantas-baixas de escritórios abertos, exigência de trabalho presencial, ou mesmo *softwares* que rastreiam o computador de um funcionário que trabalha em esquema remoto.

Se nosso objetivo é contratar pessoas para dar o melhor de si no trabalho, essa preocupação em vê-las trabalhando gera uma incompatibilidade. Posso fazer meu melhor trabalho em uma cafeteria, onde ninguém fica me vigiando. Se eu trabalhasse em uma equipe na qual precisasse me manter sentado em um local específico, a fim de que o gerente pudesse ver com os próprios olhos o que estou fazendo, me sentiria bastante incentivado a não dar o melhor de mim e, ao contrário, fazer apenas o básico no local onde as pessoas quisessem me ver trabalhando.

Cada um de nós tem formas únicas de trabalhar, usando ferramentas próprias e diferentes. A menos que esteja no mesmo local e olhando a tela de outra pessoa, não precisa saber o que ela está fazendo em determinado momento. O que você pode fazer é desenvolver hábitos de equipe que permitam às pessoas dar o máximo de si da melhor maneira que funcione para elas, oferecendo, ao mesmo tempo, visibilidade e responsabilidade, a fim de que colaborem bem com os colegas de equipe.

A maneira de fazer isso é decidindo sobre as ferramentas-padrão e os canais usados pela equipe, e garantindo que todo o trabalho em conjunto aconteça nesses locais. (Se quiser mais informações a esse respeito, consulte o último capítulo.)

O grande ponto positivo de se ter ferramentas-padrão como o Google Docs ou o Dropbox, ou locais em que se pode trabalhar colaborativamente, é que você terá facilidade para ver no que as pessoas estão trabalhando enquanto lhes permite trabalhar do jeito mais produtivo para elas.

Isso responde às perguntas sobre onde fazemos nosso melhor trabalho individualmente e qual é o local padrão em que trabalhamos como equipe.

Como os *check-ins* acontecem?

Para darmos uma boa colaboração, precisamos saber no que os outros membros da equipe estão trabalhando. Porém, fazer perguntas como "O que você fez hoje?" ou "Em que pé estamos neste projeto?" pode deixar as pessoas na defensiva logo de cara.

O ideal é não ter que fazer essas perguntas, porque a equipe já trabalhou o hábito da comunicação proativa e preventiva que abordamos no capítulo anterior. Mas, quando a pergunta for realmente necessária, deixe claro que é no sentindo positivo, e que você não está querendo arrancar informações. Nesse caso, um *emoji* faz toda a diferença (a menos que um dos hábitos de sua equipe seja usar *emojis* de maneira passivo-agressiva). As professoras Tomoko Yokoi e Jennifer Jordan, do International Institute for Management Development (IMD), estudam a liderança efetiva na era digital e argumentam que usar *emojis* pode ser uma maneira poderosa para se conectar com os colegas de equipe.

Conforme artigo de autoria das duas na *Harvard Business Review*, "Employees Don't Check Their Emotions at the Office Door – or Zoom Room" [Funcionários Não Conferem suas Emoções à Porta do Escritório – ou na Sala do Zoom],[2] *emojis* podem ajudar a aperfeiçoar nossa comunicação quando não estamos frente a frente.

"O que você fez hoje? 🛠️🎉 💪" confere mais contexto emocional do que "O que você fez hoje?" sem nenhum *emoji*, podendo servir como alternativa para os indícios concretos que muitas equipes e líderes ofereceriam em um contexto pessoal.

Como se delega o trabalho?

Além de caixas-pretas que envolvem como o trabalho é feito, você também pode ter caixas-pretas de como os colegas de equipe recebem tarefas.

Muitas equipes desenvolvem uma forma aleatória de passar uma tarefa a outra pessoa, do tipo "escolha a sua". O problema é que, se você tem cinco canais diferentes para passar uma tarefa a alguém, e seis pessoas na equipe, para qualquer pessoa há pelo menos 25 configurações para o modo como podem receber tarefas de outro colega.

Exemplo: Alex envia uma mensagem de texto para você porque esse é o método preferido dele de comunicação. Você passa uma tarefa para Suanna por *e-mail* e depois vai para o Slack enviar uma mensagem pessoal a Hallie sobre a parte dela no projeto. Já que Alex não consegue visualizar seu *e-mail* nem suas mensagens pessoais, ele pode começar a se perguntar qual foi a tarefa atribuída. Hallie e Suanna, por sua vez, podem começar a duplicar trabalhos, sem saber que você também conversou com uma outra pessoa, ou talvez escolham uma rápida chamada de vídeo em conjunto para discutir o projeto e criar um plano-fantasma (veja o Capítulo 6), sem chamar você nem Alex.

Eliminar caixas-pretas reduz o excesso de processamento e a duplicação de trabalhos que acontece quando não temos certeza do trabalho que os colegas de equipe estão fazendo. Também reduz o tempo de espera, pois não temos de verificar relatórios de progresso, que podem emperrar o trabalho. E, é claro, reduz as inevitáveis melancias com banha quando chega a hora de entregar o trabalho.

Como as tarefas são descritas?

Além de deixar claro onde o trabalho está sendo feito e como as tarefas são atribuídas, explique do que se trata a tarefa. Em linhas gerais, ao se escrever uma lista de tarefas, isso deve ser feito como se alguém fosse lê-la mais tarde e agir conforme o que leu, sem a necessidade de mais nenhuma explicação.

Se estou na área de trabalho Asana e vejo uma tarefa incoerente – especialmente se ela estiver vencida –, não posso fazer nada para ajudar. Não sei o que significa "lista de *e-mails*" sem rastrear quem redigiu essa tarefa. Devo selecionar a lista de *e-mails*? Enviar um *e-mail* para a lista? Pesquisar novos provedores de listas de *e-mails*?

Tarefas incoerentes demandam tempo de espera extra no processo colaborativo, além de limitar a capacidade dos colegas de equipe em ajudar de algum modo. No Capítulo 5, falamos sobre como os multiplicadores de força podem ser maravilhosos. Se você anotou uma tarefa bem-estruturada no local onde a equipe realiza o trabalho, é mais fácil esse multiplicador de força aparecer para ajudar. É melhor, nesse caso, fazer uma pausa se necessário, passar um fim de semana prolongado fora do ar e, ao voltar, descobrir que o trabalho de toda a equipe não parou porque você deixou rastros estruturais indicando onde estava o trabalho e o que mais precisava acontecer.

Sempre escreva tarefas e *thread topics* como se outra pessoa fosse precisar lê-los, pois essa outra pessoa pode ser *você* no futuro, quando estiver alocado em um projeto por algumas semanas, e deparar com anotações enigmáticas e fora de contexto que deixou para si mesmo.

Redigir descrições claras de tarefas é um modo de facilitar sua vida no futuro, e a vida dos colegas no agora e no futuro.

Qual é o ritmo dos projetos em sua equipe?

Quando a equipe está colaborando bem, acaba-se tendo um ritmo natural sobre qual é a duração do projeto, até que ponto há atualizações, a que velocidade ela está avançando, e assim por diante. Se esse ritmo não parece estar em sintonia com a linha do tempo real do projeto, é um sinal concreto de que sua colaboração pode não se fazer presente com tanta firmeza quanto você pensa ou como ela deveria ser.

Por exemplo, se o prazo do projeto é o fim do trimestre, você pode analisar até que ponto avançou no fim do primeiro mês e reavaliar como a equipe está colaborando para cumprir esse cronograma. Você está no caminho certo para cumprir o prazo no fim do trimestre no ritmo atual de uma sessão de trabalho por semana? Ou precisa acelerar o passo dessas sessões para finalizar o projeto a tempo?

Tenha em mente que o ritmo do projeto também pode evidenciar outros fatores, como capacidade, recursos, ou até que ponto o início do plano ou da meta foi realista. Se sua colaboração parece estar sob medida, comece a se aprofundar nesses outros fatores.

USANDO A CABEÇA

TRABALHO EM EQUIPE EM CANAIS DE EQUIPE

Abrir as caixas-pretas de onde o trabalho acontece e como ele é atribuído ajuda a reduzir a carga cognitiva, a ansiedade emocional e o estresse geral relacionados aos esforços colaborativos de uma equipe.

- Por definição, onde o trabalho acontece? E por que nesse lugar? Isso funciona para nós? Isso nos dá a quantidade ideal de visibilidade sobre o que os colegas de trabalho estão fazendo, de modo que possamos respeitar o trabalho deles, e não duplicá-lo ou negá-lo, mesmo que seja sem querer?
- Quais são os padrões de equipe para compartilhar de modo proativo o que está sendo feito e verificar quando precisamos saber o *status* de um projeto?
- Que canais habituais usamos para conversar sobre os projetos ou passar tarefas aos colegas de equipe? Esses canais proporcionam aos colegas o volume adequado de visibilidade de outras partes do projeto? É simples encontrar e revisar informações nesse canal?
- Quais são as convenções usadas pela equipe para escrever os títulos e as descrições das tarefas? Utilizamos verbos para tornar clara qual ação é necessária? Deixamos rastros estruturais objetivos o bastante para os colegas entenderem o que a tarefa exige deles? Disponibilizamos informações suficientes para os colegas irem direto para o trabalho em vez de perder tempo caçando mais detalhes?

continua

- Se o ritmo do projeto está empacado, precisamos de mais executores para acelerá-lo? Temos avaliadores suficientes para impedir gargalos no trabalho que está em criação? Estamos com problemas de coordenação porque o trabalho finalizado não está sendo transmitido com eficiência entre os integrantes da equipe ou de fora dela? Existe algum desperdício TIMWOOD que podemos eliminar para acelerar o processo?

CRIE O HÁBITO DE EQUIPE DE FORMAR EQUIPES DE PROJETO *AD HOC*

Desde que me entendo por gente, sempre que vejo um problema, minha tendência natural é olhar ao redor e verificar quem está por perto para me ajudar a resolvê-lo. É nisso que dá crescer em uma família de militares e passar meus anos de formação no acampamento dos escoteiros e no exército.

Por ter crescido assim, presumi que construir uma equipe *ad hoc* era uma tendência natural de qualquer pessoa: ver um problema, olhar ao redor, formar uma equipe para enfrentar e resolver o problema, e aí debandar.

Porém, como percebi depois, esse não é um impulso natural e fluido para muita gente. No entanto, pode ser uma ferramenta extremamente poderosa de se cultivar.

Quando você ensina às comunidades como criar equipes comunitárias responsivas, isso as capacita a ser mais autossuficientes e a desenvolver habilidades para resolver pequenos e grandes problemas. **Quando você ensina as pessoas de uma organização a montar equipes temporárias para resolver problemas e buscar oportunidades, elas desbloqueiam uma habilidade valiosa.**

Uma das primeiras perguntas que faço como consultor laboral é: "Quem dá carta branca às equipes?" Muitas vezes, a resposta é que o ambiente de trabalho possui estruturas e padrões desnecessários que dificultam a formação de uma equipe dinâmica para resolver um problema particular.

Às vezes, as pessoas não formam equipes porque não gostam de dar mais trabalho aos colegas. Provavelmente sabem que, assim como elas, eles estão sobrecarregados, e não querem dar trabalho extra a ninguém.

Outra possibilidade é que acreditem que não tenham permissão – o que é curioso, porque, se você pede permissão a um executivo para resolver um problema em grupo, ele ficará estupefato. É claro que você pode! Mas talvez a cultura de sua equipe impeça isso, desincentivando, implicitamente, as pessoas a tomar a iniciativa. Formar uma equipe para resolver um problema e falhar pode deixá-lo em uma situação constrangedora, ao contrário do que aconteceria se ficasse de bico fechado em relação a esse problema.

Uma das barreiras finais é a pergunta: "Quem está na liderança?". Quando você começa a conversar sobre um líder ou gerente de projeto, isso cria um cenário em que as pessoas que geralmente não assumem funções habituais de um gerente ou líder acabam pensando que não estão qualificadas para levar o projeto adiante, ou os colegas de equipe delas acabam escolhendo outra pessoa. Sem querer, também faz gerentes e líderes administrarem mais projetos do que é preciso, sendo que o realmente necessário é alguém que se responsabilize pelo projeto e o leve adiante usando a equipe disponível.

Uma forma mais útil de pensar em gestão de equipes é fazer a seguinte pergunta:

A quem pertence este projeto?

Na tríade executor-avaliador-coordenador, muitas vezes o projeto acaba ficando com o coordenador. Mas não precisa ser assim. O projeto pode ficar com o executor, que também terá a maior responsabilidade por fazê-lo acontecer. Ou ainda ficar com o avaliador, que guiará o executor e o coordenador.

Nomear um responsável pelo projeto é outra forma de deixar claro quem vem primeiro. Isso informa à equipe a quem recorrer se tiverem perguntas, a quem se reportar quando fazem progressos na sua parte do projeto, e a quem parabenizar por ter tomado a iniciativa.

Quando alguém foi apontado como responsável pelo projeto (ou assume essa função por conta própria), essa pessoa não precisa necessariamente ter todo o leque de habilidades para levar um projeto adiante. Ela é responsável por reunir a equipe de Lobos, mantê-los nos trilhos e reportar os resultados do projeto. Também tem a autoridade funcional de pedir a alguém com hierarquia superior na cadeia organizacional que faça algo em determinada linha do tempo para dar apoio ao projeto.

Ao criar o hábito de equipe de indicar o responsável pelo projeto, mais pessoas vão ser capazes de administrá-lo ou liderá-lo, não importando sua situação ou nível na organização. Isso tem a maravilhosa vantagem de aumentar a força de apoio da gestão de produtos e a liderança em toda a organização.

É um conceito intuitivo *e* torna tênue, intencionalmente, os limites entre os níveis 1 a 5 da pirâmide organizacional.

A outra consequência é que, quando você já foi responsável por um projeto algumas vezes, fica ansioso para ser um bom companheiro de equipe no futuro. Você aprende a se comunicar melhor e também presta mais colaboração aos projetos que não são seus, pois já esteve do outro lado.

USANDO A CABEÇA

COMO CRIAR UMA EQUIPE

Como equipe, gerente ou líder, faça estas perguntas: quem cria a equipe? Como garantir que ela tenha o apoio necessário? De que maneiras estamos desestimulando as pessoas a formar equipes *ad hoc* para resolver problemas ou buscar oportunidades?

Como colaborador individual que avistou um problema e quer criar uma equipe *ad hoc*:

- Não presuma que você precisa ser a única pessoa a resolver o problema. Em vez disso, considere-se responsável pelo projeto. Você não precisa saber fazer tudo; só precisa saber quem são os Lobos, para convocá-los e fazer a coisa toda acontecer.
- Deixe claras suas intenções. Diga: "Ei, percebi esta questão ou desafio. Até prova em contrário, vou conversar com um pessoal, reuni-los e resolver isso". Nesse caso, você não está pedindo permissão; está apenas garantindo que não está brincando com fogo nem metendo os colegas, ou você mesmo, em alguma encrenca.
- Saiba que resolver um problema ou desafio de longa data pode levar mais tempo que o esperado. Muitos problemas fáceis em uma organização já foram solucionados. Talvez você esteja tentando se livrar de uma mera impressora quebrada, mas também pode acabar descobrindo um problema trabalhoso e capcioso.
- Escolha um ritmo de comunicação e o mantenha até perceber que está excessivo ou restrito demais. Se o projeto ficar muito extenso, ou apenas ficar mais extenso, aplique a metodologia da Parte 3, sobre como modificar um hábito de equipe.

PONTOS PRINCIPAIS DO CAPÍTULO 8

- Uma equipe bem definida tem uma resposta habitual natural à pergunta sobre quem deve desempenhar alguma tarefa que possa surgir.
- O elemento atômico da equipe é a tríade executor-avaliador-coordenador. Saber quem executa essas funções permite resolver o problema de composição da equipe.
- Decida qual Lobo chamar no caso de algum problema que apareça com regularidade em sua equipe.
- Trabalhos em equipe (e conversas sobre esses trabalhos) devem ser feitos em canais de equipe.
- Qualquer membro de equipe deve ter capacidade para criar uma equipe de projetos *ad hoc* a fim de resolver determinado problema.

NOVE

REUNIÕES

Em boas reuniões, há um momento que provém da troca espontânea de novas ideias e produz resultados extraordinários.

— Harold Geneen

Um dos motivos pelos quais as reuniões são tão lembradas pelas pessoas quando o assunto é modificar hábitos de equipe deve-se ao fato de serem o contexto em que todos os outros hábitos de equipe entram em cena.

Vivenciam-se nelas o senso de pertencimento e a confiança em tempo real, bem como tomada de decisões, definição de metas e planejamento em ação. Hábitos de comunicação e colaboração vão brotando à medida que a equipe começa a conversar sobre como os integrantes vão trabalhar juntos para realizar as tarefas.

Reuniões são situações em que, no decorrer de uma hora, veem-se todos os maus hábitos de equipe em rápida sucessão. As pessoas se interrompem. Há quem se sinta excluído do processo. O planejamento dá errado (ou fica evidente que ele nunca existiu, para começo de conversa). Decisões são apressadas, e as etapas seguintes se perdem. Não fica claro quem está "na primeira", então "alguém" acaba com um monte de trabalho.

Reuniões também são chatas porque, quando estamos no meio de uma – sobretudo de uma que não esteja indo bem –, temos plena consciência de que várias outras tarefas poderiam estar sendo feitas. Tarefas que (tomara) achamos gratificantes, desafiadoras e satisfatórias. Tarefas que (provavelmente) outra pessoa vai nos repreender por não termos feito, porque estamos presos na tal reunião.

Raras são as organizações ou equipes que podem afirmar com honestidade que adoram todas as reuniões que promovem.

As reuniões podem atuar como um multiplicador poderoso de forças ou um redutor poderoso delas. Unir pessoas com a finalidade de realizar uma ótima reunião pode ser uma mola propulsora para a energia do time, que poderá apresentar algo completamente diferente e melhor, ou pode diminuir a atenção e a capacidade da equipe, impedindo-a de fazer o trabalho que deveria estar executando.

A melhor coisa a se focar em reuniões é que você não precisa conversar com executivos seniores em busca de *buy-in* para aprimorá-las. Não precisa se coordenar com outra equipe ou área de negócios para fazer mudanças. Você pode apenas decidir com a equipe que vai mudar sua cultura de reuniões para algo que a respalde a executar melhor seu trabalho.

Todos esses são bons motivos pelos quais a reunião é um ótimo lugar para se começar ao abordar hábitos de equipe. Mas, se ainda não estiver convencido do custo real de reuniões mal administradas, é hora de pegar a calculadora.

A MATEMÁTICA DAS REUNIÕES

Quando a impressora de $500 do escritório quebra, temos de preencher um formulário de solicitação ou ordem de compra para substituí-la. Os $500 são analisados antes da aprovação – ou da ausência dela. Mas, quando seria bom marcar a reunião? Nada irá nos deter, mesmo que a maioria das reuniões custe bem mais do que $500, do ponto de vista de salários e interrupções de tempo.

Em empresas, é mais difícil ter acesso a dinheiro, embora seja mais fácil conseguir isso do que ter acesso a coisas bem mais escassas: o envolvimento e a atenção plenos das pessoas.

Vamos analisar o custo real de uma reunião.

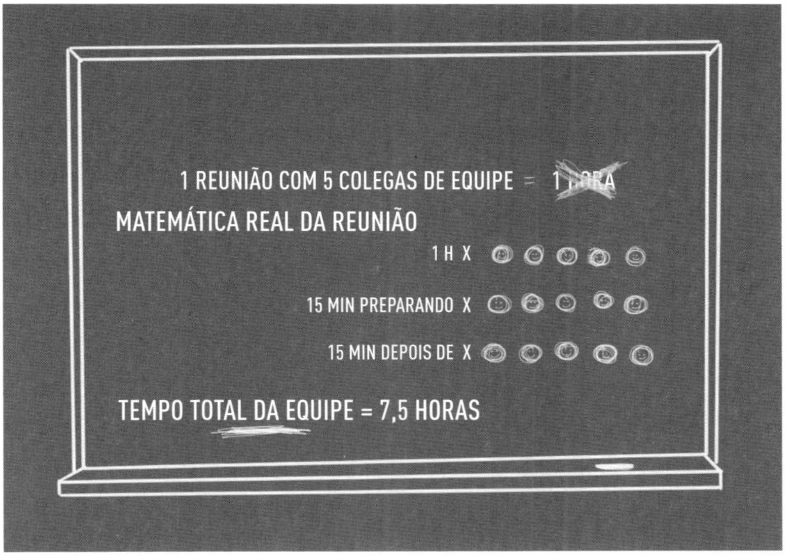

Quanto tempo duram as reuniões, afinal?

Você marcou uma reunião de uma hora. Quanto tempo ela absorve de verdade?

- Antes da reunião: quinze minutos de preparação e transição. É o tempo que você gasta para parar o que está fazendo e entrar no modo reunião.
- Horário da reunião: a duração da hora *realmente* agendada para a reunião.
- Após a reunião: quinze a vinte minutos de saída e tempo de administração. A maioria das reuniões gera mais trabalho, seja

para enviar uma mensagem, passar tempo decidindo sobre o que foi discutido, ou apenas voltando ao trabalho de modo mais aprofundado.

- Quando se analisa a situação dessa forma, uma reunião de uma hora toma noventa minutos do seu tempo, na verdade.

Quantas reuniões você realmente faz por semana?

Você pode olhar no calendário e dizer que faz entre três e cinco reuniões fixas por semana. Nada mal, não é? Até começar a contabilizar todas as "reuniões-muleta" inesperadas que brotam aos 45 do segundo tempo. (Reuniões-muleta são as que integram o papel de substitutas de um mau hábito de equipe; daqui a pouco falaremos mais delas em mais detalhes.)

Em geral, quando faço este exercício com clientes, eles me contam que 50% das reuniões que fizeram na semana anterior foram casos excepcionais, que saíram da programação regular. No entanto, quando reavaliamos a agenda, fica claro que essas reuniões "excepcionais" levam em essência a mesma quantidade de tempo toda semana. Elas poderiam muito bem ser consideradas reuniões fixas, ou seja, é preciso contar com elas na sua agenda. (E, depois, como discutiremos adiante, descobriremos como eliminá-las.)

Levando em conta as reuniões-muleta, você pode, na verdade, fazer oito reuniões fixas por semana, de 45 minutos cada. Usando a regra geral de que haverá ao menos 35 minutos de preparação e tempo de administração antes e depois de cada reunião, isso dá um total de dez horas por semana útil devoradas por reuniões.

Restam trinta horas em uma semana útil comum para fazer o trabalho que você é pago para realizar. Não é tão ruim, certo?

Espere um segundinho... vai piorar.

Quando as reuniões são feitas?

O horário em que a reunião acontece é tão importante quanto a duração dela. Por exemplo, se você agenda uma reunião para as 8h da manhã, pega a maioria das pessoas no ciclo de aquecimento. A maior parte delas não está pronta para conversas profundas nesse horário, ou seja, a reunião será mais longa que o necessário, mais confusa que preventiva, ou apenas bastante inútil.

O mais provável é que você invista trabalho invisível na equipe para ela aparecer mais cedo no escritório, a fim de se preparar para a reunião. O tempo gasto na preparação para a reunião das 8h deslocará o tempo que provavelmente os colegas de equipe passariam cuidando de si mesmos, com a família ou dormindo.

Agendar reuniões para as 9h30 ou 10h não é muito melhor, mas por motivos diferentes. Basicamente, reuniões no meio da manhã vão garantir aos colegas de equipe a indisponibilidade de um bloco inteiro de foco antes ou após a reunião. A menos que comecem a trabalhar supercedo, é provável que passem a manhã em coisas administrativas e, depois, empurrem as horas pós-reunião com a barriga até chegar ao almoço. Essa reunião de uma hora acaba arruinando o bloco de foco de uma manhã inteira.

Na equipe da PF, tendemos a agendar reuniões às 11h, às 13h ou às 15h. A opção das 11h dá às pessoas um bom bloco de foco de trabalho matinal, após o qual elas podem entrar na reunião aquecidas e prontas. Reuniões às 13h aproveitam a energia "da volta do almoço" e deixam uma quantia sólida de tempo à tarde para blocos de foco, e 15h pode ser um horário excelente para reuniões – ou não, dependendo dos cronotipos da equipe (sobre os quais falaremos mais no capítulo a respeito de hábitos centrais de equipe).

Pode ser mais difícil administrar essa situação com equipes de vários fusos horários. O importante, contudo, é trabalhar com os colegas para encontrar a opção mais adequada a todas as agendas.

O dia em que as reuniões acontecem na semana também pode ser um multiplicador ou diminuidor de força, porque determina o formato e a cadência da semana. É por isso que vemos tantas reuniões de planejamento e coordenação às segundas e terças-feiras. Se você marca uma reunião de planejamento em uma quinta-feira, ou as pessoas estão exaustas ou distraídas por prazos iminentes com a chegada do fim de semana. O que você planejar durante essa reunião será difícil de lembrar na semana seguinte.

É menos palpável, mas cronometrar certos tipos de reunião durante um mês também pode moldar o fluxo de trabalhos de um mês ou semestre.

Em nosso exemplo imaginário de matemática de reunião, definimos que você tem, tecnicamente, oito reuniões de 75 minutos ao longo da semana. Dê uma olhada no dia em que elas caem. Quantas delas estão bombardeando, de forma efetiva, manhãs ou tardes inteiras de trabalho?

Quantas pessoas participam da reunião?

O cálculo final da matemática das reuniões é este: se você tem uma reunião de uma hora com oito pessoas, *na verdade terá doze horas de reunião*. (Isso depois de levarmos em conta o tempo de reserva antes e após cada reunião.)

Você está usando oito horas de tempo e atenção. Oito horas de salário das pessoas. Quando pensa nisso dessa maneira, eliminar uma única reunião pode eliminar também a necessidade de atenção de oito pessoas, liberando assim muito mais tempo para o trabalho de verdade acontecer.

A matemática das reuniões é a resposta à pergunta sobre por que a equipe anda tendo tantas dificuldades para levar seus projetos adiante. Por que ela não está conseguindo dar conta de projetos estratégicos? Por que os integrantes estão exaustos? Por que continuam sendo reféns do impasse de trabalhos estratégicos-recorrentes-urgentes, que mencionamos no capítulo sobre planejamento?

De posse do cálculo da matemática das reuniões, você pode verificar por que não há tempo suficiente no calendário das pessoas para elas fazerem o próprio trabalho.

Mas, se as pessoas *estão* conseguindo trabalhar, a possibilidade é que estejam trabalhando de um modo que as esteja conduzindo a um *burnout*, porque o único momento em que conseguem encontrar blocos de foco é à noite e aos fins de semana, quando a agenda não é interrompida por reuniões.

EXEMPLO DE MATEMÁTICA DAS REUNIÕES

Reuniões fixas por semana	8 reuniões
× tempo gasto por reunião (incluindo deslocamentos)	1,5 hora
= tempo total (por pessoa) gasto em reuniões	12 horas
× número de colegas de equipe	8 pessoas
= tempo total da equipe gasto em reuniões	96 horas
× pagamento médio por hora	\$50
= quantia gasta em reuniões por semana	\$4.800,00

A equipe do exemplo acima está gastando \$240.000 por ano com reuniões, e mesmo assim ninguém consegue aprovação para substituir a impressora desatualizada há anos.

Não quero dizer com isso que todas as reuniões sejam ruins. O que estou dizendo é que sua equipe deve fazer reuniões que atuem, intencional e habitualmente, como força multiplicadora da capacidade da equipe em fazer o melhor trabalho possível. Entender a matemática das reuniões pode lhe proporcionar uma linguagem e ferramentas poderosas para começar a lidar com hábitos de equipe relacionados a reuniões.

Elimine as reuniões-muleta

Uma pergunta que me fazem com frequência é: ao contar reuniões, deve-se considerar toda rápida conversa pessoal com um colega de equipe? E se você e um colega de trabalho passarem pela mesa de um terceiro colega para trocar ideias em uns dez minutos de papo? Quantas pessoas precisam estar presentes na reunião para que isso "conte"?

Ao auditar suas reuniões, resista ao impulso de se ater a detalhes sobre como definir uma reunião e, em vez disso, parta para o velho mantra: "Saberei quando encontrar".

Uma reunião breve com um colega de equipe pode poupar um tempo enorme. Se você tivesse passado alguns dias fora, poderia logar no Slack na primeira manhã de retorno e passar noventa minutos percorrendo os *threads* para se atualizar. Ou pode telefonar para um amigo e se atualizar em cinco minutos. Tecnicamente, foi uma reunião? Não se preocupe demais com isso.

O que você *precisa*, isso sim, é ficar de olho quando as reuniões se tornarem muletas de maus hábitos de equipe em outras categorias.

Reuniões-muleta são usadas para abordar coisas que deveriam ser tratadas fora da reunião, mas que não estão recebendo a devida atenção. Seu planejamento continua saindo dos trilhos, então você marca uma reunião para consertá-lo. A comunicação se perdeu, então você marca uma reunião para confirmar que todo mundo está falando a mesma língua. Ninguém sabe mais quais são as prioridades, então... Você já sacou qual é a ideia.

Quando você analisa com mais profundidade uma agenda sobrecarregada de reuniões, torna-se evidente que muitas delas tidas como excepcionais são, na verdade, reuniões-muleta. Se quiser tirá-las para sempre da agenda, é preciso lidar com o que as está causando e tomar uma iniciativa.

A reunião fixa diária, que abordamos no capítulo sobre planejamento, é um bom exemplo de uma provável reunião-muleta. Se reuniões fixas diárias são necessárias porque você não tem outra forma de manter todo mundo informado, esse é um modo bem caro de lidar com um problema de planejamento. Mas também pode ser que esteja em um ambiente Vuca – como fusão, reorganização ou pandemia global –, e a reunião fixa diária é a melhor maneira de identificar com rapidez as prioridades do dia e atualizar os integrantes da equipe sobre novas informações.

Qual seu *promoter score* de reunião?

Promoter score de reunião é um trocadilho com *net promoter score*, criado por Fred Reichheld e destacado em seu livro *The Ultimate Question* (*A Pergunta Definitiva 2.0*).[1] Da mesma forma que profissionais de marketing podem ter uma breve noção de como seu produto ou empresa está se saindo com base na pergunta "Qual é a probabilidade de você recomendar [X] a um amigo?", é possível descobrir com rapidez se uma reunião valeu a pena ao perguntar: "Você recomendaria esta reunião a um colega de trabalho?"

Reuniões afetam cada um de nós de maneira única. Se você é sociável, mesmo as reuniões mais medíocres poderão ser o ponto alto do seu dia. Se for introvertido, o mero fato de aparecer na melhor das reuniões pode drenar toda a sua energia.

Enquanto explora mudanças de hábitos em relação a reuniões, lembre-se de que outras pessoas talvez não sintam o mesmo que você. **Para muita gente, ter uma reunião na agenda acrescenta uma camada extra de ansiedade ao dia.**

Mesmo uma reunião virtual demanda usar maquiagem, ser acessível, sorrir ou falar amenidades. Pode haver perguntas logísticas estressantes para responder, como "Preciso ligar a câmera? Os cachorros vão começar a latir? E se eu tiver de amamentar? Preciso limpar meu escritório?"

Eu poderia entrar em uma videochamada e conversar o dia todo, porém não é esse o caso da maioria de meus colegas de equipe. Sei que, sempre que marco uma reunião, eles têm um nível adicional de negociação, do qual não estou necessariamente inteirado, para aparecer na reunião. Levo a sério essa responsabilidade.

Uma das coisas que surpreendem muitas pessoas que entram na equipe da PF é a tendência a se sentirem contentes ao término das reuniões. Elas saem mais conectadas, inspiradas e empolgadas do que antes. Trabalhamos duro para garantir que toda reunião no calendário multiplique a força das iniciativas de nossa equipe em vez de drená-las.

USANDO A CABEÇA

FAÇA UMA AUDITORIA EM SUAS REUNIÕES

- Analise sua agenda de reuniões fixas semanais e mensais e aplique a matemática das reuniões mencionada. Na melhor das estimativas, quanto tempo e salário são gastos em reuniões por semana?
- Quando as reuniões acontecem durante o dia? Elas impedem potenciais blocos de foco dos colegas de equipe? Há um horário diferente do dia que faria mais sentido para garantir que todos os que fossem necessários pudessem participar? Não se esqueça de contar colegas de equipe em horários diferentes.
- Sua agenda de reuniões semanais, mensais e trimestrais impulsiona o trabalho e gera força multiplicativa? Ou ela reduz e esgota tempo, energia e a atenção da equipe?
- Quantas reuniões de sua agenda nas últimas seis semanas foram, na verdade, reuniões-muleta? Que mau hábito criou a necessidade dessa reunião? Quando notar uma tendência, é provável que esse seja o próximo hábito de equipe com o qual deva começar a lidar.
- Para decidir se vale a pena manter uma reunião na agenda, pergunte a si e à equipe: "Você ficou satisfeito com esta reunião? Acha que ela estimulou nossa energia e foco, ou os dispersou? Se tivesse de avaliá-la no Yelp, você a recomendaria a um amigo ou colega de equipe?" Se a resposta for não, a próxima pergunta a ser feita é: "O que podemos fazer para deixar nossas reuniões menos estressantes e mais eficazes, e torná-las forças multiplicadoras incríveis para o restante da equipe?"

ELABORE REUNIÕES MELHORES

Quantas vezes você entrou em uma sala de conferências ou fez *login* no Zoom sem saber com certeza o que esperar da reunião?

Elaborar melhor uma reunião começa com a compreensão de que nem toda reunião é feita nos mesmos moldes. **As reuniões se enquadram em uma de seis categorias, ou são feitas de blocos dessas categorias – muitas delas espelhando as categorias de hábitos de equipe sobre as quais conversamos.**

Quando você inicia um hábito de equipe visando definir categorias de reunião, isso o ajuda a pôr em perspectiva quais reuniões são necessárias e por quais motivos. E, assim esperamos, livra os colegas de equipe da frustração de entrar em uma sala de conferências ou logar em uma chamada de Zoom sem a menor ideia do que está acontecendo.

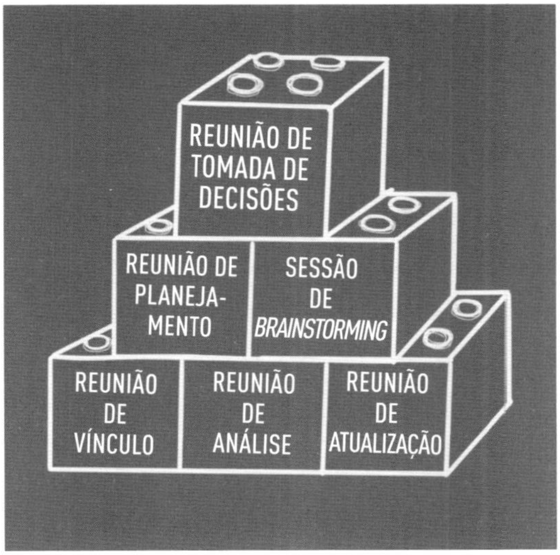

Os seis blocos de reunião

Reunião de tomada de decisões

O objetivo de reuniões de tomada de decisões é obter a quantidade apropriada de pessoas à mesa, desde a informação até a decisão. Esse tipo de reunião é marcado no início do processo, quando se sabe que uma decisão vai surgir, ou um pouco mais tarde, quando você empacou no processo e é preciso uma decisão para levar o trabalho adiante.

Reunião de planejamento

Reuniões de planejamento são projetadas para convidar a equipe a um certo curso de ação, alinhando sua atividade a uma linha do tempo. Em um mundo ideal, a maioria das decisões preliminares teriam sido tomadas antes da reunião de planejamento, mas certas reuniões de planejamento são feitas para ajudar na comunicação de decisões que precisam ser feitas para se executar o plano. Uma vez que tenha feito a reunião de planejamento, você pode marcar outra mais breve, de tomada de decisões, incluindo apenas as pessoas necessárias.

Sessão de brainstorming

O objetivo de uma sessão de *brainstorming* é gerar potenciais soluções e cursos de ação. Para uma sessão como essa, a meta deve ser continuar expandindo as possibilidades, e não transformar as ideias e opções em soluções viáveis.

Reunião de vínculo

O principal objetivo de uma reunião de vínculo é criar senso de pertencimento e laços ao nos conhecermos melhor. O tópico da conversa vai funcionar apenas se deixar as pessoas mais à vontade para se socializar.

Neste ponto, gostaria de abrir um parêntese. Muitos facilitadores tendem a pensar rápido e a ser extrovertidos, e não veem problema em encher os colegas de equipe com um monte de palavras para quebrar o gelo, destinadas a manter o fluxo da conversa. Mas muitos preferem não se expor nem falar sobre si sem ter tempo para se preparar. Falar de coisas relacionadas ao trabalho é um convite para essas pessoas entrarem na conversa, em vez de colocá-las sob holofotes com perguntas que possam parecer invasivas, como "Quais são seus sonhos?" ou mesmo: "Quais são seus planos para o fim de semana?"

Falamos sobre uma de minhas perguntas favoritas nesse tipo de reunião no capítulo sobre senso de pertencimento: "Pode descrever uma conquista sua não relacionada ao trabalho?" Em minha experiência, todo mundo pode se envolver com essa pergunta sem sentir que está participando de algum tipo de entrevista para um jornal.

Reunião de análise

O objetivo de reuniões de análise (ou reunião de balanço, ou avaliação pós-ação) é avaliar uma atividade prévia e verificar o que funcionou ou não, e desenvolver *insights* que você possa aplicar em planos e projetos atuais ou futuros.

Reunião de atualização

A função de reuniões de atualização é manter as pessoas informadas sobre o que está acontecendo, transmitir informações cruciais e proporcionar um momento para perguntas. Uma reunião de atualização tem o intuito de dar sentido aos assuntos, ajudando as pessoas a saber o que está acontecendo ao seu redor.

Hesitei em colocar reuniões de atualização nesta lista porque já estive em inúmeras reuniões desse tipo que poderiam ter sido um *e-mail*, ou então continham tanta informação de alto nível que saí com menos clareza sobre o que estava acontecendo do que quando entrei.

Uma boa regra geral para essas reuniões é que as pessoas devem sair delas sentindo-se mais prontas, alinhadas e envolvidas com o trabalho que virá pela frente. "Envolvidas" não significa, necessariamente, inspiradas e empolgadas; "decididas" já basta.

Usando blocos de reunião

Pense nesses seis tipos de reunião como blocos de construção. Você pode escolher um desses blocos para criar uma reunião que construa senso de pertencimento, ajudando-o a fazer um *brainstorming* de ideias e levando-o a decisões. Ou então pode criar uma reunião que proporcione atualizações sobre os progressos feitos para, em seguida, você poder decidir qual caminho seguir.

Pensar em cada um desses blocos individualmente resultará em uma melhor elaboração de suas reuniões.

Construa reuniões complementares

Nem todo bloco de reunião se encaixa bem no outro. Por exemplo, pegar um bloco de vínculo após um bloco de análise pode ser difícil. Se você é honesto até o último fio de cabelo em relação ao que deu certo e o que deu errado durante reuniões de análise, as pessoas podem se sentir bem na defensiva para exercitar a criação de laços. Existem formas de questionamento que constroem senso de pertencimento, mas são bem complicadas. Como facilitador, é preciso ter consciência de que talvez você esteja brincando com fogo ao combinar esses dois blocos.

Ainda que blocos de reuniões de *brainstorming*, tomada de decisões e planejamento pareçam se complementar mutuamente, eles também podem ser problemáticos se incluídos na mesma reunião. Fazer trocas entre esses três estados mentais pode ser jogo duro; você, como facilitador, precisa ser muito claro quanto à categoria em que se encontra.

Nomeie os blocos de reunião quando houver uma troca

Quando uma reunião passa de um tipo para outro sem que o facilitador lembre que houve uma substituição, a sensação pode ser de confusão.

As pessoas não sabem direito como se engajar, e talvez não tenham certeza do que você espera delas. Nomear o tipo de bloco em que você está durante uma reunião situa os colegas de equipe quanto a como interagir melhor com você em cada etapa.

Voltemos ao exemplo de *brainstorming* e tomada de decisões. Quando usados na mesma reunião, ou eles podem se tornar uma confusão turva ou ser extremamente eficazes, dependendo de como o facilitador se sair em relação a dar nome à fase em que se encontra naquele instante. Recomendo começar pelo *brainstorming*. Uma vez que essa sessão acabar, esclareça que agora você está na parte da decisão. Isso dará a todos – sobretudo ao pessoal de criação – a deixa de que não é mais hora de apresentar vinte ideias, mas sim de fazer uma seleção entre as melhores delas.

Às vezes, uma reunião pode causar uma mudança imprevista em um bloco diferente. Reuniões de atualização, em particular, têm o hábito de resvalar nas de tomada de decisões, análise e *brainstorming*. Você estará no terceiro ponto de sete atualizações quando alguém o interromperá para fazer perguntas estratégicas ou começar a dar soluções de *brainstorming*. Como facilitador, seu trabalho é dizer: "Agradeço, mas o ponto desta reunião é a atualização. Vamos marcar uma conversa específica para *brainstorming* ou planejamento".

Evite reuniões com excesso de conteúdo

À medida que você aprende como sua equipe funciona, também vai desenvolver uma noção de velocidade para adentrar tópicos e tipos de blocos de reunião. Se vejo uma agenda que fornece um *brainstorming* de seis tópicos em uma hora, sei que jamais conseguiremos. Nossa equipe leva vinte minutos, em média, para percorrer um bloco de *brainstorming*, ou seja, ou precisaremos reagendar a reunião para um bloco de tempo mais longo, e dividi-lo em partes, ou arranjar outro jeito de fazer *brainstorming*.

Ao presenciar uma reunião sobrecarregada de tópicos, resista à tentação de excluir o botão do bloco de vínculo no início ou pular a

anotação das próximas etapas no final. Essas duas partes da reunião são extremamente importantes, e os cinco a dez minutos que você vai poupar ao eliminá-las vão gerar problemas de desempenho, senso de pertencimento e colaboração da equipe.

Se precisar mesmo eliminar alguma coisa de uma agenda, faça o difícil trabalho de triagem do que precisa ser incluído de fato nesta reunião, decidindo como será possível fazer o restante do trabalho em outro momento. E, se precisar de várias reuniões para abranger tudo, agende essas várias reuniões. Não tente acumular tudo em um período muito curto.

Defina agendas objetivas (com facilitadores objetivos)

Se eu fosse o rei das reuniões por um dia, criaria duas regras. Primeira: não solicitar uma reunião sem uma agenda. Segunda: não solicitar uma reunião quando não está claro quem é o facilitador.

Essas duas coisas estão intimamente conectadas porque, se não estiverem definidas, voltaremos ao problema do "alguém". Alguém vai descobrir a agenda e alguém vai liderar a conversa. Mas, quando todos logarem na videochamada às 11h, no horário padrão da equipe, "alguém" não vai ter aparecido para conduzir a reunião.

Minha regra é que, se você solicitou a reunião, o facilitador é você. Se quiser a reunião, cabe a você criar a agenda e conduzir a conversa. Isso é consideravelmente mais difícil do que a maioria das pessoas pensa, ou seja, no futuro, as pessoas podem descobrir outra maneira de obter informações que não em uma reunião.

Pensar em blocos de reunião torna o trabalho muito mais fácil para o facilitador e os outros participantes. Se me disser que a reunião é para "conversar sobre" o projeto X, não sei o que preciso fazer para me preparar. No entanto, se o que sei da reunião é que podemos chegar a uma decisão sobre o projeto X, sei exatamente o que se espera de mim quando eu aparecer.

Assim como atribuir um facilitador, também pode ser útil atribuir outras funções nas reuniões, como uma pessoa para tomar notas e outra para ficar de olho no relógio garantindo que resta tempo suficiente para o alinhamento e as próximas etapas.

Templates *de reuniões*

Boa parte do trabalho do facilitador é pensar em como conduzir a conversa de maneira eficaz. Uma forma de resolver depressa esse problema é usar *templates* de reuniões. Esses *templates* não precisam ser restritivos; eles podem, simplesmente, ser um *template* aproximado de agenda que contenha os blocos de construção principais para certos tipos de reuniões que foram incorporadas ao processo.

Por exemplo, a maioria das reuniões de equipe precisa de certo tempo para aterramento e vínculo antes de adentrar o cerne da agenda, portanto, faz sentido que esse seja um bloco-padrão na agenda. Mas existem várias maneiras de se abordar esse bloco de vínculo. Você pode reservá-lo para um momento de conversas informais, em que as pessoas tiram cinco minutos para falar sobre o fim de semana na reunião de atualização às segundas-feiras de manhã. Ou pode torná-lo mais estruturado, e cada participante tem um minuto para responder a uma pergunta, a fim de quebrar o gelo.

Na equipe da PF, iniciamos essas reuniões de atualização às segundas-feiras perguntando sobre as vitórias e conquistas de todos. A vantagem é que a reunião começa leve e suave, e isso nos dá a chance de saber o que cada integrante da equipe anda fazendo. Também é uma maneira incrivelmente poderosa de alavancar mais *momentum* e confiança ao restante da reunião.

Se você marcar uma reunião para resolução de problemas, pode começar com um bloco de atualização para garantir que todos estejam falando a mesma língua. A seguir, pode fazer uma sessão de *brainstorming*, sucedida por um bloco de planejamento e, depois, pelas próximas etapas.

Em vez de ficar reconstruindo essa agenda do zero, elabore um *template* de reunião que todo facilitador possa usar sempre que a equipe precisar resolver um problema.

Uma vantagem extra é que criar ou reconstruir *templates* de reunião pode ser uma oportunidade significativa para refletir em equipe sobre todas as outras coisas feitas fora das reuniões.

Por exemplo, quando elaboramos nosso *template* para reuniões de desenvolvimento de equipe (nossa abordagem de avaliações de desempenho), isso nos fez repensar como queríamos abordar todo o processo de análise. Em geral, uma avaliação de desempenho é feita de cima para baixo, em que o chefe chega e lhe diz se você está ou não se saindo bem. Na equipe da PF, decidimos inverter esse modelo e criar um contêiner para os integrantes da equipe informarem ao gerente em que pé estão as coisas e trazer à tona conversas que talvez sejam necessárias.

Nossa reunião de desenvolvimento de equipe possui vários pontos-chave:

- Conversamos sobre o ponto em que o integrante da equipe se saiu bem referente ao período mais recente.
- Perguntamos quais são os desafios internos dessa pessoa (por exemplo, os horários dela não estão adequadamente alinhados com seu cronotipo).
- Perguntamos quais obstáculos externos dificultaram seu trabalho (por exemplo, as prioridades da equipe não estão claras ou são conflitantes).
- Perguntamos se há alguma conversa difícil, mas necessária, que é preciso ter com o gerente ou a equipe.
- Perguntamos no que a pessoa tem interesse em se concentrar no futuro.

Criar esse *template* nos permitiu remodelar uma avaliação de desempenho comum e transformá-la em uma reunião que amplie o senso de pertencimento do integrante da equipe, ao abordar proativamente conversas difíceis e tornar seu futuro mais empolgante.

USANDO A CABEÇA

ELABORE *TEMPLATES* DE REUNIÕES

- Que tipos de reuniões você tem com mais frequência? Pense em termos de diferentes horizontes temporais: diárias, semanais, mensais, trimestrais e anuais. Não se preocupe em captá-las em uma primeira análise. Se seu tempo é limitado, comece pensando nas recorrentes reuniões semanais e diárias.
- Escolha a princípio dois ou três tipos de reunião com os quais trabalhar, e avalie os blocos de construção que você usa. Quais blocos poderia adicionar para aprimorar a reunião (por exemplo, um bloco de vínculo no início dela)? Quais blocos poderia excluir (por exemplo, um bloco de atualização que poderia ser um *e-mail*)?
- Compartilhe com a equipe, antes da reunião seguinte, o *template* da reunião proposta. Não surpreenda a equipe em tempo real com uma maneira novíssima de fazer as coisas; tire vantagem do efeito IKEA e obtenha *buy-in* convidando as pessoas para ajudá-lo a criar uma estrutura melhor de reunião.
- Dê à equipe de três a cinco execuções do novo *template* de reuniões antes de decidir fazer várias modificações nele. Isso o ajudará a definir de quanto tempo você realmente precisa por bloco de construção, dando-lhe também uma noção de quais outros hábitos de equipe estão sendo deslocados ou absorvidos pela nova estrutura das reuniões.
- Ao começar a auditar suas reuniões, crie uma pasta de *templates*. O que deve fazer parte de sua reunião semanal? O que poderia ser acrescentado para torná-la mais potente? E o que poderia ser excluído? (Você encontrará exemplos, em inglês, de *templates* de reuniões em teamhabitsbook.com/resources.)

CRIE O PADRÃO "NÃO CONVIDAR"

Uma vez que comece a refletir sobre a matemática das reuniões, logo ficará claro que solicitar uma reunião de trinta minutos com a equipe inteira é muito mais do que vários de nós somos levados a pensar. Talvez você tenha concluído que a reunião é necessária mesmo assim – mas será que todos os integrantes da equipe precisam participar dela?

Já falamos sobre os vários motivos segundo os quais não se devem convidar certas pessoas para uma reunião. No capítulo sobre senso de pertencimento, abordamos a exclusão intencional como uma gentileza a ser dispensada aos colegas de trabalho. No capítulo sobre definição de metas e priorização, falamos de como as pessoas que usam o chapéu verde (isto é, quem está envolvido com um trabalho de alta prioridade em um projeto) talvez não precisem participar de uma reunião que as desviaria de suas tarefas.

Como facilitador de reuniões, cabe a você perguntar quem não faz parte da lista de convidados.

Ao contrário de excluir pessoas de sua festinha em um feriado, tirar pessoas de uma reunião de trabalho à qual elas não precisam comparecer é um ato de gentileza. E, quando você possui o hábito de equipe do "você não foi convidado", ele se torna uma função obrigatória para garantir que toda pessoa que você convidar para uma reunião tem um motivo objetivo para precisar estar nela.

Se não ficou claro por que a pessoa deve (ou não) participar, faça uma destas duas coisas:

- Avise-a de que ela não precisa estar na reunião e explique por quê. Por exemplo, o foco da reunião será a aprovação de um gráfico de ativos para um lançamento, e a parte dela no projeto não envolve o gráfico.
- Reflita sobre a agenda de reuniões e a revise, de modo que a contribuição dessa pessoa fique clara. Por exemplo, embora a parte

dela do projeto não envolva o gráfico, você precisa de seu conhecimento técnico para que o gráfico finalizado funcione bem no *software* de automação de marketing que essa pessoa gerencia.

"Você precisa ficar informado" não é lá um motivo muito convincente para seu colega de equipe participar da reunião. Não que seja *errado* – de fato, as pessoas precisam se manter informadas. Mas, se enviar um *e-mail* de atualização no final da reunião, o colega de equipe pode lê-lo em cinco minutos e conseguir manter o expediente nos trilhos.

Quando o padrão é não convidar, o resultado é que qualquer participante da reunião tem um motivo para estar ali e sabe qual é. Isso dá aos colegas de equipe o privilégio de se envolver totalmente na reunião em vez de aparecer lá sem preparo para contribuir ou obrigado, enquanto pensa no trabalho que poderia estar fazendo enquanto isso.

O hábito oposto de equipe é possibilitar aos colegas de time que perguntem, individualmente, por que precisam comparecer a uma reunião se estão reticentes quanto à participação. Eles não precisam fazer esse questionamento com hostilidade, já que desejam apenas obter clareza e contexto quanto à maneira como poderão contribuir.

Há uma exceção à regra do "você não convidado": as reuniões de vínculo. Se as pessoas estiverem muito atribuladas, é fácil presumir que, por estarem em um projeto de alta prioridade, não devem perder tempo em reuniões não relacionadas ao trabalho em mãos. Verdade. Mas, nesse caso, eu sugeriria adiar a reunião de vínculo até que todos os integrantes pudessem comparecer.

Isso vai respeitar o tempo do integrante da equipe que está usando o chapéu verde *sem* passar a impressão de que o vínculo não é importante. Ainda que não digamos de modo explícito, excluir integrantes ocupados de uma sessão de vínculo é uma ratificação de que o trabalho em si é mais importante do que a união como equipe.

USANDO A CABEÇA

POR QUE ESTOU NESTA REUNIÃO?

- Para cada pessoa convidada para uma reunião, escreva até três frases para explicar por que a presença dela é solicitada. Bônus extra caso consiga compartilhar essas anotações com os colegas de equipe, a fim de que possam vir preparados para participar por inteiro.
- Crie um hábito de equipe segundo o qual os integrantes do time podem pedir esclarecimentos sobre por que devem participar de determinada reunião, podendo assim atuar melhor em equipe ao participar dela, ou voltar a um trabalho que use melhor seu tempo e atenção.
- Se o propósito principal da reunião é criar vínculos, adie-a até que todos os integrantes possam participar.

DÊ SEGUIMENTO AOS PRÓXIMOS PASSOS

Na teoria, todo mundo sabe que não faz sentido participar de uma reunião e ir embora sem percorrer os próximos passos. É claro que devemos captar as ideias no fim da reunião e transformar as decisões em pontos de ação.

Na prática, talvez não estejamos nos saindo tão bem nisso quanto deveríamos.

O motivo principal é que nossas reuniões estão cheias de blocos de construção diferentes, e não nos permitimos os cinco a dez minutos restantes para processar o que precisa acontecer depois. Por que isso se torna um problema?

- O contexto em que fazemos as reuniões é diferente do contexto em que faremos o trabalho, e é inevitável que detalhes se percam nessa transição. Por exemplo, podemos fazer um *brainstorming* no Google Docs ou em uma lousa da sala de conferências. Porém, é provável que não seja este o espaço em que registramos as tarefas da equipe e os rascunhos de trabalho; portanto, a menos que um dos integrantes transforme essas anotações em tarefas em um canal da equipe, o trabalho feito desaparece.

- A expectativa é que participantes registrem individualmente os próximos próprios passos. Você tem sua lista, e eu, a minha, mas, por não haver uma fonte central da verdade, nada nos impede de fazermos desvios. Na videochamada, decidimos que íamos à Califórnia, porém, por ninguém ter tomado nota, ninguém percebeu que eu quis dizer Sacramento, enquanto outra pessoa pensou em San Diego.
- Parece bem claro quem está fazendo o que, portanto, você não comenta a respeito. Ou então não tem a menor ideia de quem ficará com o item de ação, mas vai levar tanto tempo para descobrir que parece mais fácil não fazer isso, e ponto-final. De uma forma ou de outra, "alguém" acaba com a tarefa, porque não tivemos tempo para delegá-la.

Em um mundo ideal, você sai de uma reunião com menos ciclos abertos do que quando entrou. Não lidar de modo adequado com os próximos passos significa que, mesmo que a reunião tenha fechado alguns ciclos, ela acabou abrindo outros.

USANDO A CABEÇA

DEFINA OS PRÓXIMOS PASSOS

Embora seja sempre um bom hábito de equipe praticar adequadamente a captação e a atribuição dos próximos passos, há certos casos em que é preciso ter uma clareza especial. Talvez você tenha um novo colega de equipe que não tem o mesmo contexto de alto nível sobre como fazer as coisas no ambiente. Ou talvez você tenha acabado de mudar a tecnologia colaborativa e precise lembrar as pessoas de não olhar no antigo *wiki* da equipe; em vez disso, é preciso verificar a tabela no Notion. Você pode estar no meio de um contexto importante ou turno prioritário, ou ainda em um evento de extrema urgência, como um lançamento, e alguns dos hábitos da equipe podem ter mudado ou sido suspensos.

Mesmo que não se encontre em nenhuma dessas situações, talvez saiba que os próximos passos e itens de ação estão se perdendo. Se for esse o caso, esse hábito de equipe precisa mudar.

- Ao definir a agenda de uma reunião, reserve de cinco a dez minutos para fazer um apanhado das ações seguintes e indique uma pessoa para inserir esses itens de ação no espaço colaborativo da equipe. (Lembre-se do último capítulo, no qual foi orientado que trabalhos de equipe precisam ser feitos em canais de equipe.)
- Para cada item de ação, inclua estes quatro elementos:
    1. Qual é o item de ação?
    2. Quem o detém?
    3. Onde ele fica?
    4. Quando o veremos aparecer nesse local?
- Se sentir que precisa fazer uma mudança radical na maneira de reunir os próximos passos, agende uma reunião específica para discutir essa questão. Dessa forma, você não fica tentando descobrir uma solução enquanto se distrai do tópico de outra reunião regular. Usando os blocos de reunião, projete uma reunião especialmente para abordar a mudança desse hábito de equipe.

PONTOS PRINCIPAIS DO CAPÍTULO 9

- Reuniões podem ser uma força multiplicadora poderosa ou uma força redutora poderosa, motivo de serem um bom ponto para se começar quando se trata de mudar hábitos de equipe.
- Toda reunião tem custos ocultos. Uma reunião de uma hora com cinco integrantes da equipe toma, na verdade, noventa minutos por integrante. O que sua equipe poderia fazer com sete horas e meia a mais por semana?
- Toda reunião deve ter um facilitador e uma agenda.
- Use os seis blocos de reuniões (tomada de decisões, planejamento, *brainstorming*, vínculo, análise e atualização) para elaborar melhor uma reunião e também *templates* de reuniões.
- Todos os participantes de uma reunião devem ter um motivo bem definido para estar lá. Do contrário, o padrão deve ser não convidá-los.
- Ao fim de cada reunião, reserve um tempo para dar seguimento aos próximos passos.

DEZ — OS PRINCIPAIS HÁBITOS DE EQUIPE

Individualmente, somos uma gota.
Juntos, somos um oceano.
— RYUNOSUKE SATORO

Chamei equipes de elementos atômicos da organização, e até agora o foco deste livro foi a maneira como esse átomo funciona como um todo. Neste capítulo, vou me concentrar nos prótons, nêutrons e elétrons que constituem a equipe: os indivíduos.

Em treinamentos do exército, as habilidades exigidas são divididas em três partes: habilidades comuns de soldado, habilidades coletivas e habilidades de unidade – em outras palavras, as habilidades que você precisa aprender em nível individual, as necessárias como batalhão e as pertinentes a pelotão, companhia ou nível maior. O motivo pelo qual treinamos nesses escalões diferentes é que, se um soldado não domina habilidades comuns, ele não conseguirá executar os exercícios coletivos – e é certo que não será capaz de fazer coisas de níveis superiores, as quais serão exigidas dele como parte de uma unidade.

Em ambientes de equipes de trabalho, ocorre algo parecido. Como indivíduos que trabalham juntos, devemos praticar algumas habilidades centrais para colaborar, comunicar e contribuir a fim de apresentar nosso melhor trabalho à equipe.

MOSTRE SEU TRABALHO

Quando digo "mostre seu trabalho", há três meios de fazer isso: mostre como chegou aonde chegou, mostre seu *status* conforme avança e mostre algo para seu tempo. Tudo isso respalda o hábito de abrir a caixa-preta, sobre a qual conversamos no capítulo a respeito de colaboração.

Mostre como você chegou aonde chegou de A a Z

Isso remete à matemática do Ensino Médio, quando a Sra. Gonzales, professora de Álgebra, pedia que mostrássemos como resolver uma equação, de modo que ela pudesse verificar até que ponto tínhamos entendido bem os princípios e o raciocínio referentes à matéria. Já em equipes, mostrar como você chegou de A a Z não significa narrar um avanço brilhante e deixar os colegas boquiabertos em relação a como você chegou aonde chegou, e sim criar o hábito de convidá-los a acompanhá-lo ao longo do processo.

Isso é importante por alguns motivos. Primeiro, ajuda a desmistificar o brilhantismo de forma a apoiar a equipe. Alguns integrantes da equipe podem parecer brilhantes de um modo que beira o sobrenatural em certas tarefas. Eles têm uma ideia ou recebem uma tarefa e, duas semanas depois, voltam com um artefato finalizado. Mesmo que isso seja fantástico, também pode criar uma situação em que ninguém mais sente que é capaz de participar desse tipo de projeto.

A boa notícia é que quase sempre há etapas adicionais no caminho até o produto final, e pessoas brilhantes, em geral, podem mostrar como chegaram lá – mesmo que leve tempo para explicar. Quando construímos o hábito de equipe de explicar como fazemos nosso trabalho, acabamos compartilhando recursos, elaborando modelos e estruturas, e ajudando a criar integrantes de equipe mais resilientes e menos frágeis, capazes de se apoiarem com mais plenitude.

Outro motivo pelo qual é importante mostrar como você chegou aonde chegou de A a Z é que isso torna a equipe capaz de atuar como boa ouvinte ou avaliadora. Quando os colegas de equipe entendem como você trabalha, podem apoiá-lo melhor. Você pode trocar ideias com eles, e eles podem atuar como barreira para garantir que você não trabalhe com suposições baseadas em lacunas ou desatualizadas.

Mostre os esboços iniciais

Em vez de esperar para compartilhar seu trabalho até que esteja finalizado, adquira o hábito de mostrar esboços ou protótipos à medida que prossegue. Isso permite que a equipe veja onde o trabalho está sem ter que fazer perguntas e captar problemas antes da hora, apoiando-o em áreas nas quais talvez você tenha dificuldades.

Compartilhar esboços iniciais requer confiança, e é um ponto em que *shortcodes* e uma comunicação clara podem fazer toda a diferença.

Esse esboço inicial é somente para visualização, ou está pronto para um *feedback*? Que nível de *feedback* o ajudaria nesta fase? Você quer apenas comentários estruturais ou conceituais amplos, ou precisa de um olho de águia para caçar erros de digitação?

Não estou dizendo que você precisa compor todos os rascunhos em um documento compartilhado no Google, com ícones de colegas de equipe entrando e saindo do canto superior direito. Pouca gente consegue dar o melhor de si se houver alguém vigiando. Trabalhe em blocos de foco a portas fechadas, mas prepare-se para abri-la com regularidade a fim de compartilhar as etapas iniciais de seu trabalho.

Uma das grandes vantagens de mostrar seu trabalho assim é aprender a deixar rastros estruturais à equipe e a si mesmo.

Quando você sabe que outra pessoa vai ver um esboço inicial ou um protótipo, é natural começar a deixar comentários para explicar o *status* de certas seções. Talvez perceba que tipo de trabalho adicional será necessário, ou aponte assuntos nos quais esteja empacado ou a respeito dos quais precise de mais informações. Isso não somente ajuda o espectador a entender em qual etapa está seu esboço, mas também indica que, se você precisar se afastar do projeto por algum motivo, não ficará totalmente perdido ao voltar a ele.

Ao deixar rastros estruturais em um esboço inicial, não escreva comentários criptografados que só você consegue decifrar. Assim como abordamos no capítulo sobre colaboração acerca de anotação de tarefas e ações a serem empreendidas, deixe rastros como se estivesse escrevendo para alguém que não tem a menor ideia do que está acontecendo.

Mostre os resultados de seu trabalho

Por fim, mostrar seu trabalho reduz muito do falatório que pode surgir ao redor dele em si. Como equipe, podemos passar muito tempo conversando sobre o *status* de um projeto em vez de trabalhando nele.

Quando você desenvolve o hábito de mostrar seu trabalho, a equipe pode ver que há um artefato físico ou digital, ou apenas um fluxo

contínuo de atualizações de *status*. Em vez de conversar sobre o relatório que está escrevendo, passe o tempo elaborando um rascunho e distribua-o para a equipe.

O hábito de mostrar seu trabalho é uma função que impulsiona vários outros hábitos centrais de equipe. Quando as pessoas sabem como você chegou de A a Z, elas podem lhe dar um apoio mais pleno. Quando você deixa rastros, os integrantes da equipe podem assumir depressa o controle e ajudá-lo a levar o projeto adiante. Quando veem um artefato físico ou digital do trabalho, podem passar o tempo falando dos tópicos mais impactantes do que de atualizações de *status* do trabalho.

USANDO A CABEÇA

COMECE A MOSTRAR SEU TRABALHO

- Como sua equipe compartilha trabalhos atualmente? O que pode ser mudado para proporcionar mais *insights* sobre como as tarefas e os projetos estão acontecendo, e onde os projetos estão emperrando ou precisam de mais apoio?
- Qual é a zona habitacional de apresentação de progresso por meio de resultados que permitirá ao trabalho das pessoas ser visto e celebrado, sem afogar a equipe com ciclos de avaliação e aprovação?
- Quais são as tarefas e os projetos que parecem depender de uma única pessoa? De que maneira a equipe e essa pessoa poderiam mostrar como se faz o trabalho, para que mais colegas aprendam o que está envolvido nele e possam apoiar essa tarefa ou projeto?
- O que precisa mudar a fim de que a equipe se sinta à vontade para compartilhar protótipos, esboços e trabalhos iniciais em andamento? Como isso poderia se tornar um hábito positivo, proativo, em vez de algo que se faz apenas quando um colega ou o gerente pede?

USE BLOCOS DE FOCO PARA ENTENDER QUAIS SÃO SUA CAPACIDADE E SUA PRIORIZAÇÃO

Em *Start Finishing*, abordo os quatro blocos básicos que podemos inserir em nosso dia: blocos de foco, blocos sociais, blocos administrativos e blocos de recuperação. Blocos de foco são o motor de nosso trabalho mais importante – blocos de noventa minutos a duas horas em que nos encontramos especialmente criativos e inspirados. É aí que podemos nos aprofundar no trabalho e permanecer concentrados o bastante em um projeto para levá-lo adiante ou finalizá-lo.

Somos condicionados a dividir o expediente em blocos de uma hora. Então, por que definir blocos de foco com noventa minutos a duas horas? Porque uma hora não dá para tanta coisa, como a maioria das pessoas acha que dá. Você precisa de tempo para começar o trabalho, tempo para funcionar no modo mais criativo e focado, e tempo para descansar e passar para outro projeto. Esse bloco de tempo de noventa minutos a duas horas acomoda o ciclo de atenção aquecimento-foco-descanso, que parece natural para muita gente.

Quando você começa a pensar em termos de blocos de foco, também adquire uma ferramenta fantástica para a estimativa de projetos. A maioria de nós é um horror para estimar quanto tempo alguma coisa vai levar, sobretudo quando se fala em minutos. Somos péssimos para estimar o que conseguimos fazer em cinco minutos, ou mesmo em uma hora. Mas, mesmo em equipe, tornamo-nos surpreendentemente bons em estimar o que uma equipe ou um indivíduo pode fazer com um bloco de foco sólido.

Sabemos o que podemos fazer se iniciarmos às escuras uma sessão de trabalho, e, em consequência, podemos nos tornar muito bons em estimar quantos blocos de foco serão necessários para dar conta de certos projetos. Em vez de calcular horas, podemos começar a usar blocos de foco como o bloco de construção fundamental de um plano de projeto. Para um projeto-padrão, sua equipe pode desenvolver a noção de que Janie precisa de três blocos de foco para a parte dela; Antonio e Carmen, dois blocos de *coworking* para a parte deles; e Mei Lin, um último bloco para avaliação.

Pensar em blocos de foco também traz uma verdade dolorida: quando se tem poucos (ou nenhum) blocos de foco, não se termina o trabalho. E a maioria das equipes a quem dou consultoria tem pouquíssimos blocos para a quantidade de trabalho que possui em mãos.

Quantos blocos de foco você tem?

Assim como a matemática das reuniões, que discutimos no capítulo anterior, também precisamos conversar sobre a matemática dos blocos de foco.

Quando você considera um novo projeto, precisa pensar de modo crítico sobre quantos blocos de foco tem à disposição. Se você é como a maioria das equipes, provavelmente já está na capacidade máxima – o que, conforme abordamos na regra dos 85% do capítulo sobre planejamento, significa, em termos técnicos, que está sobrecarregado.

Minha regra fixa é que, para progredir, você precisa de três blocos de foco por semana, por projeto. Você precisa de vários momentos de profundidade no trabalho ao longo da semana para chegar a algum ponto na próxima campanha de marketing, descobrir sua estratégia de pessoal ou trocar de fornecedores de remessas.

Isso posto, cada equipe vai levar um tempo diferente para realizar uma tarefa, dependendo de seu nível de prontidão e desempenho. Cada colega de equipe vai levar um tempo diferente. Quanto mais você trabalha com blocos de foco, melhor vai se sair para estimar de quantos você e sua equipe precisarão para os projetos mais comuns.

Dê uma olhada na sua agenda. Quantos blocos de foco você tem disponíveis? Talvez arrume espaço para dez, mas quantos desses já não estão alocados ou sendo usados por trabalhos recorrentes ou urgentes? Ao se contabilizarem trabalhos urgentes e recorrentes, a maioria das equipes passa de dez blocos de foco disponíveis para dois – se tiverem sorte.

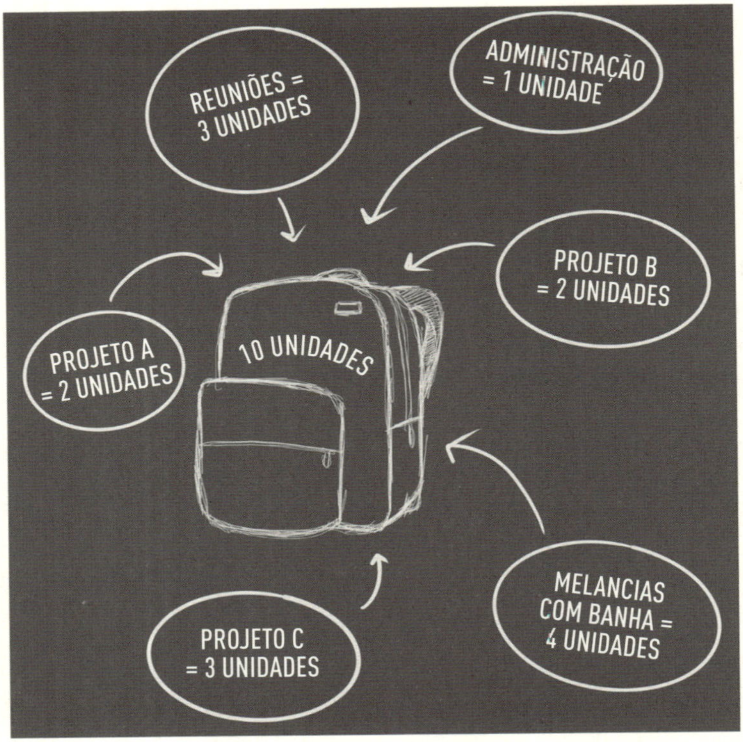

Se você sabe que os dois blocos de foco restantes estão ocupados por um projeto atual e que esse novo projeto exigirá quatro blocos de foco semanais, a matemática é evidente. Você não pode colocar catorze unidades de alguma coisa em uma bolsa de dez unidades, ou seja, é preciso criar unidades novas, abandonar alguns projetos em que está trabalhando atualmente ou fazê-los mais depressa, porque, neste exato instante, não há janela de oportunidade para assumir algo novo, simples assim.

Quando você leva a sério a matemática dos blocos de foco, ela se torna uma conversão catalítica. Você começa a ver com muita clareza onde as pessoas têm tempo na agenda para executar os trabalhos, e provavelmente perceberá que não é só uma pessoa que está com o tempo escasso e ficando para trás – talvez toda a equipe tenha poucos blocos de foco.

Quem sabe você comece a perceber até quantos desses blocos de foco estão acontecendo à noite ou nos fins de semana. Se sua agenda de reuniões transformou a agenda diária dos colegas em um queijo suíço, as noites e os fins de semana podem ser o único momento em que eles consigam executar os trabalhos com mais profundidade.

Ficar levando trabalho para casa baixa o moral e causa frustrações em termos individuais. Além de ser extremamente injusto em termos de equipe.

Certos colegas do time – por conta de suas funções ou de normas sociais – provavelmente carregam nas costas grande parte do trabalho emocional da equipe durante o expediente, o que significa que a agenda deles é tomada por prioridades alheias. Eles acabam levando trabalho para casa – mas, em muitos casos, talvez estejam também fazendo o trabalho emocional em casa, enquanto tentam encaixar o trabalho conceitual que não conseguiram realizar durante o dia.

Quando abrimos o calendário da equipe e começamos a conversar sobre blocos de foco, ele pode oferecer uma valiosa pista de quando o trabalho está realmente sendo feito e por quem. E, assim esperamos, isso pode dar abertura a uma conversa mais ampla a respeito de como poupar melhor o tempo de todos os colegas de equipe, a fim de que tenham espaço para dar o melhor de si no melhor tempo, em vez de ficar levando trabalho para casa por não terem outra opção.

Libere blocos de foco

Como equipe, quando nos reunimos e somos brutalmente honestos acerca da quantidade real de blocos de foco que temos, podemos fazer escolhas melhores sobre como resolver o problema. Talvez precisemos ficar mais rápidos e eficientes em relação ao tempo disponível. Talvez possamos eliminar desperdícios TIMWOOD (veja o Capítulo 8) ou remover da agenda uma reunião fixa (veja o Capítulo 9).

A matemática de blocos de foco é o inverso da matemática das reuniões. Onde o acréscimo de uma única reunião soma horas exponenciais, o acréscimo de um bloco de foco às agendas de todos pode ser um incrível multiplicador de força. Se, como equipe, percebemos que temos só dois blocos de foco para trabalho estratégico por semana, e descobrimos como abrir mais dois blocos de foco por semana por colega de equipe, dobramos a capacidade de fazer o melhor trabalho.

Outras pessoas da organização vão notar. Quando sua equipe começar a dobrar a capacidade de realizar trabalhos estratégicos, provavelmente você descobrirá que sua equipe pode ficar com mais projetos. Quando finalizá-los, as pessoas ao redor começarão a perguntar o que vocês estão fazendo de diferente.

Essa é uma das maneiras mais poderosas de liderança pelo exemplo – e, em última instância, de moldar uma organização – que uma equipe pode dar, das quais falamos no Capítulo 1.

BLOCOS DE FOCO DE *COWORKING*

Em equipes, um bloco de foco não precisa, necessariamente, ser trabalho solo o tempo todo. Talvez para você funcione melhor trabalhar com um colega em um problema comum.

Em essência, blocos de *coworking* são reuniões focadas em projetos. Eles seguem as regras dos blocos de foco, mas também algumas das regras de reuniões, e muitas vezes usam os mesmos blocos de reuniões sobre os quais conversamos no capítulo anterior. Entretanto, mesmo que haja uma agenda, ela tende a ser bem mais flexível. Você pode passar com rapidez de decisão e *brainstorming* para a avaliação e vínculo – pense que sessões de *coworking* são mais parecidas com *jazz* do que com o som de uma orquestra.

As melhores sessões de *coworking* têm um facilitador dedicado (pelo menos, um facilitador mais ameno), que registra coisas como quantidade de tempo restante, o que será feito a seguir, onde se está no

projeto, e o que deveria estar sendo feito neste exato instante. O trabalho dele é impedir que a sessão de *coworking* saia dos trilhos e garantir que se use o tempo da melhor maneira possível.

É aí que entra a tríade executor-avaliador-coordenador de que falamos no Capítulo 8. Se você fizer uma sessão de *coworking* que envolva toda a tríade, talvez o executor e o avaliador executem tarefas criativas entre si, enquanto o coordenador atua como o facilitador implícito. Isso funciona bem porque o coordenador é quem vai precisar reportar o trabalho que aconteceu na sessão, para que as pessoas que não fazem parte da panelinha criativa entendam o que está havendo.

Se o coordenador não faz parte da sessão de *coworking*, em geral é o avaliador quem se torna o facilitador, porque é provável que o executor estará tão concentrado no trabalho que acabará entrando em hiperfoco. Pedir a ele que sustente a estrutura da reunião ao mesmo tempo pode ser contraproducente.

Comprometa-se com os blocos de foco

Uma coisa é encontrar blocos de foco abertos no calendário da sua equipe. Outra é *mantê-los* em aberto.

Se temos uma reunião marcada para as 13h, temos de voltar do almoço a tempo ou, caso um colega de equipe pedir um "favorzinho rápido", dizer "Desculpe, estou pra entrar em uma reunião". É muito mais difícil reservar tempo se for "somente" para um bloco de foco.

Muitas equipes não colocam blocos de foco no calendário (ou seja, esses blocos são consumidos pela norma "tempo livre = livre para reuniões") ou os anotam a lápis no dia, de modo que seja fácil removê-los se aparecer uma reunião. De uma forma ou de outra, o resultado é que os integrantes da equipe não têm blocos de foco com que trabalhar.

O segundo cenário é com frequência mais desmoralizante do que não colocar os blocos de foco no calendário logo de início. Agendar um bloco de foco já é um trabalho bastante difícil; movê-lo acaba se tornando uma promessa quebrada.

É por isso que é importante não só identificar os blocos de foco, mas também anotá-los no calendário e comprometer-se com eles, como você faria no caso de uma reunião.

Como equipe, desenvolva o hábito de se comprometer com os seus blocos de foco e dos demais. "Tenho um bloco de foco para trabalhar no projeto X" deveria ser tão válido quanto "tenho uma reunião" quando o assunto é dizer não às prioridades alheias.

Blocos de foco e cronotipos

Como conversamos no capítulo sobre reuniões, o *momento* em que você agenda esses blocos de foco é tão importante quanto o agendamento em si. Você está se preparando para dar o melhor de si de acordo com seu cronotipo? Ou está sempre penando para agendar trabalhos mais aprofundados quando sua energia está no chão?

No livro *When: The Scientific Secrets of Perfect Timing* (*Quando: os Segredos Científicos do Timing Perfeito*),[1] Daniel H. Pink escreve sobre os efeitos ocultos dos cronotipos em nossa vida. Se você encontra um juiz depois do almoço ou quando ele está cansado, em termos estatísticos, é mais provável que receba um julgamento mais rigoroso do que se o encontrar pela manhã, pleno e feliz. O mesmo vale para médicos e cirurgiões: a quantidade de erros que acontecem em cirurgias vespertinas indica que, mesmo não sendo uma pessoa matinal, ainda assim você deve fazer o possível para marcar esses compromissos de manhã.

Talvez sua equipe não esteja proferindo sentenças de morte ou fazendo neurocirurgias, mas ainda assim os cronotipos afetam o trabalho que vocês fazem, juntos e individualmente. Você dá o seu melhor quando energizado, e não com fome ou cansado, tampouco distraído por um debate interno entre pedir um burrito ou comida tailandesa.

A maioria de nós se encaixa em três categorias: madrugadores, vespertinos e notívagos. Entretanto, em *The Power of When* (*O Poder do Quando*),[2] o especialista em sono Michael Breus identificou um quarto cronotipo, os golfinhos,* cujos rompantes de energia criativa tendem a se distribuir ao longo do dia.

Conhecer seu cronotipo pode ajudá-lo a agendar blocos de foco quando eles funcionarem melhor para você durante o dia, bem como a identificar quando, no decorrer da semana, sua energia tende a estar no ápice. Criar o hábito de equipe de conhecer e trabalhar com os cronotipos dos colegas pode ajudá-lo a identificar padrões e dar andamento a trabalhos ao delegá-los nos melhores momentos para todos os integrantes.

Em relação a dia: se você sabe que sua energia criativa cai no fim da tarde, é melhor agendar coisas que necessitem de muita energia e concentração – como trabalhos que exijam profundidade e reuniões de *brainstorming* – quando estiver mais alerta. Coordene-se com os colegas de equipe para garantir que esteja passando a parte deles do projeto durante os picos criativos.

Em relação a semana: preste atenção à maneira como sua energia flui ao longo da semana. Por exemplo, em geral meu pico de energia vai de segunda-feira até quarta-feira. Começo a pifar às quintas e sextas-feiras. Ao contrário, minha colega de equipe Shannon tem a mesma opinião que o Garfield sobre segundas-feiras, mas às quartas ela fica a todo vapor. Quando estamos em um projeto em colaboração, somos mais eficientes quando garanto que fiz minha parte até onde consegui para que, na quarta-feira, Shannon possa assumir o rojão e levá-lo até o fim da semana.

---

* Em inglês, os três cronotipos são *morning larks* ("cotovias matinais"), *afternoon emus* ("emus vespertinos") e *night owls* ("corujões"). O quarto cronotipo, de acordo com o autor mencionado, seria o *dolphin* ("golfinho"). (N. da T.)

USANDO A CABEÇA

FAÇA AUDITORIA NOS BLOCOS DE FOCO

- Sem olhar no calendário das outras pessoas, anote quantos blocos de foco totais você pensa que a equipe tem por semana para se concentrar em fazer seu melhor trabalho. Separe sua estimativa por colega de equipe. Em seguida, converse com os colegas sobre quantos blocos de foco eles *realmente* têm por semana. Observe as discrepâncias entre a resposta deles e suas estimativas.
- Qual categoria de hábito deste livro daria mais abertura para a maioria dos blocos de foco de sua equipe? Reuniões e colaboração são ótimos pontos para começar a mudança de hábitos.
- Discuta com a equipe em que tipo de projetos ou atividades eles gostariam mais de se concentrar, para ter mais blocos de foco nessas áreas. Pense em termos de projetos individuais e coletivos que sua equipe possa realizar daqui em diante.
- Como você vai se comprometer com os blocos de foco? Como vai acrescentá-los à agenda individual e à da equipe? Como vai capacitar os colegas de equipe a proteger os blocos de foco de solicitações de reunião e outras prioridades que possam surgir?
- Qual é seu cronotipo e quando você realiza seu melhor trabalho? Ao trabalhar com a equipe, como poderia mudar blocos de foco ou de trabalho para permitir às pessoas de diferentes cronotipos que realizem o melhor que podem? Como parear pessoas de cronotipos diferentes para que elas passem melhor os trabalhos entre colegas?

ATIRE, MEXA-SE, COMUNIQUE-SE

Um mantra recorrente no treinamento do exército é "Atire! Mexa-se! Comunique-se!". Ficava tão entranhado nas pessoas que, quando chegava a hora de atirar, todos os soldados sabiam conscientemente o que fazer.

Parece que estou falando sobre disparar armas, mas, na verdade, é sobre tudo o que se faz: **tome uma atitude, vá para uma posição melhor, diga às pessoas o que você fez e onde você está**. Isso informa às pessoas sobre qual será sua próxima ação, movimento e comunicação.

Esse hábito é particularmente importante em uma equipe em rápida evolução, seja de forma pessoal ou virtual. Quando as coisas se movem depressa, é fácil sair de sincronia. Para evitar trabalhos duplicados, planos-fantasmas (Capítulo 6), melancias com banha (Capítulo 2) e todos os esbarrões diários que ocorrem em uma equipe em rápida evolução, precisamos de hábitos de equipe que permitam aos integrantes tomar a iniciativa, impulsionar os trabalhos e, então, comunicar de maneira proativa o que eles fizeram.

Se fosse para adaptar a expressão de modo a não invocar armas de fogo, eu diria: "Embarque! Mova-se! Comunique-se!" Mas repare que a mesma disciplina é usada também nos esportes. Seja "Embarque! Mexa--se! Comunique-se!" ou "Atire! Mexa-se! Comunique-se!", seremos mais bem atendidos recorrendo a um desses mantras várias vezes por dia para nos incentivar a fazer essas três coisas.

Como fica isso em um ambiente de trabalho?

- Atire: quando deparar com um problema, elabore um plano para resolvê-lo.
- Mexa-se: resolva ou chame um Lobo (Capítulo 8) que possa fazê-lo.
- Comunique-se: diga às pessoas o que você fez e mostre uma atualização de *status*.

Atire! Mexa-se! Comunique-se! nos convoca a não só colocar um remendo em um projeto e seguir em frente, mas também a se apropriar do problema e assumir a responsabilidade por resolvê-lo, fechando assim o ciclo. Uma grande parte de se sair bem nisso tem a ver com entender que quase sempre há dois níveis de solução para os problemas que surgem.

Solução local

Quando um cliente escreve para reclamar de um problema específico com o *app*, serviço ou produto dele, sua solução de nível 1 é resolver o problema do cliente depressa e na mesma hora.

Solução global ou sistêmica

Qual processo ou sistema originário geraram o problema do cliente, para começo de conversa? Como você pode resolvê-lo antes que ele cause problemas para mais clientes no futuro?

Se estiver atirando, mexendo-se e comunicando-se, você vai

- **Atirar:** tome a iniciativa de resolver o problema do cliente.
- **Mexer-se:** vá mais fundo para encontrar o defeito no processo que causou o problema.

- **Comunicar-se:** avise a equipe o que você fez para resolver o problema de nível 1, e o que seu DRIP (veja o capítulo sobre comunicação) fará para resolver o problema de nível 2.

Como princípio geral, comece lidando com a solução local e, depois, busque uma solução global ou sistêmica. Nesse exemplo, mesmo que esteja ocupado nos bastidores resolvendo o problema exposto pelo cliente, se não procurou esse cliente para avisá-lo, é bem provável que ele esteja frustrado. Não fique preso trabalhando na solução sistêmica global enquanto o problema inicial só aumenta.

Aprender a buscar as duas soluções é um excelente hábito de equipe para se criar. Pode ser muito frustrante quando um colega de equipe só cuida do cliente, mas não faz nada para resolver a origem do problema que gerou a queixa dele (ou, ao menos, não o repassa à pessoa certa). Isso só faz a equipe ser bombardeada pelo mesmo problema repetidas vezes.

Um dos motivos da existência frequente de impressoras quebradas é alguém ter parado depois da solução de nível 1. As pessoas colocaram a impressora quebrada no armário ou na cadeira da sala de conferências e, depois, tiraram a poeira das mãos e seguiram adiante. Pelo fato de ninguém ter buscado uma solução de nível 2, a impressora continuou causando irritação jogada no canto da sala.

USANDO A CABEÇA

ATIRE, MEXA-SE, COMUNIQUE-SE

- Pense nos tipos comuns de problemas que acontecem com a equipe. Como vocês comunicam a primeira solução? Qual é o processo para identificar e resolver a segunda solução? Como você comunica isso?

continua

- Quais problemas tiveram a solução de nível 1, mas não a de nível 2? Qual é o plano da equipe para dar andamento a essa solução e resolver o problema?
- O que é preciso mudar nos hábitos de sua equipe para que todos possam abordar problemas de nível 1 assim que o percebam? O que é preciso mudar para que mais pessoas possam de fato abordar a solução de nível 2 em vez do bloqueio que uma ou duas pessoas podem acabar fazendo em relação a ela?

ELIMINE SEU CALCANHAR DE AQUILES ILUMINANDO-O

Todos nós temos pontos fracos. Você pode ser um apresentador fantástico com uma visão terrível para *design* de *slides*. Pode ser incrível para sincronizar todas as peças móveis de um projeto de equipe, porém terrivelmente desorganizado quando se trata da própria lista de afazeres. Ou talvez seja um gênio para resolver problemas de clientes, no entanto passa maus bocados quando precisa ter conversas complicadas com os colegas de equipe.

Cada um de nós tem uma área em que não brilha tanto quanto gostaria. Isso faz parte de nossa condição humana. É quando se tenta esconder esse ponto fraco – seja por orgulho, desejo de se destacar ou medo do ridículo – que ele se torna um calcanhar de aquiles.

A boa notícia é que você não precisa andar por aí com uma fenda potencialmente fatal na armadura. **Em vez de ignorar ou esconder o próprio calcanhar de aquiles, você pode transformá-lo de fraqueza em força contando à equipe sobre ele.**

Parafraseando um dos meus versos favoritos do Tao-Te King: "Por ser ciente de suas falhas, o sábio é infalível". Se Aquiles tivesse tido consciência (ou menos orgulho) de seu calcanhar vulnerável, poderia tê-lo protegido. Se você estiver disposto a ser vulnerável sobre a própria fraqueza com a equipe, vai impedir de forma eficaz que esse ponto fraco se torne um problema.

Contudo, se ficar sofrendo em silêncio em vez de dizer à equipe que tem um calcanhar de aquiles, acabará passando a impressão de que não consegue se engajar nem desempenhar suas tarefas. Sua equipe ou o gerente talvez não enxerguem que você e as planilhas se dão tão bem quanto óleo e água – em vez disso, vão pensar que você não dá conta do trabalho todo.

Enquanto isso, outra pessoa da equipe pode ser um gênio na sua dificuldade, ou adorar a tarefa que você odeia. O fato de ficar sofrendo em silêncio o impede de ter a chance de brilhar.

É preciso muita confiança no senso de pertencimento para admitir uma vulnerabilidade, porém as equipes de mais alto desempenho são aquelas cujos integrantes conhecem os pontos fortes e fracos uns dos outros, de modo que, assim, conseguem se apoiar mutuamente em uma tarefa. Em conjunto, pode-se criar um mapa de calcanhar de aquiles da equipe, no qual constem os pontos fortes *e* fracos de todos, e se pensar em maneiras de prestar um apoio mais pleno.

Por exemplo, se sabemos que você é uma negação com planilhas, podemos passar um tempo treinando-o ou colocá-lo para trabalhar em dupla com uma pessoa que é um gênio em planilhas. Ou, se sabemos que vendas não é seu forte, é melhor não lhe atribuirmos a tarefa de fechar um negócio. No entanto, poderíamos torná-lo o responsável pelo projeto, cujo trabalho será convocar o Lobo certo para ajudá-lo a dar conta de sua tarefa.

A questão em eliminar o calcanhar de aquiles é que alguém da equipe tem que dar o primeiro passo. É uma situação que envolve imensa coragem. Uma pessoa precisa ser vulnerável para dizer “Não sou boa nisso”.

Todos nós precisamos exercitar a prática de pedir ajuda, *e* muitos de nós precisam praticar o compartilhamento de superpoderes ocultos. Todos temos calcanhares de aquiles, e pedir auxílio para nossos pontos fracos em particular abre a oportunidade de ajudarmos os colegas de equipe com nossos possíveis pontos fortes.

O resultado é a geração de troca de energias relacionadas a pontos fracos, de modo que, como equipe, consigamos proporcionar apoio e crescimento uns aos outros. Se estiver disposto a encabeçar a mudança, iluminar seu calcanhar de aquiles em equipe pode ser um catalisador incrível para seu desempenho e senso de pertencimento.

USANDO A CABEÇA

CRIE UM MAPA DOS CALCANHARES DE AQUILES

- Se você tem uma equipe de extrema confiança, sugira uma discussão sobre essa questão em uma das próximas reuniões. Este é um bloco de *brainstorming* e vínculo no qual você pode compartilhar seus calcanhares de aquiles e superpoderes, e ajudar a buscar soluções para apoiar os colegas de equipe.
- Em uma equipe de baixa confiança, comece compartilhando seu calcanhar de aquiles com uma ou duas pessoas em quem você confie. Provavelmente, elas também lhe contarão os próprios. Com o tempo, você pode ir aumentando o mapa inicial de calcanhares de aquiles e superpoderes ocultos, à medida que a confiança da equipe for se ampliando.
- Ao criar pequenas equipes ou equipes de projeto, certifique-se de adicionar pessoas que se complementem ou possam equilibrar os devidos calcanhares de aquiles. Mesmo que oficialmente elas não façam parte de sua equipe de projeto, você pode usar sua *expertise* incluindo-as em sessões de *coworking*.
- Sempre que ouvir um colega de equipe mencionar um ponto fraco ou um calcanhar de aquiles, agradeça-lhe por ter compartilhado esse fato. Tal atitude começará a construir uma cultura de equipe na qual não é perigoso revelar pontos fracos e em que você sabe que pode pedir ajuda caso for necessário.

APRENDA A COMO AJUDAR SEUS COLEGAS DE EQUIPE QUANDO ELES FICAREM PARA TRÁS

Já que estamos admitindo nossa condição humana neste capítulo, também precisamos reconhecer que seres humanos ficam para trás.

Ficamos doentes. Imprevistos aparecem. Recebemos um projeto estratégico de prazo curto porque a liderança não aplicou a regra das 3x de que falamos no capítulo sobre planejamento. Prioridades mudam, novas metas aparecem, a economia vira de cabeça para baixo.

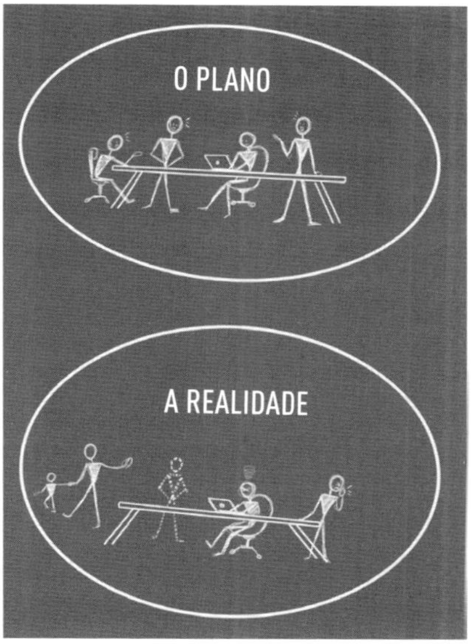

Trabalhar em equipe significa que, se um dos colegas fica para trás, todos os outros também ficam. E a realidade é que ao menos um de vocês ficará para trás em determinado momento. Essa é a natureza do trabalho.

Infelizmente, em vez de acolher a realidade de que as pessoas ficam para trás e desenvolver hábitos de equipe para ajudá-las a se recuperar, muitas culturas de equipe criam uma panela de pressão de ansiedade contínua em que ficar para trás é tão inaceitável que isso acaba gerando um alto nível de estresse. (O que tende a deixar as pessoas ainda mais para trás.) Quando esse é o *status quo*, o resultado são *burnouts* e demissões.

Precisamos normalizar o fato de que todos nós ficamos para trás e criar hábitos de equipe para nos apoiarmos quando isso ocorrer. E acontece que existem maneiras mais e menos construtivas de oferecer ajuda.

Com muita frequência, quando vemos um colega de equipe ficando para trás, presumimos que ele precisa de nossa interferência para ajudar ou que tiremos tarefas dele. Normalmente a intenção dessas intervenções é boa, mas não raro elas pioram o problema. Já é difícil recuperar o tempo perdido sem que todos se preocupem, quanto mais se sentindo um fracasso porque os colegas tiraram o trabalho de você.

Isso vale sobretudo se um colega ficou para trás por causa de coisas pessoais. Muitas vezes, nosso primeiro instinto é dizer ao colega que não se preocupe com projetos de trabalho ou com passar parte dele a outra pessoa. No entanto, muita gente tem uma noção de contribuição, sentido e propósito em relação ao trabalho. Se essas pessoas estão passando por situações duras na vida pessoal, o trabalho talvez seja a única coisa que as mantenha de pé. Tirar o trabalho delas, na verdade, pode piorar as coisas.

Se não interferirmos de imediato nem tirarmos o trabalho, como podemos ajudar os colegas de equipe que ficaram para trás?

O primeiro passo é eliminar punições para quem fica para trás. Em vez disso, tente descobrir o que aconteceu. Já estou há muito tempo em posição de liderança para saber que, quando minha equipe fica para trás, não raro é por conta de coisas anteriores que fiz. Às vezes, não está claro o que significa se manter nos trilhos. Um plano-fantasma pode estar em jogo, ou talvez ninguém esteja falando a mesma língua acerca de linhas do tempo, expectativas e cronogramas em razão de maus hábitos de comunicação. Ou talvez a equipe não tenha clareza sobre quem está no comando ou quem toma as decisões.

Depois de analisar a causa-raiz, você pode começar a buscar soluções.

Antes de começar a gerar, de maneira proativa, "soluções" para seu colega de time, sugiro algo muito mais simples e eficaz: **pergunte à equipe do que eles precisam e prepare-se para providenciar isso.**

Pôr em prática alguns dos hábitos de equipe que já discutimos neste capítulo facilitará as coisas. Primeiro, isso vai conferir à situação uma linguagem comum. Seu colega pode dizer: "Fiquei para trás porque tenho seis blocos de foco em que trabalhar toda semana e só três blocos de foco livres por semana". Ou: "Fiquei para trás porque essa tarefa é um calcanhar de aquiles para mim, e preciso chamar um Lobo".

Talvez seu colega precise pedir o chapéu verde pelo restante da semana para se recuperar, em vez de participar de um monte de reuniões. Talvez ele se dê bem no processamento social e em *coworking*, mas esteja com dificuldades para uma tarefa solo que ele finalizaria em um ou dois blocos de foco de *coworking*.

Tendemos a pensar em apoio como algo a se acrescentar: recursos, mão de obra, supervisão. Muitas vezes, devemos perguntar o que é preciso subtrair: reuniões, trabalhos repetitivos, responsabilidades que não deveriam ter sido passadas para o tal colega, para começo de conversa.

USANDO A CABEÇA

APOIE SEUS COLEGAS DE EQUIPE

- Se seu colega não disse, proativamente, que ficou para trás, comece conversando com ele sobre onde ele pensa que está no projeto e se está nos trilhos. Uma vez alinhado o *status* do trabalho, comece a fazer *brainstorming* a respeito de soluções para recuperar o tempo perdido.
- Em vez de apresentar soluções para o colega, *pergunte* de que tipo de apoio ele precisa. Mais importante ainda: prepare-se para oferecer recursos para esse apoio. Lembre-se de que apoio pode ser o acréscimo ou a subtração de algo. Talvez ele precise de orçamento extra;

continua

talvez precise faltar a algumas reuniões nesta semana. Tenha em mente que, às vezes, um colega não saberá do que precisa. Faça perguntas mais específicas, mais norteadoras, para ajudá-lo a articular o que o apoiaria.

- Se a equipe toda ainda não sabe, peça permissão ao colega para contar aos outros integrantes que ele ficou para trás e de qual apoio precisa. Talvez seu colega prefira contar isso pessoalmente, ou talvez goste que você lhe dê cobertura, para que possa continuar o próprio trabalho.

DÊ UM *FEEDBACK* DIRETO

Conforme conversamos no capítulo sobre senso de pertencimento, sempre haverá esbarrões quando pessoas se movimentarem com rapidez em um grupo. O problema é que, às vezes, você precisa dar um *feedback* direto ao pessoal. E pode ser um *feedback* duro. Pode ser do tipo difícil de se ouvir. Ou pode ser um construtivo. Independentemente dos rótulos, pode ser estranho compartilhar um *feedback* direto com um colega de trabalho.

Em razão disso, muitas equipes desenvolvem o mau hábito de evitar as conversas sobre esbarrões. Quando elas têm um *feedback*, tentam transmiti-lo furtivamente para o colega, envolvendo um gerente ou outro colega de equipe. Isso gera um triângulo desconfortável, em que a pessoa envolvida não tem certeza de por que está ali, e põe trabalho extra nos ombros de outro colega.

Pior: é provável que o colega que precisa receber o *feedback* se sinta traído.

A maioria das pessoas vai preferir que você converse direto com elas, e não agir assim abala a confiança delas e desrespeita o fato de que sua verdadeira equipe são as quatro a oito pessoas com quem você trabalha regularmente.

Além disso, sempre que você encarrega algo assim a outra pessoa do elo, está abusando um pouco do senso de pertencimento e da confiança da equipe – e também do capital social organizacional relacionado a ela. Quanto mais seu time consegue dar conta das próprias coisas, mais você e os colegas ficam livres para continuar construindo, juntos, melhores hábitos de equipe.

Gostaria de acrescentar um alerta: se sentir sua integridade física ameaçada ou se estiver em um ambiente em que dar *feedback* gera represálias de qualquer tipo, isso se torna um problema do departamento de Recursos Humanos. Mas, se o assunto são os esbarrões normais de cada dia entre colegas que se conhecem, se gostam e confiam uns nos outros, é importante construir o hábito de equipe de se sair bem em dar *feedbacks*.

Verifique o momento certo

Se seu colega está no meio de um dia estressante ou todos vocês estão sob pressão em um projeto, talvez seja melhor esperar um momento melhor para falar do esbarrão. Ou talvez você precise tirar uns dias para descobrir como articular o que está tentando dizer.

Mas não espere demais. Se ficar comendo pelas beiradas antes de trazer o assunto à tona, o efeito inesperado é fazer quem vai receber o *feedback* acreditar que você andou segurando a questão por muito tempo. Ele vai presumir que se trata de algo mais pesado do que realmente possa ser.

Contextualize

Ninguém gosta de receber uma mensagem que diz apenas: "Ei, podemos conversar?" É muito fácil imaginar o pior cenário, só para descobrir depois que o colega de equipe só quer que você o copie em certas conversas.

Ao falar sobre o esbarrão, comece descrevendo o incidente específico, explicando por que ele não caiu bem para você e fazendo perguntas a respeito.

Foque na compreensão

Lembre-se de que você não está marcando uma conversa para acusar o colega. Ao contrário, está ali para ouvir e compreender. Talvez descubra que foi tudo um tremendo mal-entendido e que você acabou elaborando uma história sobre o ocorrido.

Essa conversa não deve tratar de imposição de poderes ou vontades sobre outras pessoas. Trata-se de construir uma ponte comum com um colega de equipe com quem você passa bastante tempo, dia sim, e o outro também. Antes de insinuar que ele está com más intenções, dê-lhe o benefício da dúvida.

Pense no melhor cenário

Muitas pessoas – colegas e também gerentes – adiam conversas difíceis porque ficam preocupados com o pior cenário. E se eu ferir os sentimentos dela? E se ele nunca me perdoar? E se eles não quiserem mais trabalhar comigo?

Mas esses são os tipos de conversa que tendem a conferir um nível mais alto de senso de pertencimento em uma equipe. Essas conversas podem aproximá-los como equipe e ajudá-los a realizar ainda mais coisas juntos.

Pare de se concentrar no pior cenário e comece a imaginar um melhor, em que você resolve um esbarrão e adquire um nível maior de confiança. Alerta de *spoiler*: com frequência, esse é o resultado mais provável.

USANDO A CABEÇA

DANDO *FEEDBACK* DIRETO

- Se você precisa dar um *feedback* construtivo para um colega de equipe, dê a ele o benefício da dúvida e use a linguagem dos esbarrões e hábitos de equipe para falar sobre a prática, o princípio ou o processo que está causando atrito.
- Se você é gerente, pergunte ao colega de equipe se ele já falou diretamente com o colega dele. Em caso negativo, por que não? Se não houver um bom motivo – como segurança física ou emocional –, peça ao colega que resolva o caso sozinho. Você pode orientá-lo quanto às melhores maneiras de dar *feedback*, mas não tire o macaco dele (veja o Capítulo 4), tornando-se assim um real mediador de questões interpessoais.
- Durante a conversa, defina se esse esbarrão foi provocado por outros hábitos de equipe dos quais os demais integrantes possam se beneficiar se a discussão for em conjunto. Há outras implicações mais amplas de que os outros colegas devam estar cientes?

DESEMPENHO – SENSO DE PERTENCIMENTO

Estar em uma equipe à qual você sabe que pode pedir ajuda, pois seus colegas vão apoiá-lo, é uma sensação incrível. É empoderador saber que se podem realizar tarefas difíceis em grupo; e, sempre que se faz isso, cria-se outro elo na corrente do senso de pertencimento.

Ao longo deste livro, pontuei como cada categoria de hábitos constrói e influencia outras categorias, e só porque esta obra é escrita de forma linear não significa que esses hábitos centrais de equipe constituam uma linha de chegada.

De certa forma, este capítulo fecha o ciclo das categorias de hábitos de equipe, trazendo-nos de volta ao senso de pertencimento. Assim como o senso de pertencimento cria a base para um melhor desempenho, desempenhar-se melhor cria a base para o senso de pertencimento. Essa é a parte curiosa dos sistemas: muitas vezes, buscamos uma casualidade de mão única, quando o sistema é, na verdade, um ciclo de *feedback* recíproco.

À medida que continuar trabalhando nos hábitos de equipe, não deixe de perceber quando as coisas mudam de categoria e celebre o fato de que você deu mais um passo em uma jornada gratificante, em que não há limite para o nível de vínculo que sua equipe possa ter, nem para o bom desempenho dos integrantes dela.

PONTOS PRINCIPAIS DO CAPÍTULO 10

- Para trabalhar melhor em uma equipe, as pessoas precisam praticar certas habilidades centrais.
- Mostre seu trabalho: mostre como chegou a um produto finalizado, mostre os esboços diários ao longo do processo e mostre os resultados de seu trabalho.
- Faça uma auditoria na quantidade de blocos de foco que sua equipe tem no calendário e use isso como medida para a quantidade de trabalho que vocês podem fazer.
- Atire! Mexa-se! Comunique-se! Sempre que deparar com um problema, elabore um plano para resolvê-lo; resolva-o ou chame um Lobo que possa fazê-lo; em seguida, comunique o que fez.

continua

- Pratique a identificação não só de soluções locais, mas também de soluções globais ou sistêmicas, para que não tenham de lidar sempre com os mesmos problemas.
- Converta seu calcanhar de aquiles em um ponto forte criando o hábito de equipe de compartilhar, com seu grupo, as fraquezas e os superpoderes.
- Se um colega de equipe ficar para trás, pergunte a ele de qual tipo de ajuda ele precisa antes de fazer suposições.

ONZE

HÁBITOS DE EQUIPE TÊM A VER COM POLÍTICA – ENTÃO, ENTRE NO JOGO

Mudanças são um sinal de que o anterior não era perfeito.
As pessoas querem que as coisas sejam melhores.
– Esther Dyson

Qualquer pessoa que já tenha tentado mudar um hábito pessoal sabe que o processo é relativamente simples *e* que simples não significa fácil. Seja começar um novo programa de exercícios ou ler antes de dormir, em vez de ficar navegando nas mídias sociais, a empolgação com a nova ideia nos leva longe. O novo hábito tem que combater o Golias da Inércia proveniente dos comportamentos já existentes.

Minha esperança é que, a essa altura, você esteja empolgado em mudar alguns dos hábitos de sua equipe. Talvez já tenha até algumas ideias de por onde começar. (Mais detalhes a respeito logo, logo.) Mas, assim como ocorre em relação a mudanças de hábitos pessoais, você terá de travar uma longa batalha mesmo pelo mais simples novo hábito de equipe antes que ele se sustente. Não se trata apenas de enfrentar o poderoso Golias da Inércia da equipe e a estase organizacional, mas o aspecto social das mudanças de hábitos de equipe torna as coisas ainda mais complicadas. Sem alinhamento, esse novo hábito não tem a menor chance.

Ao embarcar na jornada de mudar um hábito de equipe, você está mudando um comportamento social implicitamente tácito. E a maioria desses comportamentos sociais implicitamente tácitos não se solidificaram nem se sustentaram de ontem pra hoje.

No Capítulo 2, falamos sobre como usar o efeito IKEA em benefício próprio convidando os colegas para o processo de construção de um novo hábito. Muitas vezes, o *status quo* resulta do mesmo efeito. Todos nós trabalhamos juntos para chegar aonde estamos, ou seja, mesmo que essa não tenha sido a opção mais desejável, ainda estamos sentindo o efeito IKEA. Ainda há muito de ego e da falácia dos custos irrecuperáveis na maneira como sempre fizemos as coisas. Talvez não seja o jeito perfeito, mas é o *nosso* jeito.

Quando sou chamado para dar consultoria nesse tipo de mudança de trabalho, tenho ciência de que vou adentrar o terreno de outras pessoas, o qual elas cultivaram e do qual cuidaram. Embora eu acredite que minhas sugestões vão gerar melhorias consideráveis e que as pessoas ficarão felizes depois que eu fizer algum trabalho na propriedade, também sei que não se pode, simplesmente, entrar nas terras de alguém e começar a cortar árvores e mover cercas sem o devido consentimento.

É bom ter em mente essa metáfora ao mudar hábitos de equipe. Esses hábitos existem por um motivo – ainda que não estejam mais funcionando para vocês. Seus colegas se esforçaram para cuidar desse terreno em particular, e o primeiro passo para fazê-los concordar com sua visão a respeito de algumas mudanças é reconhecer e respeitar o trabalho que veio antes.

Quando afirmo que hábitos de equipe têm a ver com política, não estou falando de jogos de poder e corrupção, panelinhas, grupinhos internos ou qualquer outra conotação negativa da política de um ambiente de trabalho. Falo do processo de unir um grupo de pessoas em torno de uma iniciativa comum.

A mudança de hábitos de equipe tem a ver com alinhamento, não com poder. Você não está tentando convencer os colegas de que o seu jeito é o certo, ou desejando vencer ao fazê-los escolher sua ideia em detrimento de ideias alheias. Ao contrário, seu objetivo deve ser persuadir cada um dos colegas de equipe a cocriar uma nova visão a seu lado. Adotar um novo hábito já é bastante difícil por si só. Fazer o trabalho político de alinhar a equipe facilitará um pouco cada etapa. Você encontrará menos resistência à sua ideia. Quebrará barreiras com mais facilidade. E, quando as coisas saírem dos eixos (e elas vão sair), você vai voltar mais depressa aos trilhos quando perguntar: "Como foi que nos desalinhamos?", em vez de: "Quem está certo ou errado?"

Alinhar a equipe em torno de um projeto é a única maneira de incentivar uma mudança. Porém, para que seu hábito tenha alguma chance de sucesso, você precisa de um campeão.

QUEM É O CAMPEÃO?

Um dos motivos pelos quais a impressora quebrada empacou na terceira cadeira da sala de conferências por tanto tempo é que, como equipe, pensamos que "alguém" cuidaria dela mais cedo ou mais tarde. A esta altura do livro, você deve saber que "alguém" nunca faz nada. A menos que um campeão tome a iniciativa de unir todo mundo nesse projeto de mudança de hábito de equipe, isso não vai acontecer.

Se hábitos de equipe têm a ver com política, o campeão é o rosto da campanha. Ele é a pessoa que tem a energia, a vontade de mudar e a perseverança de ir até o fim.

Se sua equipe tem alto senso de pertencimento, o trabalho do campeão será direto e reto. A equipe já está alinhada, e, mesmo que as coisas não saiam como o planejado – falaremos a respeito disso no próximo capítulo –, ela ainda estará a seu lado. Eles não vão precisar de um alinhamento extra.

Porém, se a equipe tem baixo senso de pertencimento, o campeão terá um trabalho mais árduo. Lembre-se: quando o assunto é mudança de hábitos de equipe, não se vence derrotando os oponentes, mas sim criando e reforçando parcerias com os aliados. O trabalho do campeão é manter essa toada, sempre socorrendo as pessoas e falando a língua delas quando as coisas saírem do controle.

Quem deve ser o campeão? Qualquer integrante da equipe que tenha paixão por essa mudança em particular e possa levá-la até o fim.

O campeão da equipe não precisa ser o líder da equipe ou o gerente. Na verdade, é melhor que não seja. Em primeiro lugar, os gerentes e líderes atuais da equipe já têm muito o que fazer. Colocar um novo projeto de gestão de mudança na lista de tarefas deles é garantia de que ele não será prioridade. Em segundo, nada na mudança de hábitos de equipe exige *status* ou poder explícito para fazê-la acontecer. Podemos fazer essa mudança juntos, como equipe, ou seja, cada um de nós pode ser o campeão desse hábito.

O campeão da mudança também não precisa ser a pessoa que está administrando o projeto (embora certamente possa ser). A vantagem de separar as duas funções é que isso dá abertura àqueles com "largura de banda" para desempenhar funções diferentes na equipe. O campeão da mudança pode ter a capacidade e o desejo de fazer o trabalho de aquecimento, mas não estar em posição de administrar o projeto. E quem tem tempo para administrá-lo pode não gostar de assumir a função de campeão.

O campeão pode lidar com as questões políticas para que o gerente da mudança do hábito de equipe consiga se concentrar no trabalho operacional para fazer as coisas acontecerem. Apenas deixe claro quem está assumindo qual função (mesmo que seja a mesma pessoa).

Também pode ser útil ter um campeão de fora da equipe na hierarquia da organização, sobretudo se o hábito de equipe que estiver para ser mudado tiver implicações diretas sobre outras equipes. Um campeão externo pode explicar às pessoas de fora por que você está fazendo as coisas de um modo diferente e amenizar a situação caso os novos hábitos causarem conflito em outras equipes.

USANDO A CABEÇA

ESCOLHA SEU CAMPEÃO

- Escolha um campeão para a sua mudança de hábitos de equipe. Em relação à categoria de mudança de hábito que está considerando, quem é mais adequado para ser o campeão? Se não for você, por quê? Há necessidade de um campeão de fora da equipe? Se sim, esse trabalho é a cara de quem? E por que dessa pessoa?
- Escolha um gerente de mudança de hábitos. Quem na sua equipe daria um gerente muito bom? Por que ele, ou ela? Se não for você, por que não?

continua

- Antes de bater o martelo em relação a essas funções, discuta-as com sua equipe. Verifique se as pessoas estão alinhadas e, se sim, pergunte se há maneiras específicas pelas quais possam apoiar os participantes. Se não, pergunte quais mudanças elas gostariam de fazer e por quê. Lembre-se de que mudanças de hábitos de equipe têm a ver com alinhamento, e não com poder. Faça o melhor que puder para incorporar o conselho de sua equipe.
- Lembre-se de que ser campeão da mudança e gerente da mudança são projetos e, provavelmente, vão deslocar outras tarefas que as pessoas estejam fazendo. Enquanto estiver discutindo essas funções com a equipe, deixe claro que isso exigirá alguns blocos de foco e que, talvez, isso signifique que os membros da equipe envolvidos não ficarão plenamente disponíveis para outros projetos.

QUEM TEM MAIS A PERDER?

Se identificar o campeão da mudança e o gerente tem a ver com especificar quem levará o projeto adiante, você também precisa identificar quem vai soltar a âncora no projeto. Essa é a pessoa que, por qualquer que seja o motivo, é mais apegada que as outras ao hábito que você está tentando mudar ou ameaçada pela visão que está tentando criar.

Sempre há alguém que tem mais a perder quando você começa a mudar as coisas. Pode ser uma pessoa mais resistente a mudanças que as outras. Pode ser quem iniciou uma mudança no passado que acabou gerando a impressora quebrada que agora você tenta consertar. Pode ser a pessoa que está registrando o custo TEAM e não quer ver esse custo se desviar dos projetos atuais. Pode ser o colega de equipe que enxerga sua proposta de mudança como mais uma coisa na lista de afazeres.

Muitas vezes, pode ser a pessoa que não tem certeza sobre como ficarão seu *status* e responsabilidades após a mudança. O Golias da Incerteza é tão poderoso quanto o Golias da Inércia. É da natureza humana escolher o inferno conhecido para evitar lidar com a incerteza do paraíso que se desconhece.

Quando os relacionamentos passam a ser espontâneos e as pessoas desenvolvem domínio sobre o fluxo dos hábitos atuais de equipe, mudá-los pode levar alguém a perder esse domínio (você se lembra de Bob e de suas planilhas da Parte 1?). Essa pessoa pode ser tirada da posição de que gosta ou perder algum trabalho que aprecie. Talvez ela não esteja resistindo à mudança em si, mas à perda da certeza.

Seja qual for o motivo, seu colega de equipe sente que sairá perdendo se você começar a mudar as coisas no território dele. Como respeitar o elo do colega ao modo como as coisas são e, ao mesmo tempo, mostrar que existe um jeito melhor de usar esse terreno de acordo com a visão dele (e com a sua)?

Siga estas orientações básicas.

Tenha empatia pelos colegas de equipe

Comece presumindo que as pessoas com quem você trabalha são razoavelmente competentes, têm boas intenções, estão fazendo o melhor que podem e são parte fundamental da sua equipe. Isso lhe dará abertura para parcerias genuínas e uma generosidade que não existiriam se você começasse presumindo que o pessoal é idiota e antipático.

Estenda essa empatia aos colegas de equipe imediatos e às pessoas de fora da equipe, como um líder sênior.

Tenha curiosidade sobre o problema

Da mesma maneira, em vez de presumir que uma impressora quebrada deve ser jogada fora, comece com a curiosidade sobre por que ela está ali, para começo de conversa. Por que a situação que – para você – parece um problema tão evidente pode ser, na verdade, a resposta mais lógica à condição atual?

Se a impressora sempre acaba na terceira cadeira da sala de conferências, por que nessa sala? Por que na terceira cadeira? E por que não nos livramos dela? Uma pergunta para aguçar sua imaginação é: por que alguém tão inteligente quanto você (mas que tem mais perspectiva da situação) faria uma escolha dessas?

Reconheça o caminho trilhado até ali

Uma vez que aprendeu por que determinada coisa vinha acontecendo, reconheça os motivos positivos e a tomada de decisões que levaram a isso, lançando à situação um olhar de respeito. Isso indicará aos colegas de equipe que você não está tirando o problema de contexto, mas, ao contrário, tentando trabalhar com eles para criar uma solução que funcione para todos.

Trata-se de uma questão de sutileza e nuances. Uma coisa é dizer: "Entendo por que vocês fizeram assim, mas agora vamos fazer assado". Outra coisa é falar: "Entendo que estivemos ocupados demais e não tivemos tempo para priorizar isso, porque fizemos o melhor possível. Agora que temos um tempinho, podemos conversar sobre mudar esse hábito?"

Envolva os colegas de equipe em uma visão compartilhada

As pessoas não gostam que lhes digam o que fazer, principalmente se você está no território delas. Em vez de já chegar aos brados, use a linguagem do envolvimento para convidar os colegas de equipe ao processo de criar em conjunto uma visão compartilhada. Isso abre espaço para a síntese e a criatividade, e você pode, inclusive, descobrir que sua visão inicial se enriquecerá ao convidar outras pessoas para o processo.

Quando você tem esses princípios em mente, o caminho para encontrar um terreno comum com os colegas de equipe fica bem mais livre.

Por exemplo, talvez você tenha um líder ou gerente introvertido que odeia reuniões, motivo pelo qual eles tendem a mantê-las breves e estruturadas. O objetivo é apenas ir direto ao ponto e voltar ao trabalho. Quando você sugere incluir um bloco de vínculo no início de toda reunião para ajudar a construir o senso de pertencimento de equipe, o que seu gerente introvertido ouve é que ele vai precisar aprender a conduzir as reuniões de um jeito totalmente diferente. Ele pode gostar da ideia, mas, na cabeça dele, concordar é sair perdendo.

Você pode presumir, então, que ele é um desmancha-prazeres que não se importa com vínculos em uma equipe. *Ou* pode conversar com ele com empatia e curiosidade, e descobrir que o motivo da reunião tão rígida é por ele não gostar dessa parte do seu trabalho.

Ao reconhecer isso, você consegue enxergar outras opções. Em vez de pedir ao gerente que faça uma reunião em um novo formato, de estilo mais livre, que tal se oferecer para conduzir esse bloco da reunião? Seu gerente introvertido ainda poderia lidar com os blocos nos quais os negócios acontecem, e você não estaria pedindo a ele que assumisse um projeto grande e novo. Na verdade, você estaria até tirando uma tarefa da lista dele.

VENDA O PROBLEMA

No caso de alguém muito apegado, talvez você precise vender o problema em vez da solução. Pense na mudança em termos de um mapa. Há o estado atual, o destino e o trajeto para se chegar lá. Alguns colegas de equipe ficarão inspirados com o destino. Outros poderão se empolgar com o trajeto. Mas haverá quem não entenda desde o início por que precisa fazer essa viagem.

Se alguém ficar se aprofundando nessas coisas, geralmente é um sinal de que você, como campeão, não explicou bem a situação, ou que essa pessoa realmente acredita que perderá confiança, domínio ou seu *status* se a mudança acontecer. Você vai precisar se munir de uma dose bem grande de empatia e curiosidade para convencê-la de que é importante lidar com o problema. E vai precisar estruturar o problema usando as necessidades e os valores dela, não os seus.

Ao conversar com um colega de equipe, é bom começar pelo senso de pertencimento e pelo desempenho. É difícil contra-argumentar se você conseguir explicar como o problema está impactando negativamente o senso de pertencimento ou o desempenho da equipe. Talvez vocês concordem no quesito "produzir trabalhos de alta qualidade". Se concordarem nesse aspecto, provavelmente concordarão também que existe um problema. E, se conseguirem entrar em um acordo sobre o problema ser conjunto, é provável que concordem que vale a pena resolvê-lo com os recursos atualmente disponíveis.

Talvez vocês ainda discordem em determinado ponto do processo, porém estarão alinhados quanto à necessidade de se fazer algo a respeito.

Quando estiver lidando com um líder sênior que se transformou no bloco de barreira, trata-se também de construir uma ponte de empatia e conversar na linguagem dele. Demonstre curiosidade pelas coisas que lhe são importantes e aprenda a converter o que você quer na língua dele. Esse novo hábito vai aumentar os lucros? Diminuirá a rotatividade de funcionários e aprimorará o processo de seleção deles? Reduzirá a quantidade de defeitos ou as reclamações de clientes? (Dica: a senha para obter *buy-in* de executivos em termos de mudança de hábitos de equipe é encontrar o desperdício TIMWOOD sobre o qual falamos no Capítulo 8.)

Quando você descobre o que é importante para os líderes seniores e atrela seu projeto a isso, fica mais difícil, para eles, irem contra as próprias prioridades. Talvez eles discordem quanto ao "como", mas vocês estarão falando a mesma língua quando se tratar de reconhecer a existência de um problema.

Vez ou outra você vai dar de cara com um sonoro "não" por questões de logística. Sua equipe está no meio de um lançamento, a organização está passando por uma fusão, um colega de trabalho crucial está de licença. A pergunta-chave a se fazer a essa altura é: "Entendo que não podemos fazer isso agora. Quais são as condições em que *poderíamos* fazer?"

Peça a eles que lhe deem uma previsão, como no fim de um trimestre ou após o lançamento. Em seguida, insira isso no seu planejamento e use esse tempo para trabalhar na parte do envolvimento. Continue pedindo a opinião dos colegas de equipe e observando os padrões dela, a fim de observar situações em que o novo hábito de equipe a beneficiaria.

Você também pode trabalhar para reduzir a mudança de hábitos de equipe a um mínimo viável, em que os riscos sejam baixos o suficiente e os ganhos, altos o bastante, de modo que não reste outra alternativa à equipe a não ser concordar em lhe dar uma chance.

São raros os casos em que as pessoas vão perder o que acham que vão, sobretudo quando você tem imaginação para criar em conjunto com elas uma situação em que suas necessidades e preferências serão consideradas. No fim, a pergunta que você deve fazer não é "Eu consertei isso?", e sim "Resolvemos esse problema juntos?"

USANDO A CABEÇA

CRIE EMPATIA

- Faça um mapa do que cada colega de equipe vai perder com sua proposta de mudança de hábitos de equipe. (Baseie esses pontos nas conversas sobre construção de alinhamento que você teve com os colegas, em vez de ficar supondo coisas.) Vamos dar uma olhada no exemplo do gerente introvertido.
  1. Quem tem mais a perder? Alex, o gerente.
  2. O que ele perde? Alex acha que, para liderar essa nova estrutura de reuniões, ele precisa ser um líder extrovertido, comunicativo. Ele não saberia fazer isso, simples assim.
  3. Qual é a mudança que resolve essa necessidade? Alex não ter de facilitar sessões de reuniões que ele não acha que combinem com seu estilo de liderança.
- Conforme você percorre a lista, tenha a curiosidade de saber por que cada colega de equipe se sente assim. Lembre-se de que o assunto é construir alinhamento, não vencer jogos de poder. Pense na lista como uma ferramenta para ajudá-lo a ter conversas cocriativas com os colegas sobre como sua proposta e a situação atual deles podem ser complementares – e talvez, apenas talvez, até melhores.
- Se você é o campeão do projeto, e não o gerente, certifique-se de que o gerente saiba da lista, a fim de que ele possa garantir que o projeto resolva as necessidades das pessoas. Se alguma das referências for

confidencial, é bom você ter autorização para compartilhá-la. Você também pode, em vez disso, deixar as respostas anônimas e compartilhar temas genéricos.

- Durante sua análise desse projeto de mudança de hábito, volte à lista para garantir que o projeto ainda esteja abordando as diferentes necessidades e preferências expressas pelos colegas. Não faça as pessoas entrarem no esquema para depois desconsiderá-las ou não conseguir atender às necessidades delas – esse é o caminho mais breve para arruinar a confiança da equipe.

COMO ENVOLVER QUEM NÃO SE ENVOLVE

Falamos sobre as pessoas que são a favor da mudança e sobre as que são contra. Mas e aquelas que respondem à sua proposta de mudança de hábito com um *emoji* dando de ombros?

Há vários motivos para alguém de sua equipe não se envolver no projeto, e, na maior parte das vezes, isso tem pouca relação com a proposta de mudança em si.

O colega de equipe pode ser a favor de mudanças, mas não ter tempo para se envolver. Talvez ele esteja lidando com a fadiga da mudança, sobretudo após alguns anos de inconstante incerteza. Talvez você ainda não tenha encontrado seu ponto de alinhamento. Independentemente do objetivo do projeto, ele não dialogou o suficiente com as coisas com que seu colega não envolvido se importa para que o envolvimento se dê.

Ou talvez ele apenas não se importe, seja como for. É possível, e bastante comum, que as pessoas não tenham uma preferência acentuada. Se ele estiver disposto a se envolver na mudança, tentar forçá-lo a ter determinada opinião pode acabar gerando uma pressão desnecessária.

O não envolvimento não é, necessariamente, uma coisa ruim. Primeiro, defina por que essa pessoa não está se envolvendo e até que ponto essa ausência de envolvimento poderá ser um empecilho para o projeto. Em seguida, cabe ao campeão descobrir com que esse membro da equipe *se importa* em relação à mudança proposta.

Uma pergunta simples para pôr a cabeça para funcionar é: "O que deixaria você empolgado em relação a esse projeto?"

A pergunta funciona porque não pressiona a pessoa a se unir ao projeto atual, mas faz você ter ciência do tipo de coisa com que ela se importa, conforme você dá andamento à mudança do hábito de equipe. Você também pode aprender algumas coisas que pode colocar no seu mapa "Quem tem mais a perder?", para descobrir como se alinhar melhor com elas no futuro.

Por fim, não considere o não envolvimento um mau sinal. Se uma pessoa lhe diz que, para ela, tudo está bom e que ela ficará feliz com qualquer função que você lhe atribuir, acredite. Se ela diz que não tem "largura de banda" nem tempo para se envolver, acredite. Não transforme essa ausência de envolvimento em uma história que tire seu trabalho do rumo desejado.

Entretanto, só porque essa pessoa não está envolvida, não significa que você deva desconectá-la de todo o processo. Pergunte se ela se importa se você der andamento à mudança e incluí-la nas atualizações e *check-ins* de *status*. Talvez você descubra que, se der às pessoas espaço para o não envolvimento intencional, elas começarão a expressar suas preferências. Talvez elas nunca tenham se dado conta de que *tinham* preferências até você começar a mexer os pauzinhos. Talvez não tenham percebido como ficariam empolgadas com a mudança até começarem a vivenciá-la.

E SE NO PASSADO ELES SE ENVOLVIAM?

E se alguém costumava se envolver, mas seu entusiasmo pelo projeto parece ter acabado? Na maioria das vezes, aconteceu alguma coisa que causou esse não envolvimento.

Sempre que presenciar uma mudança de estado de envolvimento para não envolvimento, fale com o colega de equipe. Porém, com empatia e curiosidade, e não presumindo que agora ele é contra mudanças. Pode ser que a mudança do hábito de equipe não tenha oferecido o que deveria, ou que, quando você mudou o hábito, essa pessoa percebeu que gostava das coisas como eram antes, mas não tinha o dispositivo correto para lhe dizer isso na época. Também é possível que ela tenha ficado atribulada demais e esteja concentrada em outras coisas, ou que tenha prioridades fora do trabalho que estão demandando bastante sua atenção.

Também é possível que você não esteja mais recebendo *feedbacks* positivos porque os hábitos de equipe que estão funcionando bem se tornaram invisíveis. É difícil esquecer a impressora quebrada que está causando tanta frustração, mas, quando tudo está fluindo, você não pensa mais nela. Às vezes, o não envolvimento pode ser um mero sinal de que você teve sucesso em sua mudança de hábito e os colegas passaram a fazer outras coisas, como executar o próprio trabalho sem ficar xingando a impressora.

USANDO A CABEÇA

ENVOLVA SEUS COLEGAS DE EQUIPE

- Dê espaço para o não envolvimento intencional. Lembre-se de que colegas que não se envolvem não são necessariamente a favor ou contra o que você está tentando fazer. É bem provável, aliás, que eles na verdade não se importem. Pergunte por que não estão envolvidos e, então, acredite no que eles disserem.
- O campeão da mudança de hábito deve aprender como expressar essa mudança de modo a beneficiar o colega não envolvido. Se você não sabe muito bem como, é só perguntar a ele o que o deixaria mais envolvido ou o que gostaria que acontecesse – e então ouça.
- Lembre-se de que um novo normal melhor às vezes não é expresso nem apreciado. Se você, como campeão ou gerente do projeto, não está recebendo o *feedback* de que gostaria, não leve isso para o lado pessoal. Pode ser apenas porque a mudança de hábito foi um sucesso.

PONTOS PRINCIPAIS DO CAPÍTULO 11

- Mudanças de hábitos de equipe têm a ver com alinhamento, e não com poder.
- Todo projeto de mudança de hábitos de equipe precisa de um campeão e de um gerente de projetos (eles não precisam ser a mesma pessoa).
- Ao mudar hábitos de equipe, você luta contra o Golias da Inércia em escala de equipe. Reúna a cooperação dos colegas demonstrando empatia e compreensão em relação ao que eles podem perder.
- Colegas não envolvidos não são, necessariamente, uma coisa ruim.

DOZE

CRIE SEU MAPA DE HÁBITOS DE EQUIPE

Não podemos controlar os sistemas ou entendê-los.
Mas podemos dançar com eles!
— Donella Meadows

A esta altura do livro, você deve ter escolhido uma categoria de hábitos de equipe que deseja começar a abordar. O restante do capítulo discutirá como transformar suas ideias em um plano sólido, e será útil sobretudo se o ler com um hábito (ou categoria de hábitos) específico em mente.

Ainda não sabe por onde começar? No capítulo sobre definição de metas, abordamos motivações humanas básicas, inclusive os conceitos primitivos de dor e recompensa. Fazer perguntas como "Qual impressora quebrada causa mais dor à equipe?" ou "Onde temos a oportunidade de ver o máximo de recompensas como equipe?" pode ser um excelente filtro para ajudá-lo a escolher um primeiro hábito de equipe com o qual lidar.

Se sua equipe é novata nesse tipo de trabalho, começar com um ponto de dor pode lhe dar uma vitória tangível logo de cara. No entanto, tome cuidado para não abordar *somente* pontos de dor. A formação humana é muito estranha em termos de dar mais peso a dores e desprezar as recompensas. A maioria de nós tem extrema consciência das frustrações. Sentimos em profundidade a incompetência e o desperdício no ambiente de trabalho – mas poucos temos ciência das coisas grandiosas que existem bem ao lado.

Evitar a dor pode tornar uma equipe mais eficiente bem como aprimorar o desempenho e o senso de pertencimento; entretanto, se só escolhermos coisas que facilitem a vida (em vez de coisas que vão gerar a máxima força para oportunidades e recompensas), essas escolhas acabarão resultando em mediocridade e complacência.

COMECE COM ALGO PEQUENO E VÁ AMPLIANDO

Depois que escolher uma categoria com a qual trabalhar, elenque quais hábitos dessa categoria causariam maior impacto. Embora possa ser tentador começar com o hábito de maior alcance, é mais producente começar com algo pequeno.

É natural analisar a cultura frustrante de reuniões ou a cultura de *feedbacks* e querer mudar o esquema inteiro. Contudo, não se pode mudar toda uma categoria de uma vez – é muito amplo. A boa notícia é que sua cultura de reuniões é constituída de dezenas de hábitos discretos, porém interconectados, e lidar com um deles de cada vez vai resultar em uma mudança lenta, mas certa, na cultura de reuniões como um todo.

Tome como exemplo a colaboração. Em vez de pedir à equipe que trabalhe na "colaboração", você pode trabalhar nos c/c infernais, ou no bombardeio de mensagens no Slack; começar as reuniões no horário; falar sobre trabalho de equipe nos canais da equipe; ou pôr em prática qualquer outro hábito em particular com uma sugestão específica que começará a dar movimento ao processo.

Dê à equipe uma vitória fácil escolhendo uma mudança de hábito que você *sabe* que ela pode realizar – algo pequeno o bastante a ponto de não haver absolutamente nenhum motivo para que o time não possa deslanchar naquilo. Pode ser algo bem simples, como fazer a equipe encadear mensagens no Slack, ou praticar a disciplina de escrever descrições claras de tarefas na ferramenta de gestão de projetos. Se estiver pensando em mudar sua estrutura de reuniões, comece adicionando ou removendo um dos blocos de construção de que falamos no capítulo sobre reuniões, ou garantindo que seja enviada uma agenda antes da reunião.

Isso não só dá à equipe uma pequena vitória que pode ajudá-la a criar *momentum*, como também o auxiliará a mitigar os efeitos cascata que, às vezes, podem ocorrer quando mudamos um hábito de equipe.

Sistemas tendem a buscar equilíbrio e estase. Quando você os modifica, eles dão um jeito de voltar ao estado anterior. Muitas vezes, eles também têm conexões invisíveis com outras atividades e outros sistemas, ou seja, se você muda uma coisa, isso pode causar um efeito imprevisto em outro ponto. Reservar cinco minutos para comunicar os sucessos alcançados durante uma reunião desloca outros itens da agenda. Dar o chapéu verde a alguém requer a ajuda de outros colegas de equipe no mesmo dia.

Começar com algo pequeno nos permite enxergar esses efeitos cascata e abordá-los sem causar outros problemas. A outra vantagem de começar com algo pequeno é que isso facilita o envolvimento dos colegas de equipe na mudança. O curioso das mudanças é que, quando você as inicia, quer ver o maior impacto o mais depressa possível. No entanto, quando você é quem recebe a iniciativa de mudança de outra pessoa – mesmo que concorde que ela deveria acontecer –, provavelmente vai desejar que ela se dê um pouco mais devagar.

Trocando em miúdos: queremos que *nossos* projetos de mudança andem depressa, mas que *outros* projetos de mudança nos causem o mínimo possível de incômodo e incerteza. Navegar nesse paradoxo faz parte da mudança de hábitos de equipe, simples assim.

Se sua categoria de foco são as reuniões, não comece mudando totalmente a estrutura de uma reunião. Isso pode gerar incerteza generalizada, confusão e desconforto. Mas, se se concentrar no primeiro pequeno comportamento (por exemplo, reservar os cinco minutos finais para falar sobre itens de ação e os próximos passos), no mês seguinte pode adicionar um bloco de reunião bem antes dele, em que todos os integrantes da equipe compartilhem seus *insights* a respeito da reunião.

Gostaria de acrescentar um alerta importante sobre começar com algo pequeno e ir ampliando. Se alguma mudança estiver relacionada à integridade pessoal e física das pessoas, apresse-a. Se você trabalha em uma fábrica onde há práticas insalubres de trabalho, elas precisam ser ajustadas neste instante.

Isso posto, a maioria das pessoas que trabalha em ambientes que envolvem conhecimento não corre nenhum perigo físico proveniente dos hábitos de equipe atuais. Podemos nos permitir ir devagar e criar um nível sustentável de mudança de hábitos de equipe.

USANDO A CABEÇA

ESCOLHA O PRIMEIRO HÁBITO

- Faça um *brainstorming* de três a cinco pequenos hábitos de equipe na categoria de sua escolha que você poderia mudar. Tenha como meta coisas com que provavelmente todos os membros da equipe concordariam e que sejam pequenas o bastante para garantir vitórias fáceis.
- Organize essas mudanças em uma sequência lógica. Em alguns casos, um hábito vai se destacar como base para os outros hábitos. Em um caso no qual um único hábito poderia ser o ponto de partida, escolha aquele que, segundo parece, fará maior diferença.
- Liste os efeitos "positivos" que possam resultar dessas pequenas mudanças e faça um *brainstorming* de quais consequências "negativas" podem surgir, de modo a ter uma carta na manga para elas.
- Antes de decidir a sequência de pequenas mudanças, execute-a com pelo menos um colega para que ele entenda o esquema. Lembre-se de que o objetivo é criar esses hábitos em conjunto e construir alinhamento, e não forçar os colegas a aceitar sua agenda.

É UMA MARATONA, MAS PENSE EM CORRIDAS DE CURTA DISTÂNCIA

Digamos que, no dia de Ano-Novo, você decidiu começar a correr. Na primeira vez que toca a pista, descobre na mesma hora que seus velhos calçados de corrida já eram. Não deve levar muito tempo para procurar novos tênis e comprá-los; mesmo que tenha de comprá-los *online*, é bem provável que logo, logo já retome seu programa de treinamento para perder cinco quilos.

O mesmo procedimento fica consideravelmente mais difícil quando você tem de comprar calçados para cinco pessoas diferentes, com necessidades distintas. Mesmo a menor mudança dos hábitos de equipe pode levar muito mais tempo que o esperado, justamente por conta da logística de se trabalhar com várias pessoas.

É comum que, para fazer uma mudança de hábito se estabelecer, isso exigirá várias tentativas, durante um longo período. Muito raramente é um procedimento único, mesmo que pareça um hábito bastante simples de mudar. É por isso que, quando você está planejando uma mudança de hábito de equipe, precisa estar preparado para uma maratona

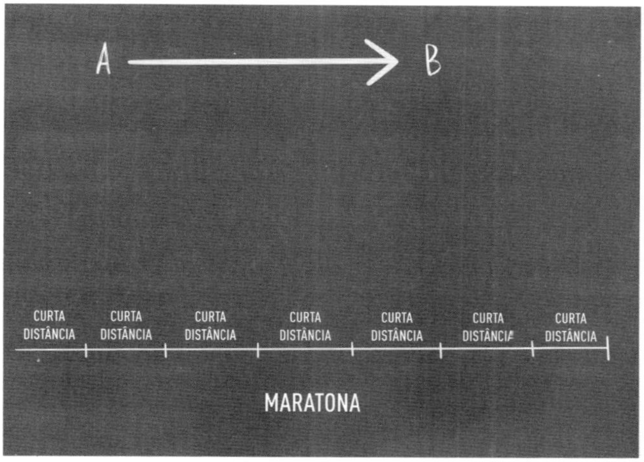

de projeto mensal ou trimestral. Leva todo esse tempo para reunir todo o pessoal, completar os ciclos e lidar com os problemas que surgirão pelo caminho.

A duração completa é a maratona, mas os vários marcos e esforços investidos parecem mais corridas de curta distância, no sentido de que serão necessárias várias rodadas de ação organizada e focada para fazer o hábito se estabelecer.

Se você pensar só em termos de uma corrida de curta distância, vai ficar frustrado com o tempo que leva para a mudança acontecer. Se só pensar em termos de uma maratona, vai se iludir a respeito do esforço necessário para mudar hábitos arraigados.

Digamos que você tenha ajustado a estrutura de sua reunião. Vai levar um tempo antes que a reunião se automatize de novo. Talvez a primeira tenha dado certo, mas um colega faltou por estar doente. Quando ele aparecer na reunião seguinte, você terá de explicar a nova estrutura e ancorar o hábito que sua equipe está tentando construir.

Ou então, após algumas semanas com a nova estrutura de reuniões, você talvez perceba que a maneira antiga com que as conduzia era uma muleta para outro trabalho. Agora, como esse trabalho não encontrou outro lugar, ele pode ressurgir e deixar bem claro que você precisa encontrar um novo meio de trazê-lo de volta às reuniões.

Mudar hábitos leva tempo, e você estará vários passos à frente no processo se mantiver isso em mente.

Depois de criar o tamanho do mapa ou período que vai usar (um mês ou um trimestre), você pode dividir o período em segmentos de corridas de curta distância e começar a pensar no que deve entrar em cada um, e quais minimarcos pode assinalar enquanto vai avançando em sua jornada.

USANDO A CABEÇA

DIVIDA O PROJETO

- Para o hábito de equipe que decidir mudar, quais dos seguintes horizontes temporais você usará: um mês ou um trimestre? Como regra geral, quanto mais madura a organização e quanto maior a equipe, mais tempo levará a maratona.
- Divida o projeto em corridas de curta distância coerentes com seu horizonte temporal. Se for um projeto com um mês de duração, pense em semanas. Se for um projeto trimestral, pense em planejar essas corridas semana sim, semana não.
- Compartilhe com a equipe o horizonte temporal geral e o planejamento das corridas de curta distância, para que possam dar um *feedback* sobre o tempo do projeto.

COMO VOCÊ VAI RASTREAR O PROGRESSO?

Como saber se seu projeto de mudança está indo na direção certa? Rastreando os pontos de dor ou recompensa associados a esse hábito mudado.

Por exemplo, a dor de um hábito atual de equipe pode ser que o time esteja passando duas horas a mais por semana em reuniões-muleta para deixar todos sintonizados com o plano. Aprimorando a disciplina relacionada a atualizações comunicativas, você pode reduzir essas reuniões extras a uma hora por semana. Usando a matemática das reuniões, terá liberado mais de cinco horas do tempo da equipe – e talvez convertido esse tempo extra em um bloco de foco adicional para cada colega do time nas manhãs de quinta-feira.

Você reduziu a dor (horas gastas em reuniões) e aumentou a recompensa (um bloco de foco adicional para todo mundo).

Ou talvez perceba que andou perdendo a oportunidade de vender mais produtos ou serviços a clientes porque ninguém da equipe sabia do trabalho do colega. Depois que você passou a fazer o trabalho de equipe em canais da equipe – e não mais em conversas paralelas –, percebeu um aumento nessas vendas adicionais. Você aumentou a recompensa de uma forma tangível.

Ao decidir como rastrear o progresso em cada projeto de mudança de hábito, seja específico quanto à dor ou à recompensa atuais e como espera mudá-las ao longo do tempo. Escolha metas tangíveis em vez de *status* intangíveis, como "excelência". Sim, queremos excelência em nossas equipes. Mas o que isso *realmente* significa? Qual é a diferença de estado da mudança entre a situação atual e "se tornar excelente"?

"Excelência" não é tangível. "Produtivo" não é tangível. Reduzir a 50% as horas que a equipe passa em reuniões desnecessárias é tangível. Arranjar uma hora adicional por semana para cada colega a fim de que ele possa se concentrar em outro trabalho – ou talvez até ir para casa um pouco mais cedo – é tangível.

Como você vai comunicar o progresso?

Além de rastrear o progresso, você precisa comunicar à equipe em que pé as coisas estão. Diga o seguinte:

- Eis o que testamos.
- Eis o que vimos acontecer em termos de *status* de mudança de dor e recompensa.
- Eis algumas das consequências inesperadas do que estamos abordando.
- Eis o que vamos trabalhar em seguida.

Você vai notar que esse formato convida a perguntas, motivo pelo qual recomendamos tornar essa atualização uma parte de reuniões regulares, em vez de mandar um *e-mail* de atualização ou postá-la em uma *thread*, na qual as pessoas continuarão falando sobre ela nos dois ou três dias seguintes.

A reunião em que sua atualização deve ser inserida depende da duração do projeto. Se estiver em um projeto de um mês, arranje tempo no encontro semanal da equipe. Se é um projeto de um trimestre, uma atualização mensal pode funcionar. O objetivo é encontrar a regularidade ideal, que mantenha a equipe no ritmo e colha o *feedback* deles sem minar muito o tempo de outros trabalhos.

Regra de ouro: reserve cinco minutos de uma estrutura de reunião de equipe já existente para fazer uma miniatualização e receber *feedback* sobre como as coisas andam. Se perceber que há muita conversa, talvez valha a pena agendar uma reunião específica e com foco no projeto, na qual possa usar uma combinação de blocos de reunião de *brainstorming* e *coworking* para se aprofundar no ajuste do hábito, descobrir o que fazer com outros tópicos que foram negligenciados, ou consertar coisas que possa ter desestruturado ao adicionar esse novo hábito.

Você está desenvolvendo um meta-hábito sorrateiro ao agir assim. **Ao incorporar conversas sobre mudança de hábitos de equipe na estrutura de suas reuniões, você normaliza o fato de conversar a respeito de mudanças de hábito e processos.**

Isso vai facilitar muito quando for o caso de falar sobre outros processos e outros hábitos de equipe. Você não precisa esperar até alguém tocar em um ponto de atrito ou as oportunidades se perderem para fazer as mudanças se já estiver no ritmo de avaliação e aprimoramento dos hábitos de sua equipe.

Ao reservar tempo nas reuniões regulares para falar sobre mudança de hábitos de equipe, você normaliza o fato de que pode mudar para melhor esses hábitos e que a mudança não precisa acontecer de cima para baixo. Qualquer que seja o hábito de equipe trabalhado no momento, você *também* estará trabalhando, com sutileza, a habilidade do time de se aprimorar e aumentando a capacidade de liderança de toda a equipe.

USANDO A CABEÇA

RELATE O PROGRESSO

- Identifique as situações de dor e/ou recompensa que você espera mudar ao implementar o novo hábito de equipe. Certifique-se de que sejam coisas que você possa mensurar e rastrear, e não ideias intangíveis.
- Escolha um ritmo de comunicação com base na linha do tempo do projeto, e disponibilize cinco minutos da reunião mais adequada a fim de atualizar a equipe sobre o progresso. Esteja preparado para aumentar a frequência dessas atualizações ou agende uma reunião extra, caso lhe parecer necessário.

ESTEJA PREPARADO PARA REVESES E SURPRESAS POSITIVAS

Todo projeto de mudança de hábito de equipe terá consequências esperadas e inesperadas. Algumas delas serão frustrantes. Outras, empolgantes. Algumas serão uma satisfação instantânea. Todas podem ser oportunidades de aprendizado e alinhamento se você não transformá-las em problemas.

Saber que reveses e surpresas surgirão – e comunicá-las aos colegas de equipe – é o primeiro passo para dar continuidade ao projeto de mudança de hábito. Eis alguns pontos aos quais você deve ficar atento.

Não é tão fácil

O hábito no qual você achou que seria fácil envolver a equipe se revelou um osso duro de roer. Pode ser que esse hábito esteja mais arraigado do que você pensava. Pode ser que mudar as prioridades e metas da equipe tornou mais difícil focar na mudança do hábito. Ou talvez um colega tenha passado algumas semanas fora e o retorno dele fez a equipe inteira voltar a se render ao hábito de equipe original. (Especialmente se essa pessoa é um líder ou alguém cujo *status* na equipe não deixa os integrantes à vontade para lhe chamar atenção por estar fazendo algo "errado".)

Qualquer que seja o motivo, você não está progredindo tão depressa quanto gostaria. E tudo bem.

Lembre-se de que você está tentando mudar um sistema, e sistemas gostam de equilíbrio. Pode parecer simples adicionar cinco minutos de vitórias não relacionadas a trabalho à conversa semanal da equipe, mas, após duas ou três reuniões, os assuntos da empresa que foram deslocados por esses cinco minutos podem começar a se insinuar novamente. Se você não tomar cuidado, o novo bloco de vínculo sucumbirá em favor dos itens "mais importantes" da agenda.

E isso pode ser muito chato, sobretudo se você for a pessoa com quem eles se sentiram conectados e vistos pelos colegas de equipe pela primeira vez. E, se você não for o líder da equipe, pode ser difícil tomar a palavra e dizer: "Sei que outros trabalhos são importantes, mas essa coisa nova que fizemos também é".

O sistema se recria com naturalidade, e, quando o faz, tende a extrair a última coisa que foi adicionada. Parte do desenvolvimento do mapa é planejar como abordar isso e capacitar todas as pessoas a tomar a palavra.

Problema descendente

Quando você conserta uma coisa em um sistema, inevitavelmente isso causará um problema contrário e mais pronunciado. Um exemplo simples é reorganizar a sala de estar. Você pode tirar uma cadeira ou mesa do lugar porque faz mais sentido elas estarem em uma parte diferente do cômodo. Mas você nota que agora está esbarrando em outra coisa, na qual a cadeira ou a mesa o impediam de esbarrar.

Algo muito parecido acontece quando você começa a mudar hábitos de equipe. O hábito que está mudando poderia estar impedindo-o de ver outras coisas que acontecem na equipe. Quando você o modifica, expõe a ponta afiada do outro hábito. No entanto, isso não significa que esteja cometendo erros.

Na verdade, está fazendo tudo certo, pois está expondo os hábitos e o sistema operacional de sua equipe. Antes, você fez um *brainstorming* das possíveis consequências da mudança de hábito que propôs. À medida que vai percorrendo o processo, registre qualquer coisa que surgir e não esteja na lista, pense em possíveis soluções e discuta-as com a equipe durante as atualizações regulares.

Depois de passar por algumas rodadas de hábitos de equipe, você terá uma ideia mais objetiva de como os vários sistemas de hábito interagem e se sairá melhor em antecipar consequências em projetos futuros.

Surpresas positivas

Às vezes, você muda a cadeira de lugar e percebe que pode usar a sala de uma forma inteiramente nova, a qual não tinha percebido, porque a cadeira estava no caminho. Se trabalhou os hábitos de sua equipe, talvez descubra que a reunião mensal tem terminado dez minutos mais cedo o tempo todo. Que surpresa maravilhosa! Ou, talvez, por ter trabalhado os hábitos de colaboração, os colegas não estão mais tão sobrecarregados e ansiosos. Outra ótima surpresa!

O curioso da espécie humana é que muitas vezes desconsideramos surpresas positivas quando deparamos com elas. Com frequência não aceitamos o presente, ou nos concentramos tanto em coisas que *não estão* saindo conforme o planejado que sequer o enxergamos.

Assim como se devem esperar dificuldades e efeitos cascata ao se fazer esse trabalho, você também deve esperar ser surpreendido positivamente por resultados imprevistos.

Ao descobrir algo na equipe que desconhecia, atenha-se a ela e diga: "Olhe o que descobrimos juntos!" Aceite o presente. Em vez de lutar/se esforçar para preencher os dez minutos recém-descobertos em uma reunião, deixe as pessoas saírem; libere-as. Em vez de aguardar com ansiedade que outra coisa aconteça e se transforme em uma melancia com banha, lembre a equipe de que reduzir a ansiedade coletiva é uma surpresa maravilhosa a ser celebrada.

Ainda que muitas vezes seja verdadeira a descoberta de surpresas positivas em resultados de desempenho empresarial, como aumento nas vendas ou na satisfação do cliente, a maior surpresa positiva que já vi as pessoas descobrindo é esta: está melhor vir para o trabalho. Mesmo que você não consiga especificar por que uma mudança de hábito foi impactante, não raro pode ver o efeito positivo que, entra dia, sai dia, ela causa na equipe.

Você também vai perceber esse efeito nos colegas de equipe. Talvez repare que um deles chega radiante ao trabalho, que mostrou habilidades que teriam continuado ocultas se vocês continuassem fazendo as coisas do jeito antigo. Talentos humanos podem mudar depressa quando têm espaço para florescer. Seus colegas de equipe podem estar à altura da situação de um modo que nem você – nem ele – teriam imaginado antes de começarem a fazer as mudanças de hábito na equipe e aumentarem o senso de pertencimento e o desempenho.

É incrível ver um colega assumir o rojão e acrescentar a própria genialidade a ele porque você permitiu, alertou-o sobre como as decisões são tomadas, ou porque eles tiveram a chance de administrar um projeto. É aí que estão as coisas boas. É aí que a rotatividade menor, novas capacidades, a inovação e outros resultados empresariais que planejamos acontecem.

COMO LIDAR COM REVESES E RESULTADOS NEGATIVOS

Se você fez o trabalho de conversar sobre reveses e resultados negativos, fica muito mais fácil lidar com essas questões quando elas aparecerem.

Você já se permitiu o espaço conceitual e a permissão emocional para o caso de as coisas saírem dos trilhos.

Lembre-se de que mudar um hábito de equipe é um processo contínuo. Na maioria das vezes, um revés não é fatal para o projeto – especialmente se estiver começando com algo pequeno. É uma chance de tentar de novo, de deixar sua prática melhor e mais forte no futuro.

Use a estrutura de relatório de reuniões sobre a qual falamos anteriormente para relatar reveses e resultados negativos de maneira proativa, preventiva e breve.

- **Proativa:** más notícias não melhoram com o tempo. Quando as coisas saem dos trilhos, converse com alguém a respeito, em uma atitude proativa. Se deixar que essa pessoa descubra por conta própria, provavelmente ativará uma inspeção geral do projeto quando talvez isso não seja necessário.
- **Preventiva:** seja claro sobre o escopo do ponto em que o projeto saiu dos trilhos, antecipando perguntas que você sabe que surgirão, e ofereça seu DRIP de como seguir adiante.
- **Breve:** deixe sucinta a atualização do projeto. Quanto mais tentar amenizar o que está acontecendo, pior a situação vai ficar. O bom de ser proativo e preventivo é que isso possibilita a brevidade. Você não precisa percorrer toda a saga porque já está à frente da situação.

USANDO A CABEÇA

ESPERE O INESPERADO

- Pense em uma mudança que você fez na sua equipe que pareceu um revés no momento, mas que, mais tarde, tornou-se uma boa oportunidade de aprendizado. Use-a como instrução para começar a compartilhar a história dos reveses com que você deparou no processo atual de mudança de hábito da equipe.

continua

- Crie algumas frases ou mantras para usar quando vivenciar um revés. Pode ser algo simples como "Certo, está demorando um pouco mais do que esperávamos, mas ainda estamos no processo de tornar isso um hábito. Sabíamos que o atraso era uma possibilidade. Só precisamos de um pouco mais de tempo". Essas frases são úteis para o momento, ou em uma reunião, em que a resistência a mudanças e aos prazos curtos surgir.
- Pense na última surpresa positiva que apareceu quando alguma coisa mudou na sua equipe. Como você lidou com ela? Como ela foi comunicada? Em retrospecto, como você lidaria com ela agora, de maneira a valorizar a dádiva que de fato ela é?

SAIBA QUANDO AGUARDAR, CEDER OU IR EMBORA

Você está preparado para reveses. Mas e para fracassos completos?

Lembre-se de que estamos começando com algo pequeno. De maneira muito semelhante à improvável eventualidade de o avião cair na água ao sobrevoar uma porção de terra, as chances de sua iniciativa de mudança de hábito fracassar são bem remotas. Estamos apostando baixo no começo, ou seja, a área de superfície para o fracasso total é mínima.

Isso não significa que você não possa protelar. Na maioria das vezes, o que acontece é que você e a equipe não estão satisfeitos com os resultados, chegaram a um ponto de retornos decrescentes, ou a equipe simplesmente não tem mais "largura de banda" para fazer nada extra. Especialmente em momentos de atribulação ou em um ambiente Vuca, um pedido extra pode detonar sua equipe.

Quando isso acontecer, escute o que Kenny Rogers diz: você precisa saber quando aguardar, quando ceder e quando ir embora.

Aguardar

Em vez de alavancar a pequena mudança que começou, estabilize o curso e mantenha as recompensas que obteve até agora.

Talvez o que tornaria melhor a vida da equipe nas próximas duas a três semanas, considerando-se todas as coisas, é celebrar a impressora quebrada que acabaram de consertar e administrar a sequência do trabalho já feito.

Uma ótima maneira de abordar isso é dizer: "Há muita coisa acontecendo agora. Fizemos um bom progresso quanto à mudança de hábitos de nossa equipe. Estamos recebendo esses benefícios e descobrimos coisas que precisamos abordar. Por enquanto, vamos continuar onde estamos. Não voltaremos a como as coisas eram, mas também, por ora, não vamos continuar acumulando novos hábitos".

Defina um momento para revisitar a mudança de hábito, como daqui a um mês ou quando a equipe já tiver feito o lançamento, ou o que quer que esteja emperrando atualmente o projeto. A essa altura, vocês podem ter outra conversa e decidir se está tudo bem ou se é hora de outro engajamento.

Mesmo que você pense que a equipe finalizou esse projeto específico, ao revisitá-lo talvez você descubra que as pessoas estão de fato felizes com a mudança. Tome a decisão de prosseguir *com* a equipe, e não *por* ela.

Ceder

Você pode querer ceder se analisou a situação e viu que o que está tentando fazer não tem funcionado, e é preciso se concentrar em algo totalmente diferente agora. Pode ser que tenha se dado conta de que o que pensava ser um problema não era, na verdade, um problema, ou que o problema era *seu*, e não da *equipe*.

Talvez o restante da equipe tenha um jeito de trabalhar que não combina com o seu, mas que funciona bem para eles. Se estiver tentando fazê-los mudar um hábito bom apenas em prol de sua preferência, talvez seja hora de ceder.

Neste ponto, gostaria de fazer um alerta. Pessoas que não são de culturas dominantes ou pessoas com deficiência às vezes podem sentir que as mudanças que defendem são problemas *delas*, e não *da equipe*, sendo que, na verdade, não é esse o caso. Até pode ser que o restante da equipe não use cadeira de rodas, por exemplo, mas isso não significa que essas pessoas não devam se importar com banheiros acessíveis. Algumas questões se tornam problemas *da equipe* justamente porque elas afetam, de maneira desproporcional, um único integrante dela.

Ir embora

A situação pode chegar a um ponto em que você percebe que a cultura da equipe e a maneira como ela e a organização querem fazer as coisas são inteiramente incompatíveis com quem você é e com o modo como você deseja que sua carreira seja.

A realidade é que nem todo mundo se encaixa com perfeição em todas as culturas. Isso não significa necessariamente que haja algo errado com você, sua equipe ou a organização. Porém, nessas circunstâncias, às vezes o melhor a fazer é encontrar outro lugar, que funcione melhor com e para você. Chega um ponto em que, se você realmente acredita nesse trabalho, mas sua organização e equipe, não, talvez seus esforços sejam mais bem empregados em uma organização psicologicamente mais alinhada com você.

Se você é um líder ou gerente e quer grifar essa frase com marca-texto antes de passar este livro ao restante da equipe, lembre-se de que nem todos se encaixam no que você pretende fazer.

Recentemente, atendi uma cliente que passava por uma fusão e aquisição. Ela estava preocupada com o moral da equipe porque alguns integrantes haviam saído, mas, quando analisei mais a fundo, ela admitiu que já sabia, há algum tempo, que eles não eram as escolhas ideais.

Sugeri que, se o moral da equipe *tinha* sido atingido, era porque a função deles ainda não fora preenchida, e não porque essa ou aquela pessoa específica tinha deixado a empresa.

Nem a melhor das empresas ou uma equipe de altíssimo desempenho têm taxa zero de rotatividade. E, se tiver, provavelmente isso significa que andam optando por pessoas que não são as melhores escolhas.

Isso posto, **as pessoas tendem a abandonar projetos e processos rápido demais e a permanecer por tempo demais em certas situações.**

Uma equipe que não está aberta a mudar de hábito nas primeiras tentativas não é um sinal de que é hora de você ir embora ou começar a mudar a composição da equipe. Pode ser que o território coletivo onde esteja caminhando esteja repleto de significados intersubjetivos, ou seja, você ainda está descobrindo como compreendê-lo e como construir alinhamento nele.

USANDO A CABEÇA

LIDE COM AS BARREIRAS

Se acontecer o improvável, e o processo de mudança de hábitos de equipe começar a ir por água abaixo, questione o seguinte:

- Trata-se de um cenário para "aguardar"? A equipe só precisa de um respiro para se concentrar em outras coisas? Ou ela perdeu de foco as mudanças executadas e a maneira como estão melhorando a vida dela? Se você estiver nesse cenário, lembre-se de que não perdeu nada, e que a situação atual não é necessariamente ruim. Reserve um tempo para revisitar a questão no futuro.
- Se o cenário for para "ceder", o hábito de equipe em que está trabalhando é mais um problema seu ou da equipe? Você escolheu um hábito de equipe inesperadamente controverso ou arraigado? Voltando ao mapa "Quem tem mais a perder?", você é capaz de encontrar outro hábito com o qual possa ser mais fácil construir alinhamento?

continua

- Se o cenário for para "ir embora", você se esforçou ao máximo nesse projeto ou processo? Está em uma situação de desalinhamento com a equipe ou a organização? Se sim, como ir embora com integridade, de modo a causar o mínimo possível de danos à equipe e à organização da qual faz parte?

COMO SABER QUANDO VOCÊ ESTÁ REALMENTE PRONTO

Quando se trata de mudar os hábitos de sua equipe, nunca se está totalmente pronto. Sempre haverá espaço para crescimento, mudança e dinamismo.

Equipes mudam, independentemente de nossos esforços. Pessoas mudam. Prioridades mudam. Necessidades funcionais mudam. Mudar é uma constante na vida, e sempre que a equipe muda há potencial para os hábitos dela mudarem também.

Mesmo equipes de desempenho máximo têm espaço para aprimorar seus hábitos. Requer muito treinamento, dedicação e prática se manter no seu máximo.

Você descobrirá que, tão logo acabar de aprimorar uma coisa, ela se abrirá em muitos outros processos e possibilidades de melhoria. **A cada mudança, você também treinará o time no meta-hábito de mudança de hábitos de equipe, criando um ciclo de *feedback* positivo.** Quando o vir em funcionamento, não vai resistir a explorar a próxima maneira de melhorar a equipe. *E a próxima... e depois a seguinte.*

Dito isso, é claro que você pode chegar a uma situação no atual projeto de mudança de hábito de equipe em que a quantidade de esforço necessária para continuar aprimorando essa área – digamos, a colaboração – atingiu um ponto de retornos decrescentes, ou em que você não está mais resolvendo a maior dor ou recompensa com que a equipe está lidando no momento.

Se pensar nas oito categorias de hábitos de equipe como uma roda ou um sistema, a escolha de um vai gerar mudanças nos demais. Quando seu hábito atinge um ponto bom o suficiente, outro naturalmente começará a surgir como o próximo a ser trabalhado. E, é óbvio, cada hábito de equipe que você mudar afetará os demais.

É um processo contínuo.

Talvez você esteja lendo isto na sua mesa ou em uma cafeteria, onde parece estar tudo parado. Mas, na verdade, você está em um planeta que gira em torno do Sol a cerca de 100 mil quilômetros por hora. Esse planeta faz parte de um sistema solar, em uma galáxia que também está girando.

Da mesma forma, sua função na equipe não é tão estática quanto parece ser em determinado momento. Você faz parte de um sistema dinâmico que abrange sua equipe, sua unidade empresarial, a organização, o setor ao qual ela pertence e a sociedade como um todo.

Ao mudarmos a equipe, mudamos a organização. Ao mudarmos a organização, mudamos o ecossistema em que a organização funciona. Ao fazermos uma mudança grande o bastante em um ecossistema, começamos a mudar a sociedade na qual estamos inseridos. E, se é que a Covid-19 nos ensinou alguma coisa, é que, quando a situação muda em termos ambientais, ela reverbera nas equipes.

Esse é o estado de tensão em que nos encontramos quando fazemos esse trabalho de mudança de hábitos de equipe. Embora nunca terminemos de fato o processo, sabemos que, em certo momento, será a hora de mudar para um novo hábito.

USANDO A CABEÇA

QUANDO SEGUIR EM FRENTE

- À medida que se aproximar do fim do horizonte temporal definido no início do projeto, observe os resultados da mudança de situação para rastrear como foi o progresso. Você está perto de onde achou que estaria? Ainda há muito o que fazer? Nesse último caso, precisa se voltar para essa categoria de hábitos de equipe? Ou seu tempo, energia, atenção e dinheiro seriam mais bem investidos trabalhando em outra categoria?
- Mantenha um registro das alterações feitas na equipe para poder acompanhar os efeitos de longo prazo do trabalho executado. Lembre-se: às vezes, quanto mais bem-sucedido você for no processo de mudança de hábitos de equipe, maior será a probabilidade de esse trabalho ficar invisível. Esse registro mostrará o progresso da equipe ao longo do tempo, criando uma boa noção de quando se concluiu o hábito específico em que você está trabalhando.
- Em vez de se tornar automaticamente o campeão do próximo processo de mudança de hábitos, pergunte quem seria um bom cocampeão. Afinal, mudar hábitos de equipe é algo que *todos* podemos fazer. E, no mais das vezes, a melhor coisa a ser feita para ajudar a próxima pessoa a se tornar uma grande campeã em mudança de hábitos de equipe é convidá-la a participar e atuar a seu lado.

PONTOS PRINCIPAIS DO CAPÍTULO 12

- Uma forma de escolher com qual categoria de hábitos de equipe começar é ver qual impressora quebrada está causando mais dor ou onde haverá mais recompensas.
- Se para a equipe esse tipo de trabalho é novidade, começar com um ponto de dor pode lhe dar uma vitória tangível logo de cara.

continua

- Comece com um hábito pequeno e, depois, impulsione a iniciativa de mudança de hábito à medida que for adquirindo *momentum*.
- Mudar hábitos de equipe leva tempo. Planeje os horizontes do projeto para um mês ou trimestre e, depois, divida esse período em corridas de curta distância.
- Registre o progresso na situação de dor ou recompensa associados à mudança de hábito de equipe e disponibilize cinco minutos de uma reunião já existente para dar aos colegas atualizações regulares.
- Toda mudança de hábito de equipe terá consequências inesperadas: reveses, efeitos cascata e surpresas positivas. Esteja preparado para isso e aja de acordo.
- Se a mudança de hábito de equipe começar a empacar, avalie se é hora de fazer uma pausa, mudar de rumo ou ir embora de vez.
- Mudar hábitos de equipe é um processo contínuo. Em algum momento, pode chegar a hora de mudar para um novo hábito, mas seu trabalho para aprimorar a equipe tem potencial ilimitado.

AGRADECIMENTOS

Se algum dia você se perguntar de onde vem minha paixão por excelentes equipes e por que as defendo, é só pensar na equipe que deu vida a este livro. A cada obra que escrevo, reaprendo como se trata muito mais de um esforço coletivo do que apenas do trabalho de um único autor.

Mais uma vez, agradeço a meu maravilhoso agente, David Fugate, por encontrar um belo lar para esta obra na Hachette Go. Obrigado a toda a equipe da Hachette Go, sobretudo a Dan Ambrosio, pelo vínculo de uma década e pelas conversas – estou feliz por termos encontrado um projeto que contentou a ambos.

Dois colegas de equipe foram, e continuam sendo, incentivadores especiais neste projeto: Jessie Kwak e Todd Sattersten. Sem a escrita, a edição e a parceria de gestão de projetos de Jessie, este livro teria permanecido uma boa ideia, mas sem as palavras para ser transformado em obra. As reações, *brainstormings* e discussões de Todd comigo durante nossas trocas ajudaram a lapidar um monte de ideias preliminares antes mesmo de elas se transformarem em páginas.

Agradeço a Jonathan Fields, Susan Piver, Pam Slim, Jenny Blake, Tara McMullin, Noah Brockman e Larry Robertson por todo o *feedback*, incentivo, comiseração e fé, que me sustentaram na mistura que esse projeto é.

Eles sabiam que o que parecia impossível para mim naquele momento era apenas um trecho da jornada na qual eu encontraria meu caminho.

Agradeço à equipe da PF – Shannon McDonough, Josephine Cherry, Jess Sommers, Steve Arensberg, Osheyana Martinez, Maghan Haggerty, Cory Huff, Mary Clare Oliver, Nicole Chaplin, Julianna Young, Michael Prather, Mariah Williamson bem como à nossa Equipe Mágica bônus liderada por Christina Salerno e Olivia Wirick. A participação de vocês em excelentes hábitos de equipe e a paciência para testar novos hábitos tomaram conta deste livro.

Agradeço a Jill Boots, Mallory Corlette, Rex Williams, John Nicholson, Alli Blum, Jenn Labin, Nicole Jennings, Leslie Robertson, Liana Cassar, Mike Bruny, Patricia Bravo, Jenny Blake, Jeremie Miller, Kate Strathmann, Kendra Bork e a algumas das boas almas acima que deram *feedback* construtivo e sugestões em uma versão anterior do manuscrito.

Agradeço aos membros da comunidade da Productive Flourishing e aos clientes que apoiaram este trabalho desde o início. Sem as histórias, perguntas, cutucões e incentivo deles, quase nenhum trabalho meu existiria, inclusive este.

E à minha esposa, Angela Wheeler, que continua a ser uma âncora e uma força incentivadora em tudo o que faço. Ela torcia por este livro desde que ele não passava de uma ideia em 2013 e continua torcendo a cada passo do caminho. Amo você do fundo do meu coração.

LEITURA RECOMENDADA

Os livros a seguir são excelentes leituras, ou porque se aprofundam no tema do capítulo ou porque oferecem sugestões adicionais para você usar a cabeça. Compartilharei breves resumos das obras nesta lista e a manterei atualizada em http://www.teamhabits-book.com/resources.

CAPÍTULO 1: MAIS DO QUE NUNCA, PRECISAMOS DE MELHORES HÁBITOS DE EQUIPE

Antifragile, de Nassim Nicholas Taleb
The Future is Faster Than You Think, de Steven Kotler
Thinking in Systems, de Donella Meadows

CAPÍTULO 2: VIVEMOS E RESPIRAMOS HÁBITOS DE EQUIPE

Atomic Habits, de James Clear
The Five Dysfunctions of a Team, de Patrick Lencioni
The Progress Principle, de Teresa Amabile, Steven Kramer *et al.*

CAPÍTULO 3: SENSO DE PERTENCIMENTO

Belonging: The Science of Creating Connection and Bridging Divides, de Geoffrey Cohen
Design for Belonging, de Susie Wise
The Power of Emotions At Work, de Karen McLaren
Sparked, de Jonathan Fields

CAPÍTULO 4: TOMADA DE DECISÕES

Decisive, de Chip e Dan Heath
Free Time, de Jenny Blake
Radical Alignment, de Alexandra Jamieson e Bob Gower
Subtract, de Leidy Klotz

CAPÍTULO 5: DEFINIÇÃO DE METAS E PRIORIZAÇÃO

4 Disciplines of Execution, de Chris McChesney, Sean Covey *et al.*
Objectives and Key Results, de Paul R. Niven e Ben Lamorte
What Works, de Tara McMullin

CAPÍTULO 6: PLANEJAMENTO

12 Week Year, de Brian P. Moran e Michael Lennington
Project Management for Humans, de Brett Harned
Start Finishing, de Charlie Gilkey

CAPÍTULO 7: COMUNICAÇÃO

Fierce Conversations, de Susan Scott
Radical Candor (*Empatia Assertiva*), de Kim Scott
Turn This Ship Around, de L. David Marquet

CAPÍTULO 8: COLABORAÇÃO

The 24-Hour Rule, de Adrienne Bellehumeur
The Coaching Habit, de Michael Bungay Stanier
Six Thinking Hats (*Os Seis Chapéus do Pensamento*), de Edward de Bono

CAPÍTULO 9: REUNIÕES

HBR Guide to Making Every Meeting Matter, de Harvard Business Review

Leading Great Meetings, de Richard M. Lent, Ph.D.

Read This Before Our Next Meeting, de Al Pittampalli

CAPÍTULO 10: OS PRINCIPAIS HÁBITOS DE EQUIPE

Deep Work, de Cal Newport

The Gift of Struggle, de Bobby Herrera

The Power of When (*O Poder do Quando*), de Michael Breus, ph.D

Tranquility by Tuesday, de Laura Vanderkam

CAPÍTULO 11: HÁBITOS DE EQUIPE SÃO POLÍTICOS – ENTRE NO JOGO

Emergent Strategy, de Adrienne Maree Brown

The Insider's Guide to Culture Change, de Siobhan McHale

When Everyone Leads, de Ed O'Malley e Julia Fabris McBride

CAPÍTULO 12: CRIE SEU MAPA DE HÁBITOS DE EQUIPE

Courageous Cultures, de Karin Hurt e David Dye

Little Bets, de Peter Sims

Managing Transitions, 3. ed., de William Bridges, Lloyd James *et al.*

Our Iceberg Is Melting, de John Kotter and Holger Rathgeber

GLOSSÁRIO

Ambiente Vuca: ambiente volátil, incerto, complexo e ambíguo.

Análise pós-ação: análise de um projeto ou atividade prévios para verificar o que funcionou ou não, a fim de fornecer *insights* que você possa aplicar a planos atuais ou futuros conforme eles vão surgindo.

Bloco de foco: blocos de tempo de noventa minutos a duas horas em que conseguimos fazer trabalhos mais aprofundados e continuar focados o bastante em um projeto a ponto de levá-lo adiante ou finalizá-lo.

c/c infernal: prática de copiar uma nova pessoa em uma lista já extensa de *e-mails* sem contexto adicional, fazendo-a ter que ler toda a conversa anterior para decifrar qual informação é importante ou qual ação é necessária. Entre outros usos está copiar todo mundo sem critério ou consideração por quem realmente precisa ficar a par do assunto.

Chapéu verde: a pessoa com o chapéu verde é a responsável do momento por levar um projeto adiante, devendo priorizar o foco nesse trabalho até terminá-lo.

Comparação de correspondência de projetos: processo que elimina os projetos mais fracos, a fim de manter as prioridades da equipe sob a regra dos cinco projetos.

Cronotipo: seu ritmo pessoal natural: madrugadores, vespertinos e notívagos.

DRIP: sigla de "decisão, recomendação, intenção ou plano", usada para indicar a intenção do usuário em relação às próximas etapas.

Efeito IKEA: viés cognitivo segundo o qual as pessoas tendem a atribuir valor elevado a resultados, produtos e experiências que elas criaram parcialmente.

Elemento atômico: as funções mínimas executor-avaliador-coordenador que precisam existir em uma equipe.

Equipe: grupo altamente alinhado cujos integrantes têm senso de pertencimento e uma noção comum de propósito. Neste livro, o termo se refere de modo geral às quatro ou oito pessoas com quem interagimos todos os dias ou várias vezes por semana.

Esbarrões: maneiras acidentais pelas quais acrescentamos atrito ao relacionamento com os colegas de equipe.

Espírito de Dunquerque: padrão segundo o qual, apesar do planejamento e de tomada de decisões horríveis, uma equipe se reúne e finaliza uma meta assustadora por meio de esforços valiosos, longas horas e tenacidade constante.

Fluxogramas: a maneira como trabalhamos uns com os outros, determinada por um misto de hábitos de equipe, políticas organizacionais, tecnologia, conformidade regulatória e estrutura organizacional.

Hábitos de equipe: conjunto de fluxogramas; como as pessoas trabalham em equipe.

Impasse estratégico-rotineiro-urgente: quando realizar trabalhos urgentes e rotineiros com regularidade torna-se a prioridade máxima, e o trabalho estratégico é deixado de lado.

Impressoras quebradas: metáfora para todos os impasses pequenos e solúveis na maneira com que trabalhamos uns com os outros.

Lobo: pessoa (especialista externo ou interno) que é chamada para lidar com um problema específico sempre que ele aparece.

Matemática das reuniões: cálculo do custo real de uma reunião em termos de horas reais e salário investido.

Melancias com banha: *handoffs* perdidos e bolas soltas quando equipes colaboram em projetos.

Plano-fantasma: plano elaborado por alguns membros da equipe, mas que não foi comunicado ao restante dela.

Prontidão: capacidade de uma equipe ou indivíduo em realizar suas metas, completar projetos e ter um desempenho aceitável.

Proporção comprometer:completar: para cada projeto com o qual você se compromete, quantos você completa?

Rastros estruturais: documentações relacionadas a um projeto ou tarefa que permitem a outras pessoas (ou a você, no futuro) verem onde você deixou rastros e planos para prosseguir.

Regra das 3x: presumir que o trabalho estratégico será três vezes mais intenso do que se pensava no início.

Regra das cinco frases: limitar todas as respostas por *e-mail* a cinco frases ou menos.

Regra do um-terço-dois-terços: somente um terço do tempo alocado para executar um plano deve ser gasto na criação desse plano; devem-se deixar dois terços para completar o projeto.

Regra dos 85%: sua equipe deve ficar com no máximo 85% da capacidade preenchida.

Regra dos cinco projetos: você não deve ter mais de cinco projetos ativos por unidade de tempo (ano, trimestre, mês, semana ou dia).

Reuniões-muleta: reuniões que atuam como fixas, em equipes com hábitos ruins. Muitas vezes, reuniões-muleta tratam de assuntos que deveriam ter sido abordados fora da reunião.

Sanduíche de ar: etapa de planejamento que se perde com frequência entre definir uma meta e executá-la.

***Shortcodes*:** acrônimos e frases exclusivas que a equipe usa para passar muita informação em poucas palavras ou letras.

TIMWOOD: estrutura que ajuda a identificar as fontes comuns de desperdício em uma equipe ou organização: transporte, inventário, movimento, tempo de espera, ultraprodução, ultraprocessamento e defeitos.

Zona ideal: referência à tigela média "ideal" de mingau do conto de fadas *Cachinhos Dourados e os Três Ursos*. Em contextos de equipes, trata-se de encontrar o saudável meio-termo que satisfaz as condições, sem se trabalhar demais ou de menos para chegar lá; raramente há uma solução perfeita que satisfaça todas as considerações.

NOTAS

CAPÍTULO UM

1. Steven Kramer e Teresa Amabile. *The Progress Principle: Using Small Wins to Ignite Joy, Engagement, and Creativity at Work*. Harvard Business Press, 2011.
2. Marcus Chiu e Heather Salerno. *Changing Change Management: An Open Source Approach*. Gartner, 2019.
3. Nassim Nicholas Taleb. *Skin in the Game: Hidden Asymmetries in Daily Life*. Random House, 2018.
4. *The Definitive Guide to Peer Coaching*. Imperative, 2019.
5. William G. Robertson. *Case Studies from the Long War*, vol. 1. Combat Studies Institute Press, 2006, https://apps.dtic.mil/sti/pdfs/ADA462790.pdf.
6. Kim Scott. *Radical Candor: Be a Kick-Ass Boss without Losing Your Humanity*. St. Martin's Press, 2019.

CAPÍTULO DOIS

1. Charlie Gilkey. *Start Finishing: How to Go from Idea to Done*. Sounds True, 2019.
2. Douglas Conant e Mette Norgaard. *Touchpoints: Creating Powerful Leadership Connections in the Smallest of Moments*. Jossey-Bass, 2011.

CAPÍTULO TRÊS

1. Howard Behar. *It's Not about the Coffee: Lessons on Putting People First from a Life at Starbucks*. Portfolio, 2007.
2. Priya Parker. *The Art of Gathering: How We Meet and Why It Matters*. Riverhead Books, 2018.

CAPÍTULO QUATRO

1. David Marquet. *Turn the Ship Around! How to Create Leadership at Every Level*. Greenleaf Book Group Press, 2012.
2. William Oncken Jr. e Donald L. Wass. "Management Time: Who's Got the Monkey?". *Harvard Business Review*, 1974.

CAPÍTULO CINCO

1. Daniel H. Pink. *Drive: The Surprising Truth about What Motivates Us*. Riverhead Books, 2011.
2. Seth Godin. *Leap First: Creating Work That Matters*. Sounds True, 2015.
3. Gary Hamel e C. K. Prahalad. *Competing for the Future*. Harvard Business Review Press, 1996.

CAPÍTULO SEIS

1. "Gnomes". *South Park*, criado por Trey Parker e Mat Stone, temporada 2, episódio 17. Comedy Central, dez. 16, 1998.
2. Leidy Klotz. *Subtract: The Untapped Science of Less*. Flatiron Books, 2021.
3. Edward de Bono. *Six Thinking Hats*. Little, Brown e Company, 1985.
4. Michael Porter. "What Is Strategy?". *Harvard Business Review* (nov.-dez. 1996).

CAPÍTULO SETE

1. Todd Sattersten. "The New World of Book Publishing", discurso presencial. Portland, Oregon, 2012.

2. Jason Fried. X (2 jan. 2020, 12h03 p.m.), https://twitter.com/jasonfried/status/1212826719561891841.

CAPÍTULO OITO

1. Bud Abbott e Lou Costello. "Who's on First". *Hollywood Bandwagon*, 1937.
2. Tomoko Yokoi e Jennifer Jordan. "Using Emojis to Connect with Your Team". *Harvard Business Review*, maio 2022.

CAPÍTULO NOVE

1. Fred Reichheld. *The Ultimate Question: Driving Good Profits and True Growth*. Harvard Business School Press, 2006.

CAPÍTULO DEZ

1. Daniel H. Pink. *When: The Scientific Secrets of Perfect Timing*. Riverhead Books, 2018.
2. Michael Breus. *The Power of When: Discover Your Chronotype – and Learn the Best Time to Eat Lunch, Ask for a Raise, Have Sex, Write a Novel, Take Your Meds, and More*. Little, Brown Spark, 2019.

Impresso por :

Graphium
gráfica e editora

Tel.:11 2769-9056